현대적 관상법

은세
판단 **관상법총람**

김우제 감수

<읽을거리>

■ 중국의 역자
■ 일본의 역자
■ 고문헌 눈의 판단례
■ 천지진리의 상을 점침
■ 죽은깨와 인상

지식의 충소
 법문북스

人生富貴女托
相中

壬午年

目　　次

제 1 장 (第一章)　인상 (人相)이란

인상 (人相)으로 어떻게 판점 (判占)할 수 있는가 ········· 17

서양골상학 (西洋骨上學)의 발달 (發達) ················ 21

동양 (東洋) 및 한국 (韓國)의 인상술 (人相術) ······· 25

안면 (顔面)에는 심중 (心中)이 나타난다 ············· 27

안면 (顔面)에는 세가지 형 (型)이 있다 ··········· 31

　비만형 (肥滿型) ························· 32

　근골형 (筋骨型) ························· 34

　야윈형 (型) ······························· 35

오행 (五行)의 형 (型) ···················· 39

　목형 (木型) ····························· 41

　화형 (火型) ····························· 42

　토형 (土型) ····························· 43

　금형 (金型) ····························· 45

　수형 (水型) ····························· 45

안형 (顔型)에 의 (依)한 관상법 (觀相法) ········· 47

정면 (正面)에서 본 안면 (顔面)의 분류 ··········· 49

　난형 (卵型) ····························· 49

　사각형 (四角型) ························· 50

　원형 (圓型) ····························· 52

　협장형 (狹長型) ························· 52

혼합형 (混合型) ……………………………………… 54

역삼각형 (逆三角型) ………………………………… 55

삼각형형 (三角形型) ………………………………… 55

측면 (側面)에서 본 안면 (顔面)의 분류 (分類) ………… 56

볼록형 (凸型) …………………………………………… 57

오목형 (凹型) …………………………………………… 57

중간형 (中間型) ………………………………………… 57

상부철형 (上部凸型) ………………………………… 59

안면 (顔面)의 좌우관상법 (左右觀相法) …………… 60

삼정 (三停)에 의 (依)한 관상법 (觀相法) ………… 64

상정 (上停) …………………………………………… 65

중정 (中停) …………………………………………… 66

하정 (下停) …………………………………………… 67

유년도 (流年圖)에 의 (依)한 관상법 (觀相法) …………… 69

오악사독 (五岳四瀆)에 의 (依)한 관상법 (觀相法) ……… 70

남악 (南岳 : 이마)이 훌륭한 사람 …………………… 72

동악, 서악 (東岳, 西岳 : 兩顴骨)이 훌륭한 사람 ……… 73

북악 (北岳 : 턱)이 훌륭한 사람 ……………………… 73

강독 (江瀆 : 耳孔)이 훌륭한 사람 …………………… 73

하독 (河瀆 : 眼)이 훌륭한 사람 ……………………… 73

제독 (濟瀆 : 鼻孔)이 훌륭한 사람 …………………… 73

준독 (淮瀆 : 口)이 훌륭한 사람 ……………………… 73

학당 (學當)에 의 (依)한 관상법 (觀相法) …………… 74

고명학당（高明學堂） ·· 74

고광학당（高廣學堂） ·· 74

록위학당（祿位學堂） ·· 75

광대학당（光大學堂） ·· 75

반쟁학당（斑箏學堂） ·· 75

총명학당（聰明學堂） ·· 77

외학당（外學堂） ·· 77

명수학당（明秀學堂）과 관학당（官學堂） ························· 77

충신학당（忠信學堂） ·· 77

내학당（內學堂）과 광수학당（廣穗學堂） ························· 77

십이궁（十二宮）에 의（依）한 관상법（觀相法） ················ 78

관록궁（官綠宮） ·· 78

명궁（命宮） ·· 81

질액궁（疾厄宮） ·· 87

재백궁（財帛宮） ·· 88

노복궁（奴僕宮） ·· 91

천이궁（遷移宮） ·· 93

복덕궁（福德宮） ·· 96

형제궁（兄弟宮） ·· 97

진택궁（田宅宮） ·· 98

남녀궁（男女宮） ·· 103

처첩궁（妻妾宮） ·· 106

상모궁（相貌宮） ·· 109

팔궁 방위도(八宮 方位圖)에 의(依)한 관상법 ············ 110

제 2 장(第二章) 안면(顏面)의 각부(各部)의 점법(占法)

눈의 관법(觀法) ······························· 114

큼직한 눈은 인격(人格)을 표명(表明)하는 큰 인표(印標)··· 115

대기만성형(大器晚成型)에 많은 작은눈 ················· 118

냉정(冷靜)한 판단(判斷)을 잘 하는 가느다란 눈 ········ 119

지속력(持續力)이 풍부(豊富)한 눈끝이 올라간 눈 ······ 120

운명색(運明色)이 짙은 삼백안(三白眼) ··············· 123

최악(最惡)의 상(相)을 나타내는 사백안(四白眼) ··· 125

날카로운 안력(眼力)을 지닌 용안(龍眼) ··············· 125

따뜻한 분위기(雰圍氣)가 감도는 원앙안(鴛鴦眼)········ 126

인형(人形)같이 움직이지 않는 어안(魚眼) ············· 126

사회(社會)에 부적응자(不適應者)가 많은 낭안(狼眼) 128

구(救)하기 힘든 인생(人生)을 사는 사안(蛇眼) ····· 129

요괴변화(妖怪變化)로 사람을 혼란시키는 묘안(猫眼)··· 130

유연(柔軟)한 태도(態度)로 사람을 포섭(包攝)하는

사자안(獅子眼) ····························· 131

많은 고생(苦生)을 하고도 응보(應報)가 없는

원안(猿眼) ································· 132

결(決)코 노(怒)하지 않지만 무서운 상안(象眼) ······ 133

고경(苦境)을 어떻게 활성(活性)시킬 것인가를

문제(問題) 삼는 편안(片眼) ······················· 135

균형(均衡)의 미묘(微妙)함을 간직한 눈과 눈과의

　간격(間隔) ……………………………………… 136

안색(眼色)도 관상(觀相)의 한갓 촛점(焦點) ……… 139

안(眼)에 의(依)한 연대순(年代順)으로 운명(運命)의

　강약판정(强弱判定) ………………………………… 140

비(鼻)의 관법(觀法) ………………………………… 141

　높은 이상(理想)을 나타내는 그리스 코(鼻)……… 144

　용감(勇敢)하여 공격형(攻擊型)인 로마 비(鼻) …… 145

　돈벌이 재능(才能)이 뛰어난 유태의 비(鼻)……… 146

　유아성(幼兒性)이 강(强)한 어린이 비(鼻) ……… 147

　일 귀신(鬼神)의 사자비(獅子鼻) ………………… 148

　사고력(思考力)이 결여(缺如)된 경단비(瓊團鼻) …… 149

　비주(鼻柱)가 강(强)한 것이 쓸모있는 단비(段鼻)… 150

　小鼻의 펼친코는 생활력의 확장을 나타낸다……… 151

　견실한 일에 적합한 小鼻의 작은코인 사람 ……… 152

　산근(山根)이 들어간 것은 좋지 못한 상(相) ……… 153

　악전고투(惡戰苦鬪)의 인생(人生)을 보낼

　　골장(骨張)한 비(鼻) ……………………………… 154

　금전출납(金錢出納)이 많은 크게 상향한 비(鼻) …… 154

　금의환향(錦衣還鄉)을 장식(裝飾)할 준두(準頭)가

　　큰 사람 …………………………………………… 154

　수상(手上)으로 부터 인도(引導) 받을 준두(準頭)가

　　고(刳)한 비(鼻) ………………………………… 155

술로 실패(失敗)하는 준두(準頭)가 붉고 좁쌀모양을 한
   속립(粟粒)이 돋아난 코(鼻) ······················· 155
사람에 고용(雇傭)될 비공(鼻孔)이 옆으로 벌어진
   코(鼻) ····························· 156
비공(鼻孔)이 큰 것은 낭비가(浪費家), 작은것은
   구두쇠 ······························· 156
금화(金貨)의 망자(亡者), 소비(小鼻)가 말려
   오른 큰 코(鼻) ····················· 157
좋은 친구를 갈아야 할 비뚤어진 코(鼻) ················· 157
야심(邪心)이 재화(災禍)가 되는 육박(肉薄)한
   보필(輔弼) ························· 158
건강(健康)에 인연(因緣)이 없는 비(鼻)의 주름살·· 158
고생(苦生)스런 인생(人生)을 보내는 비(鼻)의
   가느다란 세로 주름살 ················· 158
평생(平生)에 한번 큰 고난(苦難)을 당(當)하는
   비상(鼻傷) ························· 159
무한(無限)히 산재(散財)하는 소비(小鼻)의 검은
   사마귀 ····························· 160
적(敵)은 신변(身邊) 가까이에 있다. ·············· 160
생활난(生活難)을 막는 비모(鼻毛) ··············· 160
입(口)의 관법(觀法) ······················· 161
사람을 매혹(魅惑)하는 힘을 가진 커다란 입 ··········· 162

우아(優雅)하게 자기(自己)를 표현(表現)하는

　소구(小口) ·· 163

공격형(攻擊型)인 멍에형(八型)의 입·············· 164

성실(誠實)한 성격(性格)인 앙월구(仰月口) ········· 165

빈천(貧賤)한 상(相)인 복월구(伏月口) ·············· 165

고귀(高貴)한 매력(魅力)이 넘친 사자구(四字口) ··· 166

고독(孤獨)한 그림자가 얽힌 노치구(露齒口) ········· 168

출세(出世)와 재화(災禍)가 동거(同居)하는

　추진구(樞唇口) ·· 168

사람으로 부터 바보 취급(取扱) 당(當)하는

　복주구(覆舟口) ·· 168

만사대길(萬事大吉)인 양단(兩端)이 올라간 입 ········· 169

부부(夫婦) 연(緣)이 나쁜 수구(受口) ················· 170

기계(機械)의 톱니처럼 살아가는 들어간 하진(下唇)···171

전체(全體)가 튀어 나온 입(口) ······················ 171

보기 흉(凶)한 조금 벌린 입(口) ······················ 172

전형적(典型的)인 상식인(常識人), 상진(上唇)의

밑이 직선(直線)인 입(口)·························· 172

진실일로(眞實一路), 상진(上唇) 밑의 선(線)이

　활(弓)처럼 생긴 입(口) ····························· 173

하진(下唇)밑이 산형(山型)인 입 ······················ 173

하진(下唇)밑이 직선(直線)인 입 ······················ 175

모든것에 민감한 상진의 두터운 입 ···················· 175

자기본위(自己本位)가 미움을 쌓는 하진(下唇)이
　두려운 입 ·· 176
재화(災禍)를 초래(招來)할 비뚤어진 입(口) ········· 177
상진(上唇)과 하진(下唇)이 좌우(左右)로 어긋난
　입(口) ·· 177
사교계(社交界)의 고독(孤獨)한 멋쟁이, 주름이 있는
　입(口) ·· 178
인생(人生)에도 상처(傷處)입은 입술의 흉터 ············ 179
붉은 입술은 부귀(富貴)의 상(相), 탁(濁)한 색
　(色)은 건강(健康)에 주의(注意) ···················· 179
운(運)의 정체(停滯)를 나타내는 진(唇)의
　사마귀 ··· 180
상진(上唇), 하진(下唇) ····································· 180
귀(耳)의 관법(觀法) ··· 181
지옥이(地獄耳)라 하는 정면(正面)에서 잘 보이는
　귀(耳) ·· 181
지나치게 신중(愼重)한 정면(正面)에서 보기 힘든
　귀(耳) ·· 182
귀는 처져서도 지위(地位)는 오른다. ·················· 183
진실(眞實)하며 서민적(庶民的)인 눈보다 위에
　있는 귀(耳) ·· 184
타인(他人)의 말을 듣지 않는 뒤로 재친 귀(耳) ······ 185
귀병(耳病)에 주의(注意)할, 앞으로 처진 귀(耳) ······ 185

사고력 (思考力)이 둔 (鈍)한 경 (硬)한 귀 (耳) ······ 185

소극적 (消極的)인 유연 (柔然)한 귀 (耳) ·············· 186

귀가 커다란 것은 리더가 되는 조건 (條件)················ 187

호주머니가 두툼해 보이는 수주 (垂珠)가 큰 귀 (耳)···187

적극성 (積極性)이 넘쳐 내곽 (內廓)이 튀어 나온

　　귀 (耳)·· 189

젊은 사람의 장수 (長壽)를 보는 바람받이의 크기········ 190

대공 (大孔)에는 계획 (計劃)이 쌓여 있는 이공 (耳孔)

　　의 대소 (大小) ·· 190

빈궁성 (貧窮性)을 나타내는 엷은 귀 (耳) ·············· 190

귀색 (耳色)은 건강상태 (健康狀態)의 척도 (尺度)

　　이다. ·· 191

귀현 (耳鉉) 이외 (以外)의 귀의 사마귀는 모두

　　좋다. ·· 191

귀호 (耳豪)는 노인 (老人)에 있어서 청춘 (靑春)의

　　상징 (象徵)이다. ······································ 192

이마의 관법 (觀法) ·· 193

넓은 이마는 지성 (知性)의 광장 (廣場) ·············· 194

한갖 분야 (分野)의 전문가 (專門家)가 될수 있는

　　모난 이마 ·· 194

여성 (女性)의 부사액 (富士額)은 가정적 (家庭的) ···196

예술가형 (藝術家型)에 적합 (適合)한 M자형 (字型)

　　의 이마 ·· 197

금전사용(金錢使用)이 능(能)한 둥근 이마 ·············· 198

튀어난 이마에는 재지(才知)가 있다 ················· 199

상부(上部)가 홀쭉한 이마 ······················· 200

지성(知性)보다 정(情)에 뛰어난 이마 ············· 200

인간관계(人間關係)가 새겨진 이마의 주름살 ·········· 202

인생(人生)의 고삽(苦澁)을 나타내는 난문(亂紋)····· 202

길수록 좋은 이마 한가운데의 일본문(一本紋)··········· 203

국도상(國盜相)인 왕자문(王字紋) ················ 204

우물우물하는 마음이 지렁이 문(紋)이 된다 ·········· 204

침착성(沈着性) 결여(缺如)된 안문(雁紋) ·········· 205

육감(六感)이 예민(銳敏)한 주름살 ················ 205

액색(額色)은 옅은 분홍이 길상(吉相) ············· 206

미(眉)의 관법(觀法) ······················· 210

부모형제(父母兄弟)와 인연(因緣)이 박(薄)한

　　짧은 미(眉) ························· 210

천성(天性)이 좋은 성격(性格)을 갖춘 긴 눈썹 ········ 211

눈썹이 짙은 사람······························ 212

좋은 가정(家庭)에서 성장(成長)되는 초생달 눈썹 ···213

고집(固執) 부리기 쉬운 일문자미(一文字眉)인 사람···213

스켈이 큰 사람에 많은 팔자미(八字眉)··············· 214

결단(決斷)과 실행(實行)의 멍애형(八型)인

　　미(眉) ··························· 216

단(但) 한갓 수도업(修道業)에 적합(適合)한

　나한미(羅漢眉) ·· 216

담력(胆力)과 지력(知力)이 성공(成功)으로 이끄는

　검미(劍眉) ·· 217

파괴상(破壞相)이라고 하는 한안미(寒眼眉)············· 218

길흉(吉凶)을 함께 가진 선라미(旋螺眉) ·················· 219

벗겨진 부위(部位)로 부모형제운(父母兄弟運)을 보는

　결함미(缺陷眉) ··· 219

주위(周圍)로 부터 돋보이게 되는 미간(眉間)이

　넓은사람 ·· 220

만사(萬事)에 신중(愼重)을 기(期)하는 미간

　(眉間)이 좁은 사람 ·· 221

인생(人生)의 파란(破亂)을 나타내는 간추리지 못한

　미(眉)·· 222

미두(眉頭)에 육(肉)이 볼록한 사람은 감정(感情)이

　예민(銳敏)한 사람이다 ·· 222

장수(長壽)의 상(相)을 나타내는 미모(眉毛)가

　긴　털·· 222

상사(上司)와의 절충(折衝)이 안되는 움직이는

　미(眉)·· 223

사고(事故)에 주의(注意), 좌우미모(左右眉毛)가 휜

　사람·· 223

노이로제 기(氣)가 있는 미모(眉毛)가 빨간 사람······ 224

미(眉)의 반점(斑點)은 형제난(兄弟難)의 상(相)···224

미중(眉中)의 사마귀는 작을 수록 좋다 ·················· 224

미두(眉頭)와 소비(小鼻)의 양쪽 끝과 일치(一致)

　　하면 음란(淫亂)한 상(相) ························· 224

권골(顴骨)의 관법(觀法) ······························ 225

　강기(强氣)로 승부(勝負)하는 권골(顴骨)이 장출

　　(張出)한 사람 ································· 226

　협(頰)이 홀쭉하고 튀어난 권골(顴骨)은 의지

　　(意志)가 약(弱)한 상(相)이다.··············· 228

　고독(孤獨)을 좋아하는 지나치게 높은 권골(顴骨) ····· 229

　권골(顴骨)의 색(色)으로 장래전망(將來展望)을

　　판단가능(判斷可能) ························· 229

　권골(顴骨)의 사마귀는 권력(權力)을 빼앗길 상

　　(相) ···································· 230

협(頰)의 관법(觀法)······························ 231

　대면(對面)하면 인간미(人間味)가 있는 살붙임이

　　좋은 협(頰) ······························ 231

　토실토실하며, 거칠어진 협(頰)··················· 232

악(顎)의 관법(觀法) ······························ 232

　둥근 악(顎)은 풍성(豊盛)한 애정(愛情)을

　　나타낸다.····························· 233

　콤퓨터로 재능(才能)을 살리는 뾰족한 악(顎)··········· 235

배(倍) 이상(以上)으로 애정(愛情)이 풍부(豊富)
　한 이중악(二重顎) …………………………………… 235
강(强)한 운(運)을 가진 넓은 악(顎) ………… 236
사치(奢侈)를 싫어하는 각악(角顎) ………… 237
자신과잉(自信過剩)으로 손해(損害)보는 가운데가
　들어간 악(顎) ……………………………………… 237
인기(人氣)가 집중(集中)하는 가운데가 우쑥한
　악(顎) ……………………………………………… 238
도박광(賭博狂)에 많은 길다란 악(顎) ………… 238
너무나도 인간적(人間的)인 비스듬한 악(顎)……… 239
운(運)이 약(弱)함에 얽히는 엷은 악(顎) ……… 240
주거운(住居運)을 지배(支配)하는 사마귀와 상적
　(傷跡)의 악(顎) …………………………………… 240
치(齒)의 관법(觀法) ……………………………… 241
섹스에 관계(關係)가 깊은 문치(門齒) ………… 242
튼튼하고 후대(厚大)한 문치(門齒) ……………… 242
빈상(貧相)인 지나치게 높아 흉(凶)하게 보이는
　문치(門齒) ………………………………………… 243
치(齒) 사이에서 금화(金貨)가 새는 틈이 있는
　문치(門齒) ………………………………………… 243
동물적(動物的)인 면(面)이 있는 뾰족한 문치 ……… 244
손운(損運)인 난항치(亂抗齒) …………………… 245
원시적(原始的)인 튀어나온 치(齒) ……………… 246

중년이후 운이 나쁜 팔중치（八重齒）·················· 247

음양（陰陽）을 함께 지닌 이중치（二重齒）·············· 247

교우（交友）의 관법（觀法）····························· 248

성실미（誠實味）를 나타내는 살붙임이 좋은 교우········· 248

노력에 따라 운이 트이는 살붙임이 엷은 교우············· 248

친한사람으로부터 피해를 받는교우의 상처··············· 249

법령（法令）의 관법（觀法）····························· 250

위장（胃腸）이 약（弱）한 선단（先端）이 입 양단

（兩端）에 닿은 법령（法令）····················· 250

좌우（左右）의 조화（調和）가 잡히지 않는 법령

（法令）은 이중인격（二重人格）인 상（相）·········· 251

정치가（政治家）에 적합한 엷고 분명한 법령（法令）··· 252

여성（女性）의 법령（法令）의 주름살은 과부상

（寡婦相）····································· 254

짧은 법령（法令）은 노력부족（努力不足）, 긴 법령

（法令）은 장수상（長壽相）······················· 254

기타법령（其他法令）·································· 255

인중（人中）의 관법（觀法）····························· 256

여성（女性）의 인중（人重）의 상적（傷跡）은 자녀

（子女）에 혜택（惠擇）이 없는 상（相）·········· 256

인중（人中）의 넓이로 자녀운（子女運）을 본다·········· 256

설（舌）의 관법（觀法）······························· 258

도적（盜賊）과 승장（承漿）의 관법（觀法）·············· 259

도적(盜賊)의 청색(靑色)은 도난(盜難)을 당(當)

   할 상(相) ··· 259

승장(承漿)으로 병(病)의 증상(症狀)을 본다········ 260

모(毛)의 관법(觀法) ··· 260

자(髭)의 관법(觀法) ··· 262

검은 사마귀의 관법(觀法) ······································· 263

보조개 ··· 266

제3장(第三章)　인상(人相)의 여러가지 관법(觀法)

상(相)은 노력(努力)에 따라 변(變)하게 할수 있다··· 270

표정(表情)은 얼굴 형(型)을 바꾼다 ······················ 273

버릇을 보고 인심(人心)을 안다···························· 276

웃는얼굴(笑顔)과 우는 얼굴(泣顔) ························ 279

인상(人相)에 의(依)한 상성판단(相性判斷) ··········· 282

그대는 결혼(結婚)할수 있는가 ···························· 287

미녀(美女)와 미남(美男) ····································· 292

금운(金運)을 얼굴(顔面)에서 본다 ······················ 296

사역(使役)하는 얼굴과 사역(使役) 당(當)하는

   얼굴 ·· 301

섹스와 인상(人相) ·· 303

태아(胎兒)가 남자(男子)냐? 여자(女子)냐?········· 308

어린이 얼굴(顔面)으로 장래(將來)를 판단(判斷)

   한다 ·· 309

부군(夫君)을 신장(伸張)시킬 여안(女顔) ·············· 315

부군(夫君)의 발을 잡아 당기는 여안(女顔) ·············· 318

양자상(養子相) ·· 322

상대(相對)를 알고 나를 안다 ······································ 324

붙어있는 얼굴과 붙어 있지 않는 얼굴 ······················ 327

건강(健康)과 병(病)을 얼굴로 진단(診斷)한다 ····· 329

사고(事故)나 부상(負傷)이 많은 얼굴 ····················· 331

장수(長壽)의 큰귀(大耳) ·· 334

도난(盜難)을 예측(預側)할수 있나? ······················ 335

악인(惡人)을 간파(看破)할 수 있나? ····················· 337

~~~~~~~~~~~~~~~~~~~~~~~~~~~~ ◈ ~~~~~~~~~~~~~~~~~~~~~~~~~~~~

읽을거리

중국(中國)의 역자(易者) ·································· 37

수수께기와 인상(人相)

        (目孔鼻高櫻色) ····································

일본(日本)의 역자(易者) ······························· 112

고문헌(古文獻)을 본다. 눈의 판단례(判斷例) ······· 208

천지진리(天地眞理)의 상(相)을 점(占)침 ········ 268

죽은깨와 인상(人相) ····································· 268

제 1 장 (第一章)

인상 (人相) 이란

인상 (人相) 으로 어떻게 판점 (判占) 할수 있는가

당신 (當身) 이 만일 (萬一) 초대면 (初對面) 인 사람과 만나서 상담 (商談) 이나 금릉의뢰 (金融依賴) 에 대 (對) 한 화제 (話題) 를 가질려고 한다면, 그 거래 (去來) 에는 거액 (巨額) 의 금전 (金錢) 이나 자칫잘못하면 앞으로 당신 (當身) 의 일생 (一生) 을 뒤바꾸게 될 위험 (危險) 이 빚어질지도 모른다. 그러할때에 교섭 (交涉) 에 있어서 어느 정도 (程度) 의 사전조사 (事前調査) 를 한 연후 (然後) 라야 그 대화 (對話) 의 장면 (場面) 에 응 (應) 하게 될것이다. 그러나 그것은 어디까지나 사전조사 (事前調査) 에 불과 (不過) 할 것이다. 그 장면 (場面) 에서 상대 (相對) 와 처음 만나서 우선 (于先) 그 사람으로 부터의 여러가지 인상 (印象) 을 받게 될 것이며, 그 제일 (第一) 의 인상 (印象) 이 앞으로의 교섭 (交涉) 에 중대 (重大) 한 영향 (影響) 을 준다고 할 것이다. 적어도 무정자 (無精髭) 따위는 그만 두고라도 가급적 (可及的) 상대편 (相對便) 에 좋은 인상 (印象) 을 줄수 있도록 노력 (努力) 해야 할것은 당연 (當然) 할 것이다.

때로는 개의 (介意) 하지 않아 그 인상 (印象) 같은것은 상관 (相關) 하지 않아도 좋으니, 요 (要) 는 교섭 (交涉) 의 내용 (內容) 과 결과 (結果) 만이라는 사람도 있겠지만 그런 사람 일수록 큰 일을 하고있는 사람은 없다. 적어도 자신 (自身) 의 면모 (面貌) 쯤은 깨끗하게 하여 상대방 (相對方) 에 불쾌 (不快) 한 인상

（印象）을 주지 않도록 한다는 것은 어떤 위인（爲人）이라도 관심（關心）을 가지고 있는 것이다.

특별（特別）히 화려（華麗）하게 꾸미라는 것은 아니다. 또 남성（男性） 화장품（化莊品）을 바르라는 것도 아니다. 다만 자신（自身）이 지닌 그대로를 보이기 위해 언제나 말끔하게 한다는 것은 상대（相對）에 대（對）한 예의（禮儀）기도 하다.

상대（相對）로 하여금 자신（自身）에 대한 관심도（關心度）, 이마음 쓰임이 중요（重要）한 것이다. 그것이 있음으로써 교섭（交涉）도 순조（順調）롭게 되어질 것이다.

좋은 결과（結果）를 낳기 위（爲）해서의 전제（前提）로는 인간관계（人間關係）의 원만（円滿）과 원활（円滑）이 결여（缺與）되어서는 안된다.

물론（勿論） 원활성（円滑性）이 결여（缺如）되어도 교섭（交涉）이 잘 이루어지는 수도 있다. 그러나 언제나 딱딱한 관계（關係）로서는 오래도록 좋은 관계（關係）를 유지（維持） 한다는 것은 어려운 일이다.

이럴 때에 효력（効力）을 발（發）하는 것이 사람을 보는 눈이며, 상대（相對）에 보여주게 되는 자신（自身）의 안면（顔面）인 것이다.

그 感情이 지나치면, 신경질적（神經質的）인 경향（傾向）으로 빠지는 사람도 있으나 오감（五感）을 넘은것 즉, 그것들을 총할（總轄）할 제 육감（第 六感）이 중요（重要）한 것이다.

예（例）컨대, 경마（競馬）의 마권（馬卷）을 구입（購入）한다든가 할때는 정보(情報)를 신문(新聞)이나, 여러가지 보도자료(報道資料)를 참고(參考)로 한다. 또 그것을 뱁새가 황새 따라 가다가는, 가랑이가 찢어지는 격(格)이 되는 사람도 있지만은 최후(最後)에는 자신(自身)이 결단(決斷)을 내리지 않으면 안된다.

그 결단(決斷)을 내리는데는 자신(自身)이 머리속에 들어 있는 정보(情報)가 기본(基本)이 된다.

점(占)이라는 것은 역단(易斷)이기도 하다. 즉(即), 점(占)이란 단정(斷定)하는 것이다. 더구나 점(占)하는 것만으로 그 결과(結果)는 어떻게 되어도 상관(相關)없을 경우(境遇)도 있다.

예(例)컨데, 명일(明日)의 일기(日氣)를 점(占)쳐 우천(雨天)이면 독서(讀書), 청천(晴天)이면 낚시라는·등(等) 생활(生活)에는 점(占)의 결과(結果)는 상관(相關)없는 것이다.

그러나 점(占)한 것에 따라 저항(抵抗)하여 살아나든지, 그 점(占)의 결과(結果)가 앞으로의 인생(人生)에 중대(重大)한 영향(影響)을 미치는 경우(境遇)는 누구나가 진지(眞摯)하게 된다.

단순(單純)한 예측(豫測)뿐이 아니고 예측(豫測)한 것에 대(對)하여 어떠한 생활방침(生活方針)을 취(取)할 것인가? 거기에 점(占)의 진가(眞價)가 있는 것이다.

점(占)이란 사람의 운세(運勢)에 관(關)한 여러가지 정보

（情報）를 기본（基本）으로 하여 이것으로 운（運）의 길흉（吉凶）을 판단（判斷）하는 방법（方法）이라고 생각한다.

　막상 占에는 여러가지가 있다. 그러나 대별（大別）하면 다음의 육종（六種）으로 분류（分類）된다고 본다.

　　　인상술（人相術）은 수（數） 많은 점술（占術）
　　　가운데도 대주（大柱）이다.

⑴ 인체（人體）의 형태（形態）를 기반（基盤）으로 한 점법（占法）
　　골상（骨相）, 인상（人相）, 수상（手相）등

⑵ 인간（人間）에 부대（附帶）하는 것으로서의 점법（占法）
　　성명（性名）, 생년월일（生年月日）, 필적등（筆跡等）

⑶ 자연현상（自然現象）에 의（依）한 점법（占法）
　　성점（星占）, 몽점（蒙占）등

⑷ 인간（人間）의 환경（環境）에 의（依）한 점법（占法）

지상(地相), 가상(家相), 묘상(墓相), 방위(方位)

(5) 특수(特殊)한 물건을 매체(媒體)로 한 점법(占法)

도란트, 무죽(筮竹), 주사위, 산반(算盤), 수정(水晶), 신의(神意)에 의(依)한 점(占)치는 제비등

(6) 인간(人間)을 매체(媒體)로 한 점법(占法)

영매(靈媒), 투시(透視)등(等)

이상(以上)이 점(占)의 대상별(對象別)에 依한 분류(分類)이나, 인상(人相)이 (1)에 속(屬)함은 말 할것도 없다. 인간(人間)의 형태(形態)를 기반(基盤)으로 한 점법(占法)에는 골상(骨相)과 인상(人相)이 이 인상술입문(人相術入門)의 주안(主眼)이다.

그러면 다음에 서양(西洋)의 골상학(骨相學)의 발달(發達)을 더듬어 보기로 한다.

서양골상학(西洋骨相學)의 발달(發達)

골상(骨相)은 원래(元來) 서양(西洋)에서 부터 발달(發達)하여 왔으며 동양(東洋)에서는 인상(人相) 연구(研究)가 앞서 왔으나, 근대(近代)에 와서 양자(兩者)의 교류(交流)라 할까 양자(兩者)의 좋음이 취택(取擇)되어 보다 긴밀(緊密)한 관계(關係)로 보다 심오(深奧)한 해명(解明)을 지니고 있다.

서양(西洋)의 인상술(入相術)은 멀리 그리스 철학자(哲學者)인 아리스토텔레스가 처음으로 학문적(學問的)인 연구(研究)

를 하였다고 말하고 있다.

소요학파(消遙學派)라고 말하는 一派를 둔것 뿐으로서 「아리스
토텔레스」는 동식물자연과학(動植物自然科學), 혹(或)은 인
상술(人相術)에 이르기 까지 모든 학문(學問)이라고 이름 붙
는것의 開祖로 되어 있다.

그 「아리스토텔레스」는 사람의 얼굴모양과 동물(動物)의 얼
굴 모양의 유사점(類似點)을 바탕으로 하여 판단(判斷)하고 있
다.

얼굴이 사자(獅子)처럼 생겼다고 용감(勇敢)하다든가, 코가
소의 코처럼 닮았다고 둔감(鈍感)한 사람이라 든가, 당나귀 처럼
생긴 사람은 온순(溫順)한 성격(性格)의 사람이라든가 하는 것
처럼 하는 판단(判斷)이다.

중세(中世)에 들어와서 점성술(占星術)의 「스코트」가 점성
(占星)과 인상(人相)과의 관계(關係)를 결부(結付)시켜,
천체(天體)의 十개의 혹성(惑星)의 영향(影響)에 의(依)한
얼굴의 모양이나, 성격(性格)이나 운명(運命)을 점(占) 친것
같았다.

이태리의 「르네상스」 대표적(對表的) 과학자(科學者),「네
오날드·다빈치」의 「인간(人間)의 얼굴을 생생(生生)하게 표
현(表現)하는 방법(方法)」, 이태리人인 「코르레」의 인상술
대요(人相術 大要)」, 안테이 치우즈의 「인상학(人相學)」, 독
일(獨逸)의 「인터키네」의 예언입문(豫言入門)등이 있다.

또 이 시대(時代)에 이태리人인 「뿔터」는 「인간의 표정(

人間의 表情)에 대(對)하여」로서, 인간(人間)의 얼굴과 동물(動物)의 낯과의 비교연구(比較硏究)를 체계화(體系化)하였다는 것이다.

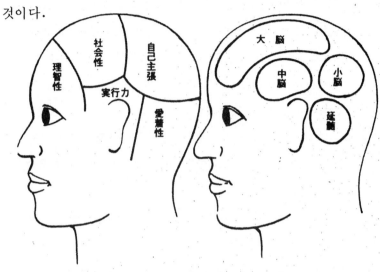

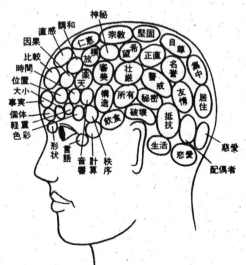

두부각부분(頭部各部分)의 활동(活動)

근대(近代)의 인상술(人相術)은 「라바텔」의 「인상소문집(人相小文集)」 「인상(人相)에 의한 독심술(讀心術)」이 있다.

또 「간페―르」의 안(顏)의 정(靜), 동(動) 각기(各其) 표현방법(表現方法)에 대(對)하여」가 있지만은,무어라 하더라도 골상학(骨相學)을 학문적(學問的)으로 확립(確立)한 것은 「포란츠·요셀·칼(1758年~1828年)」의 공적(功績)일 것이다. 위대(偉大)한 발자취 였던것이다.

「칼」은 뇌(腦), 척수등(脊髓等)을 연구(硏究)하여 대뇌(大腦)의 활동(活動)이 대뇌피질(大腦皮質)에 있다는것을 강조(强調)하고 있다.

이 생각은 지금의 대뇌생리학(大腦生理學)의 대근(大筋)과 모순(矛盾)되는것은 아니다.

또한 뇌(腦)의 각기장소(各其場所)가 그 활동(活動)을 분담(分擔)하고 있는 사실(事實)을 강조(强調)한 것도 그 자신(自身) 이였다. 그러나 그 활동장소(活動場所)가 현재(現在)의 지식(知識)과 반드시 일치(一致)하는 것은 아니다.

「칼」에 의(依)한 뇌(腦)의 42부위(部位)의 발표(發表)는 물의(物議)를 일으킨 사건(事件)이기도 하였으나, 사고방식(思考方式)이 지나쳤기 때문에 용인(容認)되기 어려웠던것 같았다. 어쨌던 저 「괴―테」가 살아 있었을 시대(時代)의 이야기 였으니까.

동양(東洋) 및 한국(韓國)의 인상술(人相術)

인상술(人相術)이나 수상술(手相術)은 고대(古代) 인도(印度)에서 행(行)하였다고 한다. 그러나 정확(正確)한 기록(記錄)으로서 남겨져 있는 것은 아니다. 먼 옛날의 일로써 인도(印度)에서는 문자(文字)로서 기록(記錄)이 남아 있지 않는 것이 원인(原因)인것 같다.

막상 관상(觀相)이나 수상(手相)을 점(占)치는 것을 「관상(觀相)」이라고 하지 만은 이것에 대(對)한 무죽(筮竹)으로 점(占)치는 역점(易占)도 오랜 역사(歷史)가 있다.

고대(古代) 중국(中國)의 은(殷)나라의 폐허(廢墟)에서는 분명(分明)히 점(占)에 사용(使用)되었다고 생각되는 유물(遺物)이 나오고 있다.

더구나 옛날에는 무죽(筮竹)이 아니고 다른 것을 사용(使用)하여 점(占)치고 있었으나…. 훨씬 뒤인 송(宋)나라 시대(時代)의 진박(陳博)이라는 도사(道士) {노자(老子)를 교조(敎祖)로 하며, 장릉(張陵)을 개조(開祖)로 한 불로장수(不老長壽)의 교의(敎義)를 수도(修道)한 사람}이 「신상전편(神相全篇)」 {신묘인상론전편(神妙人相論全篇)의 뜻인것 같음}을 저술(著述)하여 후(後)에 명(明)나라 시대(時代)에 원충철(袁忠澈)이 ㅣ신상전편(神相全篇)」에 손을 가(加)해 완성(完成)하였다고 전(傳)해지고 있다. 이것은 얼굴 뿐이 아니고 신체(身體) 전체(全體)를 판단(判斷)하는 관상(觀相)으로서 인상(人相), 수상(手相), 골상(骨相), 체상(體相) 전부(全部)가 판단(判斷)의 대상(對象)으로 되어 있다.

이 이외(以外)도 중국(中國)에서는 「마의상편(麻衣相篇)」
「인상수경집(人相水鏡集)」등(等)의 서책(書册)이 있다.

일본(日本)에서는 에도시대(江戶時代)에 오오사가(大阪) 사
람으로 미즈노 난부구(水野南北)가 「신상전편(神相全篇)」을
바탕으로 「남북상법(南北相法)·전후편십권(前後篇十卷)」을
著述하여 일본 인상술(日本 人相術)을 확립(確立)하였다.

미즈노난부구(水野南北)는 독자(獨自)의 상법(相法)을 확
립(確立)하기 위(爲)해 십수년(十數年)동안 목욕탕(沐浴湯)
의 사환(使喚)으로 들어 박혀 인간(人間)의 체구(體軀)를 연
구(硏究) 한다거나 발결(髮結)의 제자(弟子)가 되어 안면(
顔面)과 두발(頭髮)을 연구(硏究)하였으며, 또 화장장(火葬
場)의 은망(隱亡)까지 해가면서 관상연구(觀相硏究)를 하였다
고 전(傳)해지고 있다. 이것이 일본(日本)의 인상술(人相術)
의 주류(主流)를 이루고 있다.

또 「신상전편(身上全篇)」을 독자적(獨自的) 입장(立場)
에서 개정(改訂)한 이시 다기고(石 龍子)의 「신상전편정의(神
相全篇正義)」도 인상술(人相術)로서 훌륭한 책이다.

본래(本來) 인상술(人相術)은 의서(醫書) 「영추경(靈樞
經)」에 발단(發端)하였다는 설(說)도 있다.

현대(現代)에는 인상술(人相術)도 사진(寫眞)과 콤퓨우터
로 판단(判斷)하는 시대(時代)가 되었다.

여성(女性)의 체형(體形)을 「머아레」 편칙정법(編測定法)

에 의(依)한 인체고등선도등(人體高等線圖等)이라고 하는것도 나타났으며, 아추로의 인상술(人相術)은 사람의 손에서 떠나서 기계(機械)가 판단(判斷)하는 시대(時代)가 되어 가기 때문에 미기(味氣)가 없어질 것 같기도 하다.

그러나 반면(反面)에 사람의 손에 의(依)한 수동식(手動式) 작업(作業)이 크게 존중(尊重)되는 시대(時代)임으로 인대인 (人對人)의 인상술(人相術)은 인원(人遠)이 없어지지는 않을 것으로 생각된다.

안면(顔面)에는 심중(心中)이 나타 난다

막상 여기서 인상(人相)으로 왜 판점(判占)할 수 있는가 라는 문제(問題)를 다시 한번 생각해 보자. 고인(古人)이 양(洋)의 동서(東西)를 불문(不門)하고 운세(運勢)와 인상(人相)의 관계(關係)를 끈질기게 추구(追求)한 것에는 그만한 이유(理由)가 있는 것이다.

사람에 있어서 가장 중요(重要)한 부분(部分)은 뇌의 부분(部分)이다. 이것을 담은 용기(容器)로서 두골(頭骨)이 있지만은 광역(廣域)의 의미(意味)로서는 안면(顔面)도 그 용기(容器)의 측면(側面)을 차지하고 있다고 말할 수 있을 것이다. 즉(即), 과자(菓子)와 과자상자(菓子箱子)와의 관계가 인간(人間)의 안면(顔面)과 뇌(腦)의 관계(關係)인 것이다.

그런데 과자상자(菓子箱子)는 대체적(大體的)으로 비슷한 형(形)으로 되어 있다. 왜 그럴까? 그것은 과자(菓子)를 넣기에 적당(適當)한 형(形)이기 때문이다.

하나의 내용물(內容物)을 넣는 용기(容器)의 형(形)은 기능적(機能的)으로 어떤 종류(種類)의 것으로 한정(限定) 되어지는 것이다.

내용물(內容物)을 위해 용기(容器)가 있다. 그러므로 뇌(腦)의 자그마한 활동(活動)에도 안면(顔面)은 커다란 변양(變樣)이 나타나게 되는 것이다.

예(例)컨데 감기에 걸렸거나 몸에 자그마한 이변(異變)이라도 뇌(腦)는 그 이변(異變)을 받아들인다. 그 활동(活動)은 즉시(卽時) 피(皮)를 하나 사이에 두고 안면(顔面)에 표정(表情)으로서 나타나는 것이다.

더구나 이처럼 중요(重要)한 뇌(腦)와 직결(直結)되어 있는 부분(部分)도 있다고 말 하기보다는 안(眼)과 대뇌 자신(大腦 自身)이라고 할 수도 있다.

눈이 관상(觀相)의 커다란 관정(關鍵)되는 것이 이것에 依해서도 납득(納得)이 될것이다. 극단적(極端的)으로 말하면 족리(足裏)를 보더라도 그 사람의 운세(運勢)를 어느 정도(程度) 점(占)칠 수 있을 것이다.

그러나 그것 보다는 보다 중추부(中樞部)에 있는 안면(顔面)의 중심(中心)인 곳의 상(相)을 보는편이 어떤 경우(境遇)에도 확률(確率)이 높을 것으로 유추(類推)된다.

더구나 우리들의 안면(顔面)은 매우 세밀(細密)하게 판별(判別)하는 능력(能力)을 가지고 있는 자그마한 오판(誤判)도 즉시(卽時) 알수 있게된다. 이것이 다른 부분(部分)이 있다면 매우 구별(區別)하기 어려울 것이다.

때때로 피비린내 나는 사건(事件)이 일어나지만은 목이 없는 사체(死體)로서는 누구라는 확정(確定)이 매우 어렵다 라고 하는 것은 그다지 重要하지 않는 부분(部分)에 대(對)해서는, 인간(人間)을 구별(區別)하지 않고 있다는 뜻이다.

배꼽모양 만으로는 이것은 A씨이다. B씨이다라고 단정(斷定)하는 사람은 없을 것이다.

그러나 반대(反對)로 목이 나타 났을 경우(境遇)는 일견(一見)만으로 A씨이면 A씨로, B씨이면 B씨로, 단정(斷定)지을수 있을 것이다.

우리들은 안면(顔面)에 대(對)해서는 커다란 관식안(觀識眼)을 가지고 있는 것이다.

화가(畵家)가 뎃상하는데 가장 어려운 것은 사람의 안면(顔面)이라고 한다.

풍경(風景)이나 정물(靜物)은 속임수를 붙일수도 있다. 그런대로의 풍정(風情)을 붙이면 사과는 사과처럼 보이며 산(山)은 산(山)처럼, 하천(河川)은 하천(河川)처럼 보이는것이다.

그러나 사람의 안면(顔面)은 그렇게 되지는 않는다. 지극(至極)히 주의(注意)하지 않으면 사람의 얼굴로서 값어치가 없어지는 수가 있다. 속임수가 받아 들이지를 않는다. 속임수를 받아 들이지 않는것은 우리들의 관식안(觀識顔)이 여러 얼굴마다 따라서는 엄격(嚴格)한 것이 있기 때문이다.

이것은 대단(大端)히 편의(便宜)가 좋은 것이다.

사람에게 가장 중요한 곳은 뇌(腦)임으로 인간(人間)의 모든 것은 여기에서 조정(調整)되고 있어서 그것을 담은 용기(容器) 인 얼굴은 뇌(腦)의 활동(活動)에 따라서 변(變)해 지는 것이다.

더구나 인간(人間)은 본래(本來)부터 얼굴에 대(對)한 예민(銳敏)한 관식안(觀識眼)을 가지고 있다. 그것은 인체중(人體中)에서도 안면(顔面)은 언제나 표면(表面)에 나타나고 있는 부분(部分)일 뿐 아니라 감정(感情)의 움직임등(等)이 직접(直接)나타나는 수가 많기 때문이다.

보이게 되는 측(側)에서나 인간(人間)이라는 것이 그 사람의 운명(運命)이나 성질(性質)을 보는데 최적(最適)하다는 이유(理由)를 납득(納得)하였으리라 믿는다.

인상술(人相術)이 다른 점법(占法) 보다도 잘 적중(適中)하는 것은 직접(直接)으로 그 사람의 인간성(人間性)에 육박(肉迫)하고 있는것에 있는 것이다.

그러므로 보는 사람이 보면 제일인상(第一印象)으로 그 사람의 모든것을 간파(看破)할 수 있는 것이다. 더구나 관식안(觀識眼)은 어린아이들 에게도 가지고 있다. 이상(異常)한 마음씨를 지니고 있는 남자(男子)의 얼굴이 보이면 아무것도 모르는 어린이라도 울기 시작(始作)하여 어머니 품으로 달아난다.

관상(觀相)에는 특수(特殊)한 능력(能力)이 필요(必要)한 것은 아니다.

제 자신(自身)만으로 라도 그 능력(能力)을 발휘(發揮)되지만 여러가지 "룰"을 알고 있으면 그만큼 보다 깊게 볼 수 있을 가능성(可能性)이 있다.

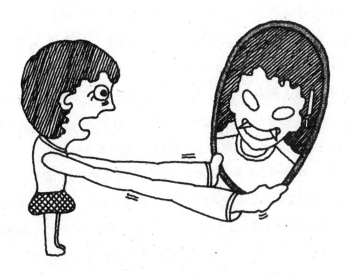

얼굴은 마음의 거울이라 할 수 있다.

안면(顔面)에는 세가지 형(型)이 있다.

사람이 얼굴을 대별(大別)하면 세가지 형(型)으로 나눈다. 살이 많이 쪄서 뚱뚱한 비만형(肥滿型), 골량(骨量)이 많으며 씩씩한 느낌을 주는 근골형(筋骨型), 지방(脂肪)이 적으며 야윈형(型)의 세가지 형(型)으로 분류(分類)하여 각각(各各)의 운세(運勢)를 판단(判斷)하고 있다.

기질적(氣質的)으로 말 하더라도 이와 같은 분류(分類)는 적절(適切)한 것으로서 야윈형(型)인 사람이 비만형(肥滿型)인 사람의 기질(氣質)을 가지고 있지를 않다.

대별(大別)한 분류(分類)이므로 대별(大別)한 결과(結果) 밖에 되지 않지만 그 반면(反面) 그만큼 정확(正確)하다고 할 수 있을 것이다.

가령(假令) 이것은 가을에는 태풍(颱風)이 몰아 닥칠 것이다 라고 하는것 처럼 정확(正確)한 것이다. ○월(月) ○일 (日)에 태풍(颱風)이 몰아 온다는 예보(豫報)는 그다지 적중 (適中)하지 않지만 이와 같이 대별(大別)한 분류(分類)는 누 가 보더라도 비교적(比較的) 적중률(適中率)이 있는 것이다.

그러나 가을에 태풍(颱風)이 있는 것은 당연(當然)하지 않 는가,그러한 분류(分類)는 불요(不要)하다고 주장(主張)하는 사람이 있겠지만 가령 그렇다고 하더라도 가을에 태풍(颱風)이 있다는 것은 가을의 기본적(基本的)인 사실로서 결(決)코, 그 지식자체(知識自體)가 불필요(不必要)한 것은 아니다.

이와 같은 예(例)는 이 세가지 형(型)의 분류(分類)에 대 (對)해서도 말할수 있을 것이다.

다시 이런 형(型)을 보다 세밀(細密)하게 분류(分類)해 갈 수도 있는것이다.

이런것 등(等)은 인상(人相)을 보는 기본(基本)이다.

함부로 경시(輕視)해서는 안된다.

*비만형(肥滿型)

뚱뚱하게 살찐 형(型)이나, 이 형(型)인 사람은 복부(腹部)도 크며, 몸에 비교적(比較的) 지방(脂肪)이 붙어 있다.

肥滿體의 特徵

당연(當然)한 일로서, 얼굴에도 풍성하게 살이 붙어 있다. 특(特)히 하악(下顎)이 불룩하여 목이 짧고 굵은 사람이 많다. 얼굴은 둥근 형(型)이 되어 혈색도 비교적(比較的) 강(强)하다. 이 두가지가 충족(充足)하면 불만(不滿)이 없는 형(型)이다.

성질은 온화(溫和)하여 명랑(明朗)하며, 어느 정도(程度) 물욕적(物慾的)인 면(面)은 있으나, 다툼질은 좋아 하지 않는 평화주의(平和主義)이다. 나쁘게 말하면, 팔방미인(八方美人) 좋게 말하면, 외향성(外向性)이 있어 교제가(交際家)라 할 수 있다.

낙천주의자(樂天主義者)이기에 그때 그때 닥치는 일을 능숙(能熟)하게 대처(對處)함으로서 장점(長點)이기도 하고 단점(短點)이기도 하다. 폭 넓게 취미(趣味)를 갖지만은 골똘히

연구 (硏究) 같은 것은 할수 없는 형 (型)이다.

 * 근골형 (筋骨型)

골장 (骨張)한 얼굴로서 하권 (下顴)이 펼쳐 있어 남성적 (男性的) 이어서 투사형 (鬪士型)인 사람이다. 눈썹도 몹시 검으며, 다부진 체격 (體格)으로서 완력 (腕力)으로는 누구도 당 (當)하지 못할 강 (强)한 형 (型)이다.

비만형 (肥滿型)과는 달리 지방 (脂肪)은 붙어 있지 않다.

얼굴도 치밀 (緻密)한 감 (感)이 있어 소위 (所謂) 골대 (骨大)하다. 얼굴빛도 검어 힘드는 일을 하는데 적합 (適合)한 상 (相)으로서 언제나 투지 (鬪志)가 불타고 있다. 의욕적 (意慾的) 이어서 원시적 (原始的)인 생명력 (生命力)도 강 (强)한 것 같다.

다만 그 반면 (反面)에 정서적 (情緒的)으로 결함 (缺陷) 된 부분 (部分)이 있어 무신경 (無神輕)이며, 조잡 (粗雜)한 성질 (性質)이 되기 쉽다. 직무 (職務)에 충실 (充實)하지만 가정 생활 (家庭生活)을 등한시 (等閑視)하기 때문에 부인 (婦人)은 고생 (苦生)한다. 거기에다가 애정면 (愛情面)에도 섬세 (纖細)하지 못하기 때문에 애정 (愛情)의 대상 (對象)으로서는 부족한 점 (點)이 있다.

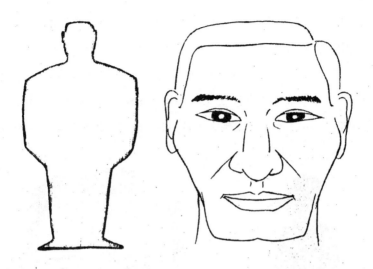

근골질（筋骨質）의 특징（特徵）

*야윈형（型）

오래 전（前）의 일이지만 「쭈이기」라는 팻션모델이 온 적이 있었다. 소지（小枝）라는 의미（意味）인것 같았지만 그야말로 바람이라도 불기만 하면 부러질듯한 스타일 이였다.

이것은 여성（女性）의 극단적（極端的）인 야윈형（型）의 전형（典型）이다.

얼굴모양도 역삼각형（逆三角型）이였다.

남성（男性）에게도 이런형（型）이 있다. 거의 그 비율（比率）은 비만형（肥滿型）이 삼분지일（三分之一）, 야윈형（型）이 삼분지일（三分之一）, 근골형（筋骨型）이 삼분지일（三分之一）이라고 한다.

얼굴형（型）은 길거나, 역삼각형（逆三角型）이다. 특（特）히

지적（智的）인 능력（能力）이 훌륭하며, 감각적（感覺的）으로도 뛰어난 사람이 많다.

　반면（反面）, 체질（體質）이 허약（虛弱）한 편（便）이나 위약（胃弱）, 위하수（胃下水）이다. 세장（細張）한 형（型）이므로 위약（胃弱）한지는 잘 모르겠으나 매우 높은 상관관계（相關關係）를 가지고 있다.

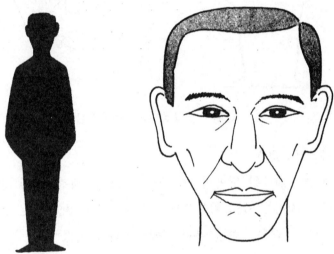

야윈형（型）의 특징（特徵）

중국（中國）의 역자（易者）

중국（中國）에서 역자（易者）가 성（盛）하게 된것은 당종（唐宗） 시대（時代）부터 이다.

일본역자（日本易者）의 대부분（大部分）이 무죽（籤竹）을 사용（使用）하여 점（占）치는데 대（對）하여，중국역자（中國易者）들은 무죽（籤竹）은 물론（勿論） 산목（算木）도 그다지 사용（使用）하지 않는다. 대개（大概）는 돈（錢） 혹（或）은 직경（直經）과 놀이가 약（約） 3 cm의 금속제（金屬製）또는 목제（木製）의 태고（太鼓）와 같은 것으로 점（占） 친다.

돈（錢）은 그 이표（裏表）를 음양（陰陽）으로 구분（句分）하여 점（占）치고，태고형（太鼓型）인 것은 방위등（方位等）을 쓴 도상（圖上）에서 점（占）치기도 하지만은 그 양자（兩者）를 병용（併用）하는 수도 많은것 같다.

점（占）을 치는 사건상（事件上）의 문제（問題）는 일본（日本）의 젊은 사람 대부분（大部分）이 연담（緣談）의 상담（相談）이 많은것 처럼 중국（中國）에서도 연담（緣談）이 더욱 많으며，다음에 묘지（墓地）의 선정（選定）이 많다고 하고있다. 다음에는 금전대차（金錢貸借） 축의등（祝儀等） 생활（生活）의 각 방면（各 方面）에 이르고 있다.

중국（中國）에서는 점（店）을 일간（一間） 차지하고 있는 역자（易者）를「명관」（命官）이라 하며 대도역자（大道易者）를 「역인」（易人）이라 하여 구별（句別）하고 있다.

외(外)에 「풍수선생」(風水先生)이라 하여 묘상(墓相)의 길흉(吉凶)의 판별(判別)을 전문(專門)으로 하는 사람도 있다.

중국(中國)에서는 조상숭배 사상(祖上崇拜思想)이 얼마만큼이나 대중생활(大衆生活)에 침투(浸透)하고 있는가를 나타내는 일례(一例)이기도 하다.

오행(五行)의 형(型)

여기에 안면형(顔面型)의 유력(有力)한 분류방법(分類方法)으로서 등장(登場)하는 것이 오행(五行)이다. 오행(五行)이란 고대중국(古代中國)에서의 사상(思想)으로서, 만물(萬物)은 토(土), 목(木), 금(金), 화(火), 수(水)의 오종(五種)에서 이루어 졌다는 설(說)이다.

더욱 오랜 기록상(記錄上)에는 서경(書經)속에 나타나 있다.

그러나 현재(現在)의 지식상(知識上)으로는 우리들은 만물(萬物)이 오요소(五要素)로 부터 생겨 났다고는 말 할수 없다.

중국고대인(中國古代人)의 의식(意識)도 실(實)은 그렇게 단순(單純)한 것은 아니며, 오종(五種)의 상징(象徵)으로서 이 오종(五種)의 토(土), 목(木), 금(金), 화(火), 수(水)를 생각한 것이 틀림 없을 것이다.

토(土)는 농숙(農熟)을, 목(木)은 생장(生長)을, 금(金)은 견고(堅固)함을, 화(火)는 격렬(激烈)을, 수(水)는 순종(順從)을 의미(意味)하고 있다.

토(土), 목(木), 금(金), 화(火), 수(水)라는 것은 널리 행(行)해지고 있는 현상(現象)의 상징(象徵)으로서 취급(取扱)되고 있는 것이다.

그런데 이 오행(五行)의 배열방법(配烈方法)이 두가지가 있다. 그 하나는 전술(前述)한 것과 같은 순서(順序)는 강(强)한 순서(順序)로도 병렬(並烈)하였다. 목(木)은 토(土)를 승(勝)하고, 금(金)은 목(木)에 승(勝)하며, 화(火)

는 금(金)에 승(勝)하고, 수(水)는 화(火)에 승(勝)하며, 토(土)는 수(水)에 승(勝)한다는 순서(順序)로 병렬(並烈)하고 있다.

관련(關聯)지은 것은 상반발(相反發)하고 있는 것이다.

이 설(說)은 ㅇ ㅣ ㄹ(相克說)이라고 하며, 진(奏)나라 시대(時代)에 추연(鄒衍)에 의(依)해 제창(提唱)된 것이다.

이것에 대(對)해 유향(劉向)은 상생설(相生說)을 주창(主唱)하였다. 목(木)은 화(火)를 생(生)하고, 화(火)는 토(土)를 생(生)하며, 토(土)는 금(金)을 생(生)하고, 금(金)은 수(水)를 생(生)하며, 수(水)는 목(木)을 생(生)한다 하였다.

실(實)로 알맞게 자연현상(自然現象)을 제창(提唱)하고있지를 않는가.

즉(即), 이 순서(順序)의 배열(配列)은 상성(相性)이 좋은것 끼리를 관련인합(關聯隣合)시킨 것이다.

목(木), 화(火), 토(土), 금(金), 수(水) 이것들의 인합(隣合)은 서로 상성(相性)이 좋고 역(逆)으로 토(土), 목(木), 금(金), 화(火), 수(水)의 서로의 인합(隣合)은 소위(所謂) 화(火)와 수(水)인 것이다.

전술(前述)한것 처럼 이 오종(五種)은 오종(五種)의 상징(象徵)임으로 막연(莫然)한 현상(現象)을 광포(廣包)하고 있는 것이다. 아니 오히려 수(數)많은 현상(現象)이나 존재(存在)의 대표(代表)로서 이 오종(五種)이 들추어진 것으로 생각 된다.

그러므로 우리들은 인상(人相)에도 이 다섯 가지 형(型)으로 분류(分類)할수 있게 된다. 그래서 이 분류(分類)된 다섯 가지 형(型)이 상성(相性)은, 또 추연(鄒衍)이나 유상(劉尙)이 설(說)한 상극설(相克說), 상생설(相生說)에 꼭 들어 맞는 것이다.

여기서 주의(主意)하여 두고 싶은 것은 수형(水型)인 사람이라고 할까, 그러나 수형(水型)인 사람이라고 해서 물처럼 차운 사람을 뜻하는 것은 아니다. 수(水)라는 물질(物質)을 통(通)해서 나타나는 현상(現象), 성질(性質)에 닮은 성질(性質)을 가진 사람이라는 의미(意味)이다.

그러면 실제(實際)로 오종(五種)의 형(型)을 설명(說明)해보기로 한다.

＊목형(木型)

안면(顔面)은 길고 청백(靑白)하여 체구(體軀)는 세장형(細長型)으로서, 금형(金型)인 사람과 결혼(結婚)하면 부모(父母)를 잃으며 처자(妻子)를 그르치게 할 상(相)이다.

그다지 외향성(外向性)인 편(便)이 아니고 어느편이냐 하면 온순(溫順)한 편(便)에 속(屬)한다. 한편 금형 金型)인 사람의 성질(性質)노 음성(陰性)인 편(便)이기에 너무나 닮은 동지(同志) 끼리로서는 그다지 좋지 않다는 것이다.

음음멸멸(陰陰滅滅)이 되어서는 가내(家內)가 안전(安全)이라고 할 수 없는 것이다. 모든 면(面)이 어두어서는 안될 것이다.

오히려 거꾸로 격(激)할 양기(陽氣)인 화형(火型)인 사람과의 상성(相性)이 좋을 것이다.

「음양상합」하여 일물(一物)을 생(生)한다.」이 이치(理致)로 추진(推進)하지 않으면 좋은 결과(結果)는 얻지 못하게 된다.

그러나 관상(觀相)을 전문(專門)으로 하지 않는 사람이라도, 대강(大綱) 자신(自身)이 좋아하게 되고 상대(相對)로 부터도 좋아지는 것은 목형(木型)이면 화형(火型)인 사람일 것이다.

좋아 한다고 생각하는 감정(感情)속에 벌써 관상(觀相)의 지혜(知慧)가 내포(內包)되어 있는 것이다.

＊화형(火型)

안면(顔面)은 삼각형(三角型)으로 발(髮)은 적으며 안광(眼光)은 날카롭고, 모든 면(面)이 과격(過激)한 인상(印象)을 노정(露呈)한다. 귀는 강입(强立), 코는 뾰족하며, 코의 빛깔이 적(赤)한 것이 특징(特徵)이다.

성격자체(性格自體)가 과격(過激)함으로 개성(個性)이 강(强)하여 그만큼 자신(自身)의 의사(意思)를 극단적(極斷的)으로 관철(貫徹) 하려고 한다. 그래서 여러가지 마찰(摩擦)이 일어난다. 좋게 말한다면 독립독행(獨立獨行)인 사람, 나쁘게 말하면 협조성(協調性)이 없는 사람이다. 더구나, 신경(神經)은 언제나 곤두세우고 있다.

그러므로, 수형(水型)인 사람 즉(卽), 그다지 신경질(神經質)이 아닌 사람과 결혼(結婚)하면 그 무신경(無神經)에 항복(降服)함으로 수형(水型)인 사람과의 결혼(結婚)은 피(避)해야 할것이다. 처(妻)를 괴롭혀 가난으로 결국(結局)은 고독(孤獨)하게 되어 버린다.

상대(相對)의 수형(水型)인 사람도 지나치게 세밀(細密)한 신경(神經)에 지쳐 버리는 것도 당연(當然)한 일이다.

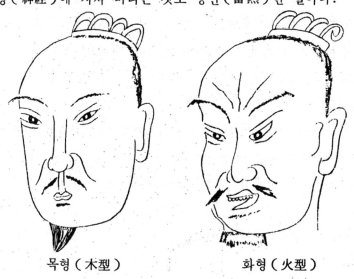

목형(木型)   화형(火型)

*토형(土型)

체구(體軀)는 육후(肉厚)하고 야무지게 생긴 형(型)이며, 비대(肥大)하나 수족(手足)은 짧다.

운동신경(運動神經)은 그다지 발달(發達)하지 않고 동작(動作)은 둔중(鈍重)하다. 저수(猪首)로서 안색(顏色)은 황색형(黃色型)이다.

미식가(美食家)가 많으며, 돈 쓰기에도 그다지 유의(留意)하지 않는 낭비성(浪費性)이 있으므로 목형(木型)인 사람과는 합당(合當)하지 않다. 이 쪽에서는 퍽퍽 먹고 있는데 목형(木型)인 상대(相對)는 청백(靑白)한 얼굴을 짓고 묵묵(默默)히 보고만 있어서는 하고 싶은 이야기도 하기 싫어질 것이다.

이런 형(型)인 사람은 성욕(性慾)도 강(强)하여, 담백(淡白)한 목형(木型)인 사람과는 맞지 않은 것은 당연(當然)하다고 보겠다. 목형(木型)인 사람과 결혼(結婚)한다면 모든 일이 제대로 되지 않으며 그 위에 젊어서 사별(死別)하게 되는 상(相)이다. 혹(或)은 죽지 않더라도 실직(失職)하는 상(相)이다.

역(逆)으로 맞는 형(型)은 금형(金型)인 사람으로 야윈형(型)이지 만은 성생활면(性生活面)에서의 강도(强度)가 있는 점(點)이 상성(相性)의 좋은 원인(原因)이 된다.

⇩ 토형(土型)

*금형 (金型)

안면(顔面)은 사각 (四角)으로서, 안색 (顔色)은 백 (白)하고 귀 (耳)는 빳빳하다. 색 (色)은 희지만은 소위 (所謂) 포류형 (蒲柳型으로 體質이 弱함)이 아닌 체구 (體軀)여서 체육 (體肉)은 탄력 (彈力)이 팽팽한 야윈형 (型)인 사람이다.

근육질 (筋肉質)로서 골 (骨)은 굵으며, 의지 (意志)는 강 (强)하고 그다지 감정 (感情)에 동요 (動搖)되지는 않는다. 한갖 일을 뜻하면 반드시 성취 (成就)시키는 사람이다. 그러기 위(爲)해서는 자질구레한 억척도 부리기도 한다.

그런데 목형 (木型)인 사람은 어느 편인가 하면, 무ー드로서 활동가 (活動家)이므로 실무가 (實務家)인 금형 (金型)인 사람과는 상성 (相性)이 악 (惡)하다. 만일 (萬一) 결혼 (結婚) 한다면 일생 (一生)의 운 (運)이 나빠서 늘 눌려 역경 (逆境)에서 헤어나지 못한다. 금형 (金型)인 사람에 맞는 형 (型)은 수형 (水型)인 사람으로서 통통하게 살이 찐 무ー드가 꼭 들어 맞는다. 한편 이를 꽝눌러도 살짝 팔을 밀쳐 피 (避)함으로 충돌 (衝突)이 없어질 것이다.

구두쇠의 적당 (適當)한 소비자 (消費者), 이 결합 (結合)도 조화 (調和)를 이루는 역활 (役割)을 할 것이다.

*수형 (水型)

안면 (顔面)은 둥굴며 색 (色)은 백 (白), 혹 (或)은 흑 (黑)일때도 있다. 입 (口)은 대(大),진 (辰)은 후 (厚), 어느 부분 (部分)을 취 (取)해도 지방 (脂肪)이 풍성 (豊盛)한 상 (相)으

-45-

로서 돼지처럼 뚱뚱하게 굵은 사람이다.

운동신경(運動神經)은 둔(鈍)하며 수족(手足)의 움직임도 빠르지는 않다. 그 반면(反面) 내장(內藏), 특(特)히 소화기 계통(消化器系統)은 튼튼하다.

향락면(享樂面)의 욕망(欲望)도 강(强)하여 주색(酒色)에 빠지기 쉬운 형(型)이다. 그러므로 비슷한 형(型)인 토형(土型)인 사람과 결혼(結婚)하면 가정(家庭)은 파산(破産)하고 언제나 병재(病災)가 떠나지 않는다.

또 뚱뚱보끼리의 성생활(性生活)도 알맞을 리(理)가 없어 파경(破鏡)의 두려움도 많다.

역(逆)으로 잘 맞는 형(型)은 목형(木型)인 사람이다. 목형(木型)인 사람은 모든 면(面)에 교양(敎養)이 있으며 지적(知的)임으로, 향락적(享樂的) 수형(水型)인 사람의 실무(

금형(金型)

수형(水型)

實務)를 리ー드 하기도 하고, 또 향락면 (享樂面)을 받아들일 **수**
도 있기 때문이다.

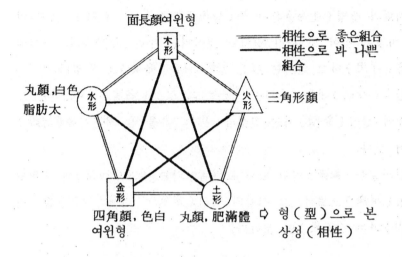

面長顔여윈형

相性으로 좋은組合
相性으로 봐 나쁜
組合

丸顔,白色
脂肪太

木形
水形
火形
金形
土形

三角形顔

四角顔, 色白　丸顔, 肥滿體　⇨ 형 (型)으로 본
여윈형　　　　　　　　　　　상성 (相性)

안형 (顔形)에 의 (依)한 관상법 (觀相法)

관상술 (觀相術)의 방법 (方法)은 얼굴의 어느 부분 (部分)
에 무엇이 생기면 이러한 결과 (結果)가 나타 난다는 원리 (原理
)에 의 (依)해서 있는 것이다.

따라서 얼굴 전체 (全體)를 막연 (莫然)하게 보는 것이 아니
고 예 (例)를 들면 눈썹과 눈의 사이라 든가 코밑이라 든가 각
각 (各各) 점 (占)치는 장소 (場所)가 있으며, 장소 (場所)에
따라 섬 (占)치는 사례 (事例)가 정 (定)해 있는 것이다.

다시 말하면 얼굴은 운세 (運勢)의 좌표 (座標)인 것이다. 이
좌표 (座標)를 기반 (基盤)으로 하여 무엇이 어떻게 되는가를
알게 되는 것이다. 그 인과관계 (因果關係)를 고인 (古人)들은

수(數)많은 사례(事例)로 부터 여러가지의 룰—을 추출(抽出)하여 왔던 것이다.

사람의 생명(生命)은 반복(反復)한다. 지금(只今)까지 이러 하였던 것이 또 다시 일어날 것이라는 추리(推理)가 거기에 작용(作用)하고 있다는 것은 말할 필요(必要)조차 없다.

금후(今後)에는 그 부분(部分)의 명칭(名稱)이나 작용, 또 그것에 상징(象徵)되는 현상등(現象等)을 글로써 기록(記錄)되어 왔다.

인상술(人象術)이란 마침내 얼굴이라는 좌표(座標)에 나타난 현상(現象)으로서, 그 사람의 미래(未來), 현재(現在)를 점(占)치는 술(術)인 것이다.

안면(顏面)은 운명(運命)의 좌표(座標)

정면(正面)에서 본 안면(顔面)의 분류(分類)

「안면(顔面)의 세가지 형(型)」「오행(五型)의 형(型)」 등(等)으로 분류(分類)하는 경우(境遇), 얼굴 뿐이 아니고 그 사람의 모습, 즉(卽) 몸의 전체(全體)를 포함(包含)하여 고려(考慮)하여 왔으나, 이번에는 안면(顔面)만에 대(對)하여 고려(考慮) 해보기로 한다.

그러나 여기서도 그다지 작은 것에는 관여(關與)하지 않고 크게 총합적(總合的)인 분류(分類)를 해본다면, 세부적(細部的)인 부분은 차제(此際)에는 보지 않기로 한다. 따라서 코도, 귀도, 눈도 균형(均衡)만을 본다. 혹(或)은 기계등(機械等)의 설계도(設計圖)의 정면도(正面圖)에도 그 영향(影響)이 나타 있는 격이다.

* 난형(卵型)

그림처럼 난형(卵型)인 사람으로써 이마가 넓으며, 머리는 둥글다. 남자(男子)에도 있지만은 여성(女性)에도 많이 있는 형(型)이다.

모든 면(面)이 원만(圓滿)하여 모진 골이 없으며 보기에도 온화(溫和)한 느낌을 주고 있다. 평범(平凡)하여 어디에서든지 볼수 있는 안형(顔型)이다. 눈(目), 코(鼻), 입(口)등(等)도 간추려져 있어서 균형(均衡)이 잘 잡혀 있다.

이러한 사람은 지성적(知性的)이며 상식파(常識派) 이지만은, 한편 기분파(氣分派)인 면(面)도 있다. 예(例)를 들면 이런 일도 있다.

일요일(日曜日) 아침, 기분(氣分) 좋게 잠에서 깨어나서 「아―오늘이 일요일(日曜日)이였나」라고 생각하니 어렴풋 하게 행복감(幸福感)이 다가 오고 있다.

보이는것, 들리는것, 모두 즐겁다. 그러나 머리털에 빗을 대었다. 잠간(暫間)사이에 한개의 머리카락이 빠져 버렸다. 다만 그것 만으로 어쩐지 기분(氣分)이 손상(損傷)되어 버린다. 이와 같이 신경(神經)의 세밀(細密)한 일면(一面)도 가지고 있는 사람이다. 좋은 기억력(氣憶力)과 시찰력(視察力)이 풍부(豊富)하지 만은 만년(晩年)에는 쓸쓸하게 보내는 사람도 있다.

＊사각형(四角型)

이마와 턱이 각창(角張)한 얼굴이다.

이 형(型)은 주(主)로 남성(男性)에 많으며, 여성(女性)에는 없는것이다. 여성(女性)은 어쨌던 둥근 형(型)을 띄고 있으므로 그다지 눈에 띄지 않는다.

사각(四角)이라는 것은 골창(骨脹) 하였다는 것을 제시(提示)하여 의지(意志)의 강도(强度)를 암시(暗示)하는 것이다.

난형(卵型)이 온화(溫和)한 상징(象徵)인데 대(對)해 이 사각형(四角型)은 전투적(戰鬪的)인 상징(象徵)이다.

눈(目), 코(鼻), 입(口)은 모두 큰 편이며 지기 싫어하는 성격(性格)으로서 더우기 지성(知性)을 구비(具備)한 현실파(現實的)이다. 고집(固執)이 강(强)한 느낌이 있으며, 노동조합(勞動組合)의 간부(幹部)등에 이런 형(型)을 많이본다.

실(實)로 의지(意志)가 강(强)하며 전투적(戰鬪的)인 일면(一面)도 있으나 적극적(積極的)이여서 한눈을 팔지 않는 점(點)도 있다.

적극적(積極的)인 것과 적당(適當)하게 넘긴다는 것과는 상반(相反)되는 것으로서, 이 점(點)에서도 난형(卵型)인 사람과는 대단(大端)히 틀린 형(型)이라고 할 것이다.

자신(自身)의 힘으로 무엇이든지 뜯어 내는 강(强)한 힘이 있다. 만년(晩年)에는 응분(應分)의 결과(結果)가 있을 것이다.

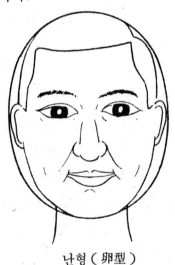

난형(卵型)

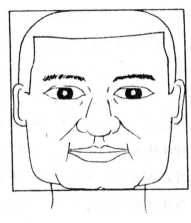

사각형(四角型)

＊원형（圓型）

동양인（東洋人）의 두형（頭型）은 그다지 단두형（短頭型）도 아니며 장두형（長頭型）도 아니다. 그러므로 종·횡（縱·橫）의 비률상（比率上）으로도 이와같은 원형（圓型）은 적은 것이다.

얼굴 전체（全體）는 물론（物論）이지만 개개（個個）의 부분（部分）도 원미（圓味）를 지니고 있다.

원형（圓型）은 영양형（榮養型）이라고 불리우며, 낙천가（樂天家）로서 온후（溫厚）한 성격（性格）의 소지자（所持者）이다. 협（頰）에서 턱（顎）의 선（線）에 걸쳐서 특징（特徵）이 강（强）하지만은 이 형（型）은 요령（要領）이 좋은 장점（長點）으로 결점（缺點）을 보완（補完）한다.

예（例）를 들면 잘못하여 A씨댁（氏宅）에 우유（牛乳）를 두병 더 배달（配達）하였다고 한다. 보통（普通）사람이면 그것을 되돌려 보려고 하겠지만은 이 형（型）인 사람의 발상（發想）이라면, 여분（餘分）을 두병 가（加）해서 모든 배달（配達）을 마치고·다음날이 되어 사유（事由）를 말하되 오늘은 넣지말고 어제것과 상쇄（相殺）하여 주십시요 라고 할수 있는 요령（要領）꾼이기도 하다.

이와 같이 사고방법（思考方法）이 매우 현실성（現實性）에 가까운 형（型）인 사람이다. 다만 정세（情勢）에는 약（弱）한것 같다.

＊협장형（狹長型）

소위（所謂）주무（主務）점원형（店員型）인 타입이다. 솔직

(率直)한듯 하여 어느 정도(程度) 이지적(理知的)인 느낌을 갖는다.

주인면(主人面)이라는 것은 뚱뚱한 사람들이 많은 반면(反面)에, 주무점원(主務店員)은 종(縱)으로 장방형(長方型)이라고 할수 있는 그러한 형(型)인 사람이 많은것 같다.

실제(實際)로 자신(自身)이 뛰어들어 콩이니 메주니 승부(勝負)를 하는것이 아닌, 소위(所謂) 평론가적(評論家的) 타입이다.

얼굴의 횡폭(橫幅)은 좁으며, 긴 얼굴에 코가 높다. 선병질(腺病質)로서 고독(孤獨)을 즐이는 타입이나, 지적(知的) 인 면(面)이 뛰어난 사람이다. 공상적(空想的)인 이론파(理論派)로 음기(陰氣)가 되기 쉬우며, 건강면(健康面)에 충분(充分)한 유의(留意)가 필요(必要)하다.

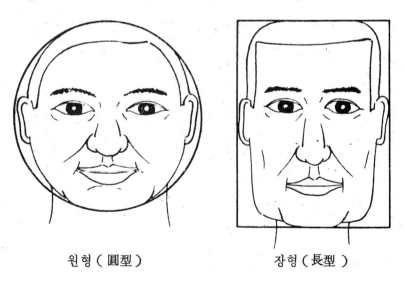

원형(圓型)   장형(長型)

군사형（軍師型）이라고도 말 할수 있다. 고래（古來）로 군사（軍師）라는 것은 병（病）이 많았던것 같다. 「죽중연반병위」（竹中然半兵衛）또한 제갈공명（諸葛孔明）에 있어서도 그러 하였던것 같다. 전（傳）해 온 얼굴 형은 장형（長型）으로서 모두 전진（戰陣）에서 병몰（病沒）하고 있다.

　＊혼합형（混合型）

사각형（四角型）과 난형（卵型）의 혼합（混合）으로 이마는 사각（四角）이며, 턱은 둥근 타입이다. 조화（調和）가 잘 이루어진 성격（性格）의 소유자（所有者）이다.

일방（一方）으로 편중（偏重）되지 않고, 상식적（常識的）으로 고찰（考察）할줄 알며 위험성（危險性）이 없다. 즉（即）, 지（知）, 정（情）, 의（意）를 겸비（兼備）한 인물（人物）이라 하겠다.

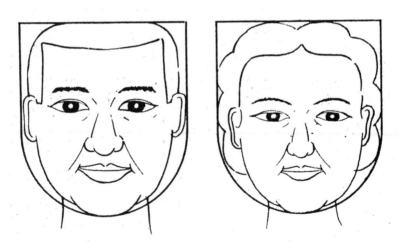

혼합형（混合型）

남성적 (男性的)인 성격 (性格)과 여성적 (女性的)인 성격 (性格)을 갖춘 사람이다. 마음씨가 부드러운 반면 (反面)에 강 (强)한 의지 (意志)로 어려움을 타개 (打開)해 나가는 현실 (現 實)과 이상 (理想)을 겸지 (兼持)한 인물 (人物)이다.

만일 (萬一) 딸을 **가진** 사람이면 이런 사람에게 사위를 삼음이 좋을 것이다. 결 (決)코 틀림이 없는 인물 (人物)이다.

* 역삼각형 (逆三角型)

이마 부분 (部分)이 넓으며, 턱은 가늘다. 보기에도 눈이 멋진 감 (感)이 든다.

그러나 이 멋지게 보이는 것이 흉물 (兇物)이므로 인상면 (人相 面)에서는 투박한것, 강 (强)한 것이 대체적 (大體的)으로 좋다 고 하고 있다. 어느편이냐 하면 쓸쓸한 상 (相)이라 하지 않을 수 없다.

잘 대비 (對比)되어 나오는 것이 도구가와 이에야스 (德川家康) 와 도요도미 히데요시 (豊臣秀吉)이다. 형상 (形相)으로는 히데 요시 (秀吉)는 역삼각형형 (逆三角形型), 이에야스 (家康)는 보 통 삼각형형 (普通 三角形型)에 속 (屬)해 있다고 본다.

역삼각형형 (逆三角形型)은 정신적 (精神的)이여서 이성 (理性)에 강 (强)하며, 정조 (情操)에도 혜택 (惠澤)이 있었으나 체 력 (體力)이 약 (弱)해 인구력 (忍久力)이 결여 (缺如)된다.

* 삼각형형 (三角形型)

이 형 (型)의 얼굴은 거의 보이지 않는다. 그러나 있다면 복 상 (福相)인 사람이다.

G총리(總理)가 이 상(相)으로 위쪽보다 아랫쪽이 강(强)한 것을 암시(暗示)하고 있는것 같다.

이런 형(型)인 사람은 기질(氣質)도 대범(大凡)한 사람이 많으며, 사람의 사리(事理)를 잘 알아서 거느린다.

그러면서도 반대(反對)로 타인(他人)으로 부터 추켜 들리는 수가 많은 상(相)이기도 하다.

삼각형형(三角形型)   역삼각형형(逆三角形型)

측면(側面)에서 본 안면(顔面)의 분류(分類)

정면도(正面圖) 만으로는 입체(立體)를 판단(判斷)할수는 없다. 당연(當然)히 측면도(側面圖)도 볼 필요(必要)가 있을 것이다. 여기에서 주의(注意)를 요(要)할 점(點)은 작은 부분(部分)에 구애(拘碍)되지 말고 대략적(大略的)으로만 본다는 것이다.

대체(大體)로 사종(四種)의 형(型)이 있다.

*볼록형(凸型)

코의 하단부분(下端部分)을 정점(頂點)으로 하여 한가운데가 튀어 나온형(型)이다. 이 형(型)은 중년(中年) 운(運)이 좋다고 나타나 있다. 적극적(積極的)이어서 어디에 가도 서스럼 없이 당당(當當)하게 자신(自身)의 소신(所信)을 밝히게 된다. 외향성(外向性)인 사람이 많은것 같으나 말 많다는 소리를 듣는 사람은 대개 이런 형(型)에 속(屬)하고 있으므로 주의(注意)해서 살펴보기 바란다. 입 언저리도 불쑥 튀어나와 있다. 「입(口)은 재(災)의 근원(根源)」이니 설화(舌禍)도 간혹(間或) 있으므로 그 점(點)에는 충분(充分)히 주의(注意)할 것이다.

*오목형(凹型)

이것은 凸형(型) 과는 반대(反對)로 중앙부위(中央部位)가 푹 들어간 형(型), 여성적(女性的)이어서 내향성(內向性) 인 사람에 많으며, 소리는 코에 걸리며, 지껄이기를 좋아 하지 않는다. 내기(內氣)임으로 표면(表面)에 일하는 것은 적합(適合)하지 않으므로 보좌적(保佐的)인 면(面)에서 수완(手腕)을 발휘 (發揮)한다. 중년운(中年運)이 나쁘지만 초년(初年)과 만년 (晚年)은 좋은것 같다.

*중간형(中間型)

凸형(型)과 凹형(型)의 중간형(中間型)으로서도 가장 많이 있는 형(型)이다. 성격(性格)도 중용, 무난(中庸, 無難)하

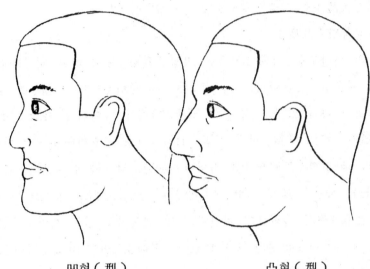

凹형 (型)　　　　凸형 (型)

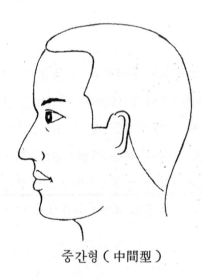

중간형 (中間型)

게 일생 (一生)을 넘기는 상 (相)이다.

　중년 (中年)이 되어 문득 턱을 쓰다듬으면서 허리가 꼬부러질 만년 (晩年)을 생각하면서, 「아 ! 나는 이 정도 (程度)의 인생 (人生)이였든가 」하고 자신 (自身)도 모르게 고소 (苦笑)를 하는 타입이 많은 형 (型)이다.

　그러나 결 (決)코 불행 (不幸)한 일은 없을 것이다.　오히려 행복 (幸福)한 생활 (生活)을 보내지 만은 평범 (平凡) 하기만 하여 불만 (不滿) 스러움도 있을지 모르겠다.

비범 (非凡)한 일은 행복 (幸福)인가 하면 그렇지는 않다. 오히려 우리들의 사회 (社會)에 있어서는 평범 (平凡)한 생활 (生涯) 속에 행복 (幸福)이 있을수 있는 것이다.

* 상부철형 (上部凸型)

이 형 (型)은 젊어서 대성 (大成)할 형 (型)인 사람이다. 장기 (將棋)의 명인 (名人)인 O씨 (氏)가 그러 하였고 Y씨 (氏)도 이 형 (型) 이였다. 이마가 발달 (發達)하여 있으므로 이 부분 (部分)이 튀어나와 있으며 수리적 (數理的)인 것에 강 (强)한 특색 (特色)이 있다. 추상적 (抽象的)인 사고 (思考)에 알맞음으로 어려운 이론 (理論)도 어렵다고 느끼지 않는 형 (型) 이다.

그러면서도 사람은 똑 같다고 생각하여 성급 (性急)할 때도 있다. 몸 단장 (丹粧) 등에는 그다지 관심 (關心)을 갖지 않는것 같다. 세상 (世上)일에 몰두 (沒頭)하는 수도 있으며 끊임없이 사회적 (社會的)인 연관성 (聯關性)을 가지고 세속적 (世續的)인 조수역 (助手役)이 필요 (必要)할 것이다.

부인 (夫人)이 대부분 (大部分)이 역 (役)을 맡고 있는 것이다. 기질 (氣質)로서는 그다지 섬세 (纖細)한 곳이 없다.

나의 친지 (親知)의 예 (例)이지만, 식사시 (食事時)에 밥을 먹은 다음 반찬을 라고 하면서 교호적 (交好的)으로 먹도록 하라고 자녀 (子女)들에게 주의 (注意) 시키는 사람이 있었다.

어쩌나 세세 (細細)하게 기 (氣)를 쓰고 있는 사람이라고 생

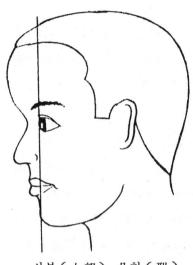

상부(上部) 凸형(型)

각하고 있던중(中)에 이번에는 단 것을 먹은 다음에는 매운것을 먹으라고 가르치고 있었다.

두려웠을 정도(程度) 였으나, 그는 「미크로」라는 별명(別名)을 가진 유명(有明)한 화학연구자(化學研究者)라 한다. 이것이야 말로 틀림없는 상부(上部) 凸형(型)의 전형(典型)이 겠지.

안면(顏面)의 좌우 관상법(左右 觀相法)

실에 추(錘)를 달아 얼굴 한가운데서 부터 아래로 실을 내리어 보면, 얼굴은 좌우(左右) 둘로 나누어 진다.

이 좌우(左右)는 대부분(大部分) 비슷한 면적(面積)을 가지고 있다. 그래서 한쪽에 눈썹이 있으면 반대(反對) 쪽에도 또 다른 하나의 눈썹이 있는 것 처럼 우(右)의 하나는 좌(左)의 하나에 대응(對應)하고 있는 것이다.

더구나 불가사의(不可思議)한 것은, 단 하나 밖에 없는 입과 코는 이 정중선상(正中線上)과 나란히 있어 둘씩 있는 눈(目), 귀(耳), 눈썹(眉) 등(等)은 거기서 부터 떨어진 곳에서 나란히 있다.

그래서 그 거리(距離)는 정중선(正中線)에서 등거리(等距

離)에 있으며, 놀이도 비슷하게 되어 있다. 따라서 이러한 기관
(器管)은 정중선(正中線)에 대(對)해서 직각(直角)이거나,
평행(平行)으로 되어 있다. 좌우(左右)가 아름답게 대칭(對
稱)으로 되어 있지 않으면 안된다.

이것이 균형(均衡)을 잃고 눈이 극단(極端)으로 위로 치켜
올라 갔다든지 또는 아래로 처내려져 있을 경우(境遇)는, 상(相
)으로서는 좋은 상(相)이라고 할 수 없다.

본시(本是) 수직(垂直)하게 평행(平行)되게 있어야 하는
것이 정석(定石)임으로 한쪽 눈은 그대로 정중선(正中線)에 직
각(直角)인 경우(境遇) 우안(右眼)과 좌안(左眼)은 현저(
顯著)하게 균형(均衡)을 잃어 보기에 불쾌감(不快感)을 주게
되는 것이다. 애꾸눈은 정중선상(正中線上)에 있다. 둘 있어야
할것이 하나 밖에 없다. 거기가 애꾸눈의 무서운 곳이지 만은 또
그 눈이 정중선상(正中線上)에 있음으로 구제(救濟)되는 것이
다.

보통(普通) 사람처럼 두개의 눈이 있어도 그 눈의 놀이가 틀
리면 혹(或) 정중선(正中線)에서의 거리(距離)가 다르다면
그 무서움과 불기미(不氣味)함은 애꾸눈과는 비교(比較)가 되
지 않을 것이다.

조금의 차(差)가 있어도 균형(均衡)이 허물어 지므로 우리
들은 그 사람이 불구자(不具者)가 아님을 알수 있다. 라고 하는
것은 사람의 좌(左)는 대뇌(大腦)의 우반구(右半球)로서 담
당(擔當)케 되며 우(右)는 좌반구(左半球)로서 조정(調整)

되고 있다. 당연(當然), 이 둘은 같지 않으면 안된다. 그것이 같지 않다고 하는 것은 대뇌자신(大腦自身)에 좌우균형(左右均衡)의 실조(失調)가 있다고 생각되기 때문이다. 조그마한 표정(表情)부터도 그것을 알아 차릴수 있다. 정신이상(精神異常)등은 바로 판별(判別)된다.

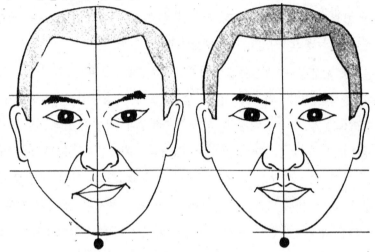

안면(顔面)의 좌우관상법(左右觀相法)

우둔(愚鈍)한 사람도 결(決)코 좌우대칭(左右對稱)의 상(相)을 이루고 있지 않다. 어딘가가 어긋나 있든지 느슨 하여져 있는 것이다.

후천적(後天的)인 표정(表情)으로도 그것을 알수 있게 되겠지만은, 선천적(先天的)으로 좌우 균형(左右 均衡)을 잃은 얼굴도 있다. 이것은 그 사람의 출생(出生)과 관계(關係)되는 것이다. 난(卵)이 수정(受精)하면 모든 생물(生物)은 난할

(卵割)이라는 현상(現象)이 일어난다.

이 현상(現象)은 어떤 생물(生物)이라도 일어나는 것이니 인간(人間) 역시(亦是) 예외(例外)는 아니다. 비교적(比較的) 기하학적(幾何學的)으로 진행(進行) 된다. 먼저 정중선(正中線)이 생기고 다음 그것에서 분화(分化)되도록 난할(卵割)된것은 대등(對等)하게 발달(發達) 되도록 하고 있다.

정중선(正中線)을 연(沿)하여 눈이나 눈썹에 거의 수직(垂直)으로 붙어 있는 것은 이 이유(理由)에 위(依)한 것이다.

그러나 더러는 불균형(不均衡)인 사람도 있다.

그런 사람은 어딘가에서 난할(卵割) 과정(過程)이 좋지 못하였다고 생각할 수 있을 것이다.

물론(勿論) 기형(奇形)은 아니지만 어쩐지 그런 느낌을 시키는 분위기(雰圍氣)가 있는 것은 부인(否認) 못할 것이다.

어느것이든 귀의 크기나 놀이가 틀린다든가 입이 비뚤어져 있는 것 같은 상(相)은 결(決)코 좋은 상(相)이라고는 할수 없다. 왕왕 마비증상(痲痺症狀)을 일으키는 병인(病人)이 있는 것도 사실(事實)이다.

그렇지만은 아무리 정묘(精妙)하게 되어있는 인체(人體)라고 하여도 -mm의 오차(誤差)도 없이 되어있는 것은 없다. 조금의 오차(誤差)는 있어도 상관(相關)할 것은 없다. 흔히 여자배우(女子排優)가 우측(右側)에서는 좋지 않다고 카메라멘들로 부터 주문(注文)이 있지만은, 잘 갖춘 여우(女優)의 얼굴마져도 조금의 불균형(不均衡)인 면(面)이 있는 것이 이것만으

안면(顔面)의 균형(均衡)은
마음의 균형(均衡)을 표(表)한다.

로 알수 있을 것이다. 간혹(間或) 촌푼(村分)의 오차(誤差)
도 없이 잘 갖춘 인상(人相)을 지닌 사람을 만나는 수가 있지
만은 그 얼굴은 부처님을 닮고 있어 그다지 생기(生氣)가 있는
사람은 아니다.

「과직불급」(過則不及)이라고 하듯이 지나치게 잘 갖추어져
있어도 좋지않다.

조금의 오차(誤差)가 있는 것이 보통(普通)이며, 지나치게
잘 갖춘 인상(人相)은 이상(異常)이 있다고 할수 있다.

삼정(三停)에 의(依)한 관상법(觀相法)

동양식(東洋式)의 인상(人相)으로는 안면(顔面)을 대별(
大別)해서 삼개부분(三個部分)으로 분류(分類)하여 운명(運

命)이나 성질(性質)을 판단(判斷)하는 방법(方法)이 있어서 이것을 삼정(三停)이라고 한다. 안면(顏面)뿐이 아니고 두개골(頭蓋骨), 코(鼻), 이마(額), 손(手) 등(等)도 각각 삼정(三停)에 구분(區分)하여 판단(判斷)한다.

여기서는 안면(顏面)의 삼정(三停)을 중심(中心)으로 해설(解說)하고, 다른 삼정(三停)은 각기(各其)의 부분(部分)에서 덧붙이기로 한다.

이 구분(區分)의 특징(特徵)의 하나는 시간(時間) 이라는 개념(概念)이 작용(作用)하게 된다. 그것에 대(對) 해서는 그 항(項)에서 상술(詳述) 하기로 한다.

* 상정(上停)

일반적(一般的)으로 상정부분(上停部分)은 이마의 생모부분(生毛部分)부터 눈썹 밑 까지라고 하지만은 나의 생각으로는 눈썹 위까지를 포함(包含)시킨다. 이렇게 말하는 것은 25세(歲)가 되어서 눈썹의 모양에 그 사람의 상(相)이 나타난다고 판단(判斷)하고 눈썹을 중정(中停)에 넣었다.

상정(上停)은 태어나서 부터 25세(歲)쯤 까지 즉(卽) 초년운(初年運)을 판단(判斷)하는 곳이다.

또 여기는 이성(理性)이나 지성(知性)을 담당(擔當)하는 곳이며 양친(兩親) 혹(或)은 수상(手上), 상사(上司)에 대(對)해서도 판단(判斷)하는 곳이다.

상정부분(上停部分)이 넓고 좋은 사람은 감정(感情) 보다도 지성(知性)이 앞서 있기 때문에 냉정(冷情)한 사람이 되기 쉬운 것이다.

학자(學者), 연구가(研究家), 작가등(作家等) 지적방면(知的方面)의 직업(職業)이 적격(適格)이지만 그 재능(才能)은 약년시기(若年時期)에 최고도(最高度)로 발휘(發揮) 되는 것이다.

더구나 선친(先親)으로 부터의 풍성(豊盛)한 소질(素質)과 유산(遺産)을 계승(繼承)하여 소년시기(少年時期)는 안락(安樂)하게 지내는 사람이 많다.

*중정(中停)

눈썹위에서 부터 코밑 까지의 부분(部分)을 말한다. 여기는 안면(顔面)의 중심이며, 중정의 중심(中心)은 눈과 코이다.

26세(歲) 부터 45세(歲)까지 즉(卽) 중년운(中年運)을

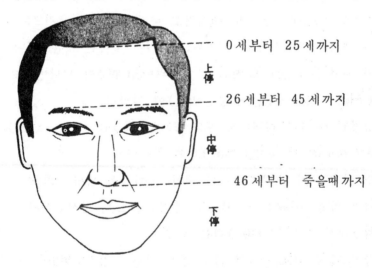

上停 ----- 0세부터 25세까지

中停 ----- 26세부터 45세까지

----- 46세부터 죽을때까지

下停

삼정(三停)에 의(依)한 안면(顔面) 관상법(觀相法)

보는 곳이다. 안면(顏面)의 중심(中心)인 만큼 관상(觀相)의 중요한 관건(觀鍵)이 되어 있다. 여러가지 그 사람의 성격(性格)이나 운세(運勢)는 여기서 확실(確實)하게 판단(判斷)할수 있다. 의지(意志)의 강도(强度)와 실행력(實行力)을 담당(擔當)하는 곳이다. 본인(本人) 자신의 것은 물론(勿論) 형제자매(兄弟姉妹), 친우(親友), 동료등(同僚等)에 대해서도 판단(判斷)할수 있다.

＊하정(下停)

46세(歲)부터 죽을 때까지 즉(卽) 만년운(晩年運)을 보는 곳이다.

그 사람의 인생(人生)의 총결산(總決算)을 판단(判斷) 한다. 또 감정(感情)의 풍부성(豊富性), 가정생활(家庭生活) 주거운(住居運), 부하(部下), 자녀 등(子女 等)에 대(對)해서도 감정(鑑定)한다.

자신(自身)과 자신(自身)보다 수하(手下)인 사람과의 관계(關係) 운세등(運勢等)이 나타나게 되는 곳이다.

이곳에 육박(肉薄) 하던가 탄력(彈力)이 약한 사람에는 애정(愛情)의 치우침이나 가정(家庭)에서의 결함(缺陷)이 도래하기 쉬운 것이다.

아무리 상성(上停)이나 중정(中停)이 좋더라도 하정(下停)이 좋지 않으면 좋은 만년(晩年)을 보내지는 못할 것이다.

삼정(三停)은 각각(各各) 부분(部分)의 상(相)이 좋은것만으로 충당(充當)하지 않고, 안면(顏面) 전체(全體)의 균형

-67-

（均衡）이 잡혀있지 않으면 운（運）의 혜택（惠澤）을 입는사람 이라고는 할 수 없다.

예（例）를 들면 삼정（三停）의 어딘가에 혹, 사마귀, 흑반점 （黑斑點）등이 나왔거나, 이상（異常）한 색（色）이 나타났거나, 혹（或）은 상처등（傷處等）이 있을 경우（境遇）에는 난치병（難治病）에 주의（注意）하지 않으면 안되는 수도 있다. 턱이 홀쭉했을 경우（境遇）는 노후（老朽）를 대비（對備）해서 저축（貯蓄） 해 두어야 할 작정（作定）을 할 필요（必要）가 있다.

그 상（相）을 보면서 자신（自身）의 운세（運勢）를 판단（判斷）하여 그에 대（對）해 행동（行動）을 취（取）하는 것이 참된 의미의 삼정（三停） 관상법（觀相法）일 것이다.

〔삼정（三停）에 의（依）한 관상법（觀相法）으로서 일생（一生）을 점（占）친다.〕

유년도 (流年圖)에 의 (依)한 관상법 (觀相法)

삼정 (三停)이 크게 인생 (人生)을 삼등분 (三等分)하고 있었으나, 안면 (顔面)의 각부 (各部)의 위치에서 다시 세분 (細分)하여 연령별 (年令別)인상 (人相)을 보는 방법 (方法)으로 유년 (流年)이라는 것이 있다. 이것은 1년마다 상세 (詳細)하게 그 연령별로 위치 (位置)를 구분 (區分)하고 있다.

도 (圖)를 참조 (參照)하면 이해 (理解)할 수 있겠지민은 좌이 (左耳)는 1세 (歲) 부터 7세 (歲) 까지를 나타내며 우위 (右耳)는 8세 (歲)부터 14세 (歲) 까지를 코 (鼻)는 26세 (歲)부터 35세 (歲)까지 …… 라고 하는것 처럼 80세 (歲)까지를 세밀 (細密)히 구분 (區分)하고 있다.

이 유년 (流年)에는 여러가지 설 (說)이 있으나 나는 스스로 도 (圖)와 같은 구분 (區分)을 맞추어 가면서 판단 (判斷)하여 오고있다.

아무리 중요 (重要)한 정보 (情報)라도 시간 (時間)이 맞지 않으면 아무런 가치 (價値)가 없다. 얼굴은 사항 (事項)을 표징 (表徵)하는 좌표 (座標)뿐 만이 아니고, 시간 (時間) 마저도 나타내는 좌표 (座標) 이기도 하다.

그 숫자 (數字)의 만년령 (滿年令)인 곳에 상처 (傷處), 주름살, 기미, 검버섯, 여드름 등 (等)이 생긴 연령 (年令)에 병 (病) 또는 사건등 (事件等)이 있다고 판단 (判斷)된다.

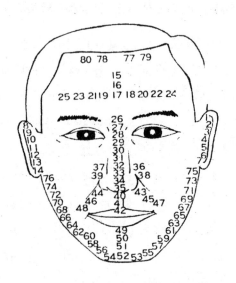

유년도(流年度)에 의한 관상법(觀相法)

오악사독(五岳四瀆)에 의(依)한 관상법(觀相法)

　중국(中國)에서 오행사상(五行思想)이 있었다는 것은 먼저 오행형(五行型)에서도 설명(說明) 하였지만은, 여기서도 오행사상(五行思想)은 오악(五岳)이라고 하는 오개 영산(五個 靈山)이라는 것으로서 태산(泰山 : 東岳), 곽산(霍山 : 南岳), 화산(華山 : 西岳), 환산(桓山 : 北岳), 숭산(崇山 : 中岳)의 다섯을 말하고 있으나, 안(顏)의 뛰어난 곳을 이름하여 오악(五岳)이라고 한다.

　안면(顏面)은 중요(重要)한 곳이다. 그 중요한 높은 곳이라면 오악(五岳)이라고 하여도 좋지 않을까 하는 사상(思想)이 작용한 것이 틀림없다.

사독(四瀆)인 쪽은 낮게 파여 들어간 곳을 나오는 사덕(四德)을 근거(根據)로 하고 있는지도 모른다.

어쨌던 오악사독(五岳四瀆)이란 어구(言句)의 뜻은 중요한 장소(場所)의 중요(重要)한 것이라는 미묘(微妙)한 차이(差異)를 잃지 않는다.

동양독특(東洋獨特)의 관상(觀相)이라 할 것이다. 「신상전편」(神相全篇)의 진 박(陳 博)이라는 사람이 이름을 붙였다고 하지만은 남악(南岳)을 이마, 북악(北岳)을 턱, 양협골(관골：觀骨)을 동악(東岳), 서악(西岳)으로 하며, 코를 중악(中岳)으로 하고 있다.

오악(五岳)의 색(色)이 잘 균형(均衡) 잡힌 것을 좋다고 하며, 사회적(社會的), 대외적(對外的)인 지위(地位)가 높아 안정(安定)되어 있는 것이다. 수상(手上)의 인도운(引導運)도 좋은 상(相)이다.

독(瀆)은 구(溝)로서 凹의 의미(意味)이며 ①강독(江瀆：圖의 參照)은 이공(耳孔), ②하독(河瀆)은 비(鼻), ③제독(濟瀆)은 비공(鼻孔), ④준독(准瀆)은 구(口)를 의미(意味)한다.

이 사독(四瀆)도 각각(各各) 실재(實在) 천명(川名)의 이름을 붙이고 있다. 강(江)이리는 것은 양자깅(揚子江)이며 하(河)는 황하(黃河)를 뜻한다. 제(濟)는 제하(濟河), 준(准)은 준하(准河)를 뜻한다.

비공(鼻孔)은 큰것이 좋으며, 좌우(左右)의 눈은 대소(大小

)가 없는 것이 마땅하다.

비공(鼻孔)과 입은 안면(顔面)에 조화(調和)되는 것이 좋다. 이와 같이 조화(調和)된 상(相)인 사람은 가정생활(家庭生活)이 원만(圓滿)하며, 지정의(知情意)가 조화(調和)되어 있는 사람이다.

오악사독(五岳四瀆)은 전체적(全體的)으로 볼 필요(必要)가 있으나,그 부분(部分)에 걸출(傑出)한 사람도 있음으로써 그점을 약간(若干) 열거(列擧)해 보기로 한다.

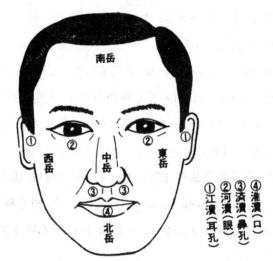

南岳

西岳 中岳 東岳

北岳

① ② ② ①
③ ③
④

①江瀆(耳孔)
②河瀆(眼)
③濟瀆(鼻孔)
④淮瀆(口)

오악(五岳)에 의(依)한 관상법(觀相法)

*남악(南岳:額)이 훌륭한 사람

모대학(某大學)의 K총장(總長), 작가(作家)인 Y씨, 만화가(漫畵家)인 S씨, 여성(女性)으로는 작가(作家)인 L씨등은 사물(事物)을 이성적(理性的)으로 사고(思考)하며 계획성(計劃性)이 밝은 상(相)이다. 이 상(相)인 사람은 위엄(威嚴)이 있는 가운데도 타인(他人)으로 부터 존경(尊敬)받아 인망(人望)이 있다.

* 동악, 서악(東岳, 西岳 : 兩觀學)이 훌륭한 사람

의지적(意志的)인 사람을 암시(暗示)하며 이 상(相)인 사람은 노력(努力)이 쌓여 성공(成功)하는 상(相)이다.

* 북악(北岳 : 턱 顎)이 훌륭한 사람

만년(晚年)이 좋은 상(相)이다. 이 상(相)의 사람은 남보다 뛰어난 체력(體力)을 살린 직업(職業)으로 명성(名聲)을 떨칠 특징(特徵)이다.

* 강독(江瀆 : 耳孔)이 훌륭한 사람

외향성(外向性)이여서 명랑(明朗)하다. 이런 형(型)의 특징(特徵)은 본인(本人)은 말로는 싫다고 하지 만은 본심(本心)으로는 의외(意外)로 자기현시욕(自己顯示慾)의 강(強)한 곳이 있어 그것이 길상(吉相)으로 되어있다.

* 제독(濟瀆 : 鼻孔)이 훌륭한 사람

내장(內藏)하는 에넬루기ー가 높으며 활동적(活動的)이라고 한다.

* 준독(准瀆 : 口)의 훌륭한 사람

현실적(現實的)이너 견실(堅實)한 상(相)이라 한다.

이상(以上) 오악사독(五岳四瀆)의 관상(觀相)에는 신체(身體)의 균형(均衡)을 생각하는 것이 하나의 관건(關鍵)이며 이것이 인상(人相)의 근본(根本) 이라고도 할수 있다.

학당(學堂)에 의(依)한 관상법(觀相法)

안면 부분(顔面 部分)에 이름을 붙이는 작업(作業)이다. 그러므로 여러사람들이 여러가지 일을 하여 왔다. 어떻게 보다 좋은 좌표(座標)를 만들어서 인상(人相)과 운명(運命)의 관계(關係)를 보다 분명(分明)하게 하니 선인(先人)들이 노고(勞苦)한것이 추측(推測)된다.

그 하나에 학당(學堂)이라는 이름을 붙이는 방법(方法)이 있다. 학당(學堂)이란 학교(學校)이다. 여러가지 이(利)로운 것을 가르치는 곳이라는 의미(意味)를 내포(內包)하고 있다.

「신상전편」(神相全篇)이나 「유재상법」(柳在相法) 이라는 저서(著書)에 나와 있는 관상술(觀相術)로서 팔학당(八學堂) 혹(或)은 十二관(官)에 준(準)한 십이학당(十二學堂)이 있다. 그다지 널리 사용(使用)하지 않으므로 모르는 사람도 많은 것 같으나, 크게 그사람의 진로(進路)를 보는 수단(手段)으로서 매우 재미 있다고 생각된다.

* 고명학당(高明學堂)

여기가 높고 윤택(潤澤)이 있는 사람은 철학(哲學), 불교등(佛教等)을 연구(研究) 하는데 적격(適格·)한 상(相)으로서 종교관계(宗教關係), 교사(教師)등에 알맞는 형(型)이다.

* 고광학당(高廣學堂)

고명학당(高明學堂) 바로 밑이니 거의 이마의 중앙부위(中央部位)이다. 이곳이 높고 넓은 사람은 정치(政治) 경제(經濟)에 적격(適格)인 상(相)으로서 관리(官吏) 형(型)이다.

권위(權威)있는 직업(職業)을 선택(選擇)하면 입신출세(立身出世)를 하지만은, 민간관계(民間關係)에서는 지위가 지나치게 높아 제대로 잘 안되는 상(相)이다.

*록위학당(綠位學堂)

이곳이 높고 넓은 사람은 법률관계(法律關係)의 검사(檢査) 판사(判事), 변호사(辯護士)에 적격(適格)이다. 관리(官吏)도 좋을 것같다.

*광대학당(光大學堂)

명궁(命宮)인 곳이 평탄(平旦)하고 또 윤택(潤澤)이 좋은 사람이 학자(學者)가 될것인가, 셀러리맨이 될것인가를 헤멜 때는 이 오목하게 들어간 곳을 보고 판단(判斷)한다. 폭 파인 사람은 셀러리맨으로 나아가고 볼록하게 올라온 사람은 연구실(硏究室)에 남아서 학자(學者)가 되는 편이 마땅하다.

*반쟁학당(斑箏學堂)

눈썹부분이다. 초생달 형(型)이 좋으며, 눈썹털이 잘 간추려져 있는 것이 좋다.

이와 같이 수려(秀麗)한 눈썹의 소지자(所持者)는 기술직(技術職)이 좋으며 의사(醫師) 콤퓨터 등에도 적격(適格)인 직업(職業)이다.

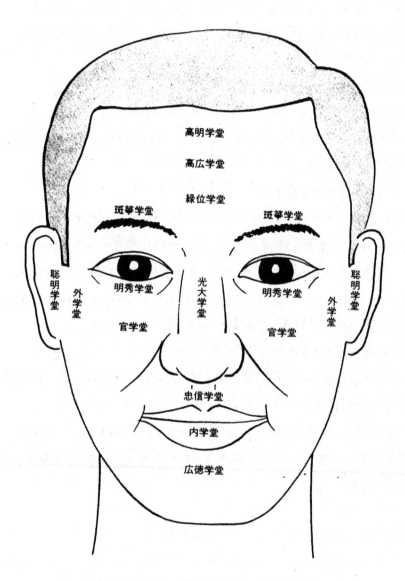

학당(學堂)에 의(依)한 관상법(觀相法)

*총명학당(聰明學堂)

귀부분으로서 바퀴가 두터운 것이 좋으며, 두터운 것은 총명(聰明)한 형(型)으로서 학자(學者), 경영자(經營者)가 적합(適合)하다. 엷은 사람은 지도적(指導的)인 위치(位置)에는 오르지 못한다.

*외학당(外學堂)

관골(觀骨)에서 귀쪽 부분(部分)이며 육(肉)이 볼록 올라와 광택(光澤)이 좋은 것이 길상(吉相)이다.

이와 같은 길상(吉相)인 사람은 체험(體驗)으로 인생(人生)의 희비애락(喜悲哀樂)을 맡고 있으므로 융통성(融通性)이 있어 독립독보(獨立獨步)의 사업(事業)을 경영(經營)함이 좋다.

*명수학당(明秀學堂)과 관학당(官學堂)

눈과 눈 밑의 협골부분(頰骨部分)이다. 눈은 튀어 나온것 보다는 들어간 편이 학문연구(學問硏究)에 적격(適格)이다. 관상학(觀相學)은 알맞게 볼록하게 솟아 오른것이 필요(必要)하다.

*충신학당(忠信學堂)

비하(鼻下)와 입 사이의 인중부분(人中部分)이다. 육후(肉厚)하고 불룩하게 오른것이 좋으며, 부하운(部下運)에도 혜택(惠澤)이 있다.

*내학당(內學堂)과 광수학당(廣穗學堂)

턱 부분(部分)으로서 학문을 하는데는 작은 입이 좋으며, 입 밑 부분(部分) 상처가 없는 것이 길상(吉相)이다.

십이궁(十二宮)에 의(依)한 관상법(觀相法)

안면(顏面)의 각부분(各部分)은 그 수(數)를 대충 들어도 50에서 백(百)까지의 명칭(名稱)이 있다.

이들의 이름을 중점적으로 통합(統合)하여 십이명칭(十二名稱)으로 간추린 것을 십이궁(十二宮)이라고 한다.

*관록궁(官綠宮)

관록궁(官綠宮)은 안면(顏面) 한가운데 있어서 직업의 적부(適否), 직업상(職業上) 지위(地位), 출세운(出世運), 또 때로는 사회적(社會的) 지위(地位)를 판단(判斷)하는 곳이다.

관록궁(官綠宮)은 이마 위쪽 부터 천정(天庭), 사공(司空) 중정(中正), 정궁(正宮), 관록(官綠)이라는 이름을 붙혔으니 이것들을 총칭(總稱)하여 관록궁(官綠宮)이라 한다.

여성(女性)인 경우에는 여기서 결혼운(結婚運)이나, 사업운(事業運)을 본다.

관록궁(官綠宮)이 있는 장소(場所)의 골(骨)은 조금 높아져 그 위에 육후(肉厚)한 것이 좋은 상(相)이다.

물론(勿論) 흠이나 주름이 있는 상(相)은 좋지 못한 상(相)이며, 사업상(事業上) 마찰(磨擦)이 계속(繼續)하며 흠이 크고 깊을 때는 자신(自身)의 회사(會社)에서의 지위(地位)를 쫓기게 된다.

흠이 있어 그위에 검스레 하게 되었을 때는 본의(本意) 아니게 오직사건(汚職事件)에 말려 들어 끝내는 발각되어 체포(逮捕)될 염려가 있다. 그 결과 근무처(勤務處)에서는 잘되면 좌

-78-

천(左遷), 보통(普通)이면 죄면(罪免)이 되는 사태(事態)
가 벌어진다. 이 상(相)은 협골(頰骨)의 발달(發達)에 관계
(關係)가 깊으며 태모(胎母)가 쇼크를 받든지, 영양장애(榮養
障碍)가 있든지 하면 태아(胎兒)의 골 형성(骨 形成)에 영향
(影響)이 있으며 잘 펴진 이마의 형성(形成)은 어렵다.

또 어릴때 이마가 툭 튀어 나왔더라도 이것은 염려(念慮)할 필
요(必要)가 없다. 차차 들어가서 알맞고 적당한 이마로 형성
된다.

이곳에 검은 사마귀가 있을 경우(境遇)에는 운명(運命)을 나
쁘게 하는수가 있으나, 그와 반대(反對)로 간혹(間或)은 호운
(好運)이 되는 사람도 있다.

일반적(一般的)으로 큰 검정사마귀가 좋으며, 작은 검정사마귀
는 윗사람과의 마찰(摩擦)이나 유산상속(遺産相續) 등의 분쟁

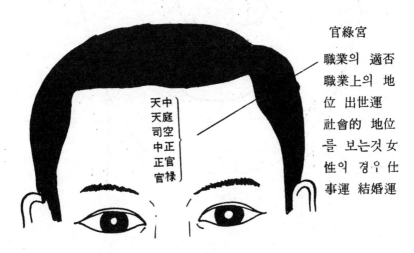

官綠宮

職業의 適否
職業上의 地
位 出世運
社會的 地位
를 보는것 女
性의 경우 仕
事運 結婚運

天中
天庭
司空
中正
正官
官祿

관록궁(官祿宮)의 각부 분류(各部 分類)

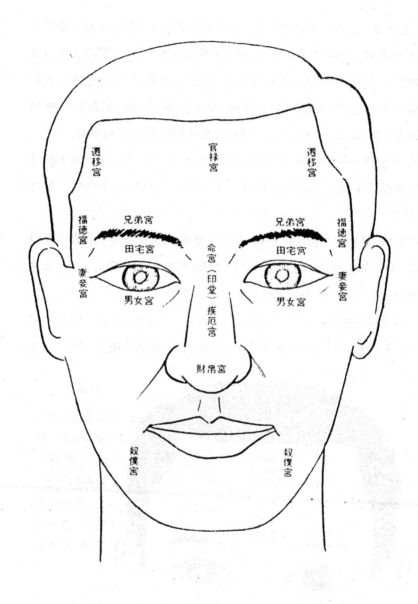

십이궁(十二宮)에 의(依)한 안면분류(顏面分類)

(紛爭)에 부딪치는 등 모두 좋지 않다.

관록궁(官綠宮)이 빛나게 보일때는 사업(事業)이 순조(順調)롭게 진행(進行)하여 많은 재산(財産)을 모을 수 있게 된다.

간혹(間或) 그때가 인사이동(人事異動)의 시기라면 승진(昇進)이나, 영전(榮轉)의 기회(機會)이며, 경우(境遇)에 따라서는 포상(褒常)을 받게되는 사람도 있다.

＊명궁(命宮)

눈썹과 눈썹사이를 명궁(命宮) 혹은 인당(印堂)이라 한다. 안면중(顔面中)에서도 가장 중요(重要)한 부위(部位)의 하나이다. 이름 그대로 수명(壽命)의 궁(宮)이므로, 이곳은 그 사람의 운(運), 불운(不運)을 판단(判斷)하는 중요(重要)한 부위(部位)이다.

이 명궁(命宮)의 폭(幅)은 손가락 두개(二個) 정도(程度)가 좋은 상(相)이다. 그 보다 좁으면 기력(氣力)이 결여(缺如)되는 상(相)으로서, 모든 일에 지구력(持久力)이 부족(不足)하다.

여성(女性)인 경우(境遇)에는 속(俗)으로 느슨하지 않고 꼭 죄어 있는 상태(狀態)가 좋은 상(相)이라 하며, 성생활(性生活)의 감도(感度)는 최고(最高)라고 하지만은 그 이외(以外)는 모든 것이 좋지 못하다.

남성(男性)인 경우(境遇)에는 불운(不運)한 사람으로 희망(希望)을 달성(達成)하지 못한다. 언제나 마(魔)가 들어 상사(上司)의 인정(認定)을 받지 못한다.

어린 시절(時節)에 이곳이 좁더라도 해를 거듭 할수록 차차 넓어지게 되는 것이다. 그 증거(證據)로 노인(老人)들은 이곳이 넓은 사람이 많이 보인다.

이곳의 폭(幅)이 꼭 알맞는 사람은 상사(上司)의 신임(信任)을 받아 출세(出世)한다. 더구나 자신(自身)이 독립(獨立) 하여도 성공(成功)하는 상(相)이므로 젊어서 일국일성(一國一城)의 경영자(經營者)가 될수도 있다.

물론 이곳에 상처(傷處)나 검은 사마귀가 있거나 색염(色艶)이 좋지 못하면 안된다.

명궁(命宮)의 폭(幅) 지나치게 넓은 것은 우둔(遇鈍)한 상(相)이라 하니 어느 때이든 동작(動作)이 느리며 조금 얼빠진 느낌이 있는 사람이다.

여성(女性)이 이곳이 넓을때는 느른뱅이로써 절제(節制)가 없는 성격(性格)이며 또한 성생활면(性生活面)에도 대미(大味)라고 한다.

「여광명경 학문개통」(如光明鏡 學問皆通)이라는 말과 같이 명궁(命宮)이 명경(明鏡)처럼 평(平)하게 빛나는 사람은, 학문(學問)뿐이 아니고 모든 것에 정통(精通)하여 이해력(理解力)이 뛰어나 있다. 특히 학자(學者)나 연구가(研究家)인 경우(境遇)는 위대(偉大)한 연구(研究)의 성과(成果)가 약속(約束)되어 있는 사람이다.

또한 명궁(命宮)에 육(肉)이 오붓하게 올라 있고 더우기 색염(色艶)이 좋은 앵색(櫻色)으로 되어 있는것도 좋은 상(相)

으로서 선거시(選擧時)의 후보자(候補者)면 당선이 확실하다. 젊은 사람이면 결혼(結婚)이 다가오고 있다.

명궁(命宮)은 어떤 일에도 매우 민감(敏感)하게 반응(反應)한다. 가령(假領), 오늘이나 내일(來日)의 운(運)을 보는 것처럼 최근의 운세(運勢)를 보든가, 아침에 일어나 당일(當日)의 운세(運勢)나 명궁(命宮)을 보고 예정(豫定)을 수립(樹立)하기도 한다.

명궁(命宮)의 색(色)은 앵색(櫻色) 또는 극(極)히 담적(淡赤)한 것이 좋은 상(相)이라고 하지만은 적농(赤濃)할수록 다툼이 일어나는 상(相)이다.

비록 자신(自身)이 분쟁(粉爭)을 일으키지 않더라도 관계(關係) 없는일에 봉변(逢變)을 당(當)하는 수가 많다.

흑색(黑色)이 있으면 건강(健康)을 해치는 상(相)이다.

급성인 복통(腹痛)이나 두통(頭痛)이 일어나기 쉽다. 더우기 조심하지 않으면 안될 것은 적흑(赤黑)하고 자주 빛이 비쳐 염(艷)이 없을 때로서 무엇인지는 모르지 만은 중대(重大) 한 위험신호(危險信號)이다.

명궁(命宮)이 오목한것도 좋지 않다. 불운한 상(相)임으로 아무리 본인(本人)은 열심(熱心)히 노력(努力) 하지만은 전연(全然) 인정(認定)을 받지 못할 뿐 아니라, 건강유지(健康維持)도 어려우며, 부부운(夫婦運)도 좋지 못하므로 두 세차례의 재혼(再婚)을 하기 쉬우므로 이런 상(相)인 사람은 많은 자중(自重)을 요(要)한다.

명궁(命宮)의 세로 주름

명궁(命宮)에 나타나는 주름은 그다지 좋지 못하다. 그러나 한개만 나타나는 주름을 현침문(懸針紋)이라고 하지만은 이것은 예외(例外)이다.

현침문(懸針紋)

명궁(命宮)에 있는 한개의 세로 주름살이다. 이 상(相)인 사람은 의지(意志)가 강(强)하며, 근기(根氣)가 있지만은 기회(機會)를 잡지 못하며 불만(不滿)이 많은 상(相)이다. 그러나 한번 무언가 시작(始作)하면 최후(最後)까지 뻗치기 때문에 때로 성공(成功)하는 사람도 있다. 역시(亦是) 일반적(一般的)으로 고로성(苦勞性)으로 신경(神經)을 무지러 뜨려서 피로(疲勞)에 지친것 처럼 무기력(無氣力)하게 되는 사람이 많은것 같다. 이 문(紋)이 있어도 관록궁(官綠宮)이 뛰어난 것이나 색(色)이 좋을 때는 혜택(惠澤)을 받는 운명(運命)으로 변(變)한다.

십자문(十字紋)

명궁(命宮) 십자형(十字形)의 주름살이 있는 것을 십자문(十字紋)으로서, 명궁(命宮)의 가로 주름살이라고 하는 흉상(凶相)에 덧붙여 고로성(苦勞性)을 의미(意味)하는 세로 주름살이 가(加)해 졌음으로 벌써 그 사람의 일생(一生)은 지옥(地獄)이다. 그러므로 아무리 노력(努力)을 하여도 한강(漢江) 속에 자갈 던져 넣는것 처럼 행운(幸運)이 목전(目前)에 차례 차례로 무너진다. 가옥(家屋)에 비교(比較)한다면 아무리 외형(外形)은 잘 되었어도 기초(基礎)가 썩었으니 작은 바람만 불어도 폭삭 무너져 버린다.

이와 같이 명궁(命宮)의 가로 주름살은 스스로 자신(自身)의 운(運)을 멸(滅)하는 상(相)이다.

삼본문(三本紋)

명궁(命宮)에 삼본(三本)의 세로 주름살이 있는 것을 삼본문(三本紋)이라 하지만은 이본문(二本紋)도 함께 설명(說明)한다.

삼본문(三本紋)은 일반적(一般的)으로 신경질(神經質) 사람에 많이 보이며 직종별(職種別)로 보면, 육체적노동자(肉體的勞動者)에는 그다지 보이지 않는다. 사무관계(事務關係), 혹(或)은 학자(學者)나 법조계(法曹界)의 인사(人事)들에게 흔히 보인다. 또 상사(上司)가 불쾌(不快)하였을 때의 삼본문(三本紋)이 어느사이에 부하(部下)에도 나타난다는 형(型)도 있다.

연대별로 보면 젊은 층(層)에는 거의 없으며 비교적(比較的) 사회경험(社會經驗)을 겪은 사람들에만 보인다. 즉 삼본문(三本紋)은 고생(苦生)한 사람의 표식(表識)이다.

다수문(多數紋)

지나치게 신경과민(神經過敏)이나 오랫동안 불운(不運)이 계속(繼續)되고 있는 사람 기분(氣分)을 크게 전환(轉換)하기 위해 큰 마음을 먹고 거주지(居住地)를 옮기든가, 전근(轉勤)을 원(願)하든가, 그것이 무리(無理)이면 적어도 자기(自己)의 방(房) 만이라도 모양(模樣)을 바꾸어 보는 것이 좋을 것이다.

그와 반대(反對)로 현재(現在) 호조(好調)인 사람은 다음을 대비(對備)해서, 침착(沈着)한 기분(氣分)으로 가급적(可及的) 호조(好調)를 유지(維持)할수 있도록 노력(努力)해야 한다.

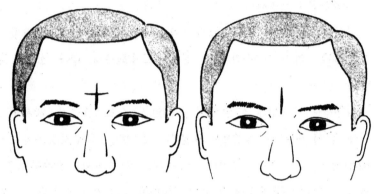

십자문(十字紋)   현침문(懸針紋)

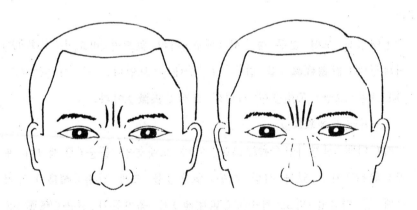

삼본문(三本紋)   다수문(多數紋)

* 질액궁(疾厄宮)

　명궁(命宮)의 바로 밑 즉(卽) 코의 가장 낮은 곳으로서, 눈과 눈사이를 산근(山根) 또는 질액궁(疾厄宮)이라 하여 병운(病運)을 판단(判斷)하는 곳이다. 만성병(滿性病)에 걸려 있을 때라도 이곳이 밝게 빛나게 되면 얼마 후(後)에 회복(回復)한다. 그와 반대(反對)로 거무 칙칙하게 되어 더구나 염(艶)이 없어지게 되면 주의(注意)를 요(要)한다. 또한 질액궁(疾厄宮)에 흠이 진다거나 색(色)이 탁(濁)해져 염(艶)이 없어져 가면, 병(病)의 전조(前兆)인 동시(同時)에 금운(金運)이 경도(傾倒)하여 오는 때이다.

　어떠한 것이든 질액궁(疾厄宮)은 비(鼻)의 재백궁(財帛宮)에 이어져 있으므로 병운(病運)과 금운(金運)과는 밀접(密接)하게 관계(關係)하고 있다.

　만일(萬一) 질액궁(疾厄宮)에 여드름이 생겼을 경우(境遇)에, 병(病)이 원인(原因)으로 지출(支出)이 많아질 상(相)이다.

　지금까지 안경(眼鏡)을 끼지 않던 사람이 눈이 나빠져서 안경(眼鏡)을 끼게 되면 산근(山根)이나 연상(年上)의 볼에 안경(眼鏡) 자국이 생기지만은, 이것은 더 한층 눈이 나빠질 상(相)이다.

　그러나 콘텍트 렌즈이면 예외(例外)지만 보통안경(普通眼鏡)을 끼고 있을 경우(境遇)는 하는 수가 없다. 어쨌던 지나치게 신경질(神經質)이 되지않게 하는 것이다.

질액궁(疾厄宮)의 적미(赤味)는 열병(熱病)인 상(相)일 때가 많으며, 혹(或)은 복부병(腹部病)일 때도 있으므로 조심(操心)할 필요(必要)가 있다. 또 황색(黃色)이 오래도록 나타나 있으면 치질(痔疾)이다.

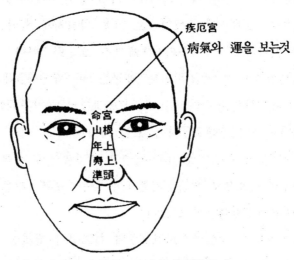

질액궁(疾厄宮)의 관상법(觀相法)

*재백궁(財帛宮)

비(鼻)와 식녹(食祿)을 재백궁(財帛宮)이라 한다. 재운(財運)이나 금운(金運)을 볼때에 가장 중요한 포인트로 되어 있다.

인중(人中)의 양쪽 결을 식녹(食祿)이라 하여 재산(財產)이나 생활(生活)의 풍요도(豊饒度)를 판단(判斷)하는 곳이지만 재백궁(財帛宮)이라고 할 경우(境遇), 여기를 포함(包含)시켜서 그렇게 부르는것이 좋을 것이다.

식녹(食祿)에 대(對)해서는 육(肉)에 솟아올라 있는것은 금운(金運)과 재운(財運)의 혜택(惠澤)을 받는다. 갑자기 유산(遺產)이 굴러 들어오거나 연로(年老)한 부친(父親)의 사업(事業)을 인수(引受) 받게된 사람들에 많이 이런 상(相)이 보다.

일반적(一般的)으로 부모(父母)의 뒤를 잇게 될 장남(長男)이, 이골의 색(色)이나 육(肉)이 나쁜 사람은 차남(次男), 삼남(三男) 쪽으로 유산(維產)이 돌아가게 되어있다.

산근(山根)은 질액궁(疾厄宮)이라고도 하여 병운(病運)을 본다는 것은 전술(前述) 하였으나, 그 밑에 있는 연상(年上), 수상(壽上)은 가까운 장래(獎來)의 금운(金運)을 본다. 그로부터 은퇴후(隱退後)의 금운(金運)을 판려(判斷) 하는데는 최적부분(最適部分)이다.

그것에 대(對)해서 준두(準頭)는 현재(現在)의 금운(金運)을 본다. 가령(假領) 내일(來日)의 생활비(生活費) 조차 곤란(困難)한 사람은 여기에 붉거나, 색(色)이 좋지 못하다.

지갑(紙甲) 즉(卽), 소비(小鼻)는 당장(當場)의 호주머니 사정(事情)을 보는 곳이다. 도박(賭博)판에서 돈을 잃었을 뿐으로서 색(色)이 변(變)하거나, 코가 비쭉비쭉 움직이는 듯 하게 된다.

재백궁(財帛宮)은 명궁(命宮)과 같이 사업운(事業運)을 보는데 중요(重要)한 곳으로서 재백궁(財帛宮)이 큰 사람은 커다란 계획(計劃)을 수립(樹立)하여 대규모(大規模)인 사업(

事業)에 성공(成功)하는 상(相)이다.

또한 셀러리맨인 경우(境遇)는 대회사(大會社)에 입사(入社)하는 것이 좋은 기회(機會)를 얻게 되는것 같다. 재백궁(財帛宮)에 작은 주름살이 나타 났을때는 허리가 뻐근하거나 교통사고(交通事故)를 당(當)하는 상(相)이므로 행동(行動)에 신중(慎重)을 요(要)한다.

코 밑에 검은 사마귀가 있어도 보통(普通)은 보기 힘든 것이지만, 이러한 사마귀를 가진 사람은 재운(財運)이나 금운(金運)에 혜택이 있으므로 중소기업(中小企業)의 경영자(經營者)일 경우(境遇)에는, 원래(原來) 재산(財産)이 있었거나 가령(假領) 없더라도 자금난(資金難)은 겪지 않을 사람이다.

더우기 재백궁(財帛宮)은 코와 중복(重復)되는 곳이므로 비항(鼻項)도 함께 참조(參照)하여 주기 바란다.

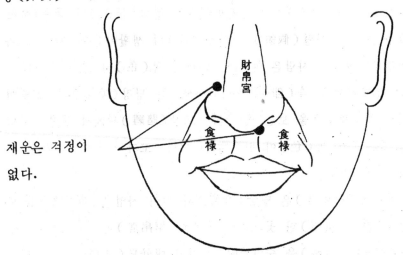

재운은 걱정이 없다.

재백궁(財帛宮)의 관상법(觀相法)

사고 (事故) 를 당 (當) 할 재백궁 (財帛宮) 의 주름살

＊노복궁 (奴僕宮)

노복궁 (奴僕宮) 이라는 것은 악 (顎) 의 좌우 (左右) 혹 (或) 은 사람에 따라서는 악 (顎) 전체 (全體) 를 가르켜서 그렇게 부른다. 이곳은 부하 (部下) 나 고용인 (雇傭人) 을 사용 (使用) 하는 사람의 운 (運) 을 보는 곳이다. 이곳에 육 (肉) 이 잘 붙어있는 사람은 부하 (部下) 의 혜택 (惠澤) 을 받는 사람이다. 일반적 (一般的) 으로 염색 (艷色) 이 좋지 못하거나, 흉터가 있든가, 야위어 육 (肉) 이 없어 골창 (骨脹) 된 사람은 부하운 (部下運) 이 좋지 못하다.

중소기업 (中小企業) 등으로 선대 (先代) 때 부터 일하여 온 공장장 (工場長) 이 현재 (現在) 는 중역 (重役) 이 되었는데도 불구 (倒産) 하고 회사 (會社) 의 돈을 써버려 회사 (會社) 가 도산 (倒産) 한다는 케이스가 가끔 있으나, 이런 회사 (會社) 의 사장 (社長) 의 노복 (奴僕) 은 빈약 (貧弱) 한 경우 (境遇) 가 많은것 같다.

이 노복(奴僕)의 위에 있는 선(線)을 법령(法令)이라 이름 하지만은, 이 법령(法令)이 노복(奴僕)까지 닿는 사람은 부하(部下)에 내리는 지시명령(指示命令)이 잘 전달(傳達)되어, 자 기(自己)의 뜻대로 움직이는 부하(部下)가 있다는 것을 나타낸 다. 반대(反對)로 노복(奴僕)이 빈약(貧弱)한 사람은 사용 인(使用人)에 대(對)한 싫증이 앞서버린 형(型), 부하(部下)의 마음을 잘 파악(把握)하여 충분(充分)히 이용(利用) 하지 못하는 사람이다.

또 절상(切傷)한 흉터가 있는수가 있으니 역시(亦是) 이것도 부하(部下)를 사용(使用)하는 능력(能力)이 부족(不足)한 사람으로서 하찮은 일로 가끔 부하(部下)와 옥신각신 하든가, 때 에 따라서는 부하(部下)가 저지른 잘못된 일의 책임(責任)으로 인(因)해 제법 많은 돈을 지변(支辨)하지 않으면 안될 상(相)이기도 하다.

노복궁(奴僕宮)에 검은 사마귀가 있는 경우(境遇)는 만년운 (晚年運)이 좋지 못하며, 더구나 사람으로 부터 배신(背信) 당 (當)할 상(相)으로서 회사(會社)를 경영(經營)하는 사람이 라면 노동쟁의(勞動爭議)가 일어날 것이다.

또 이 노복궁(奴僕宮)의 검은 사마귀, 줄무늬 흉터는 가옥(家 屋), 토지(土地)에 관(關)한 복잡(複雜)한 사건(事件)이 일어날 상(相)도 나타내고 있다.

이곳의 육(肉)이 엷어서 악골(顎骨)이 튀어 나온 사람은 사람다

루기가 격심(激甚)하여 부하를 못견디게 하는 상(相)이다. 일반적(一般的)으로 타인(他人)의 사리(事理)를 몰이해(沒理解)하며 돈에만 얽메이는 수전노형(守錢奴型)이다. 그리고 노복(奴僕)이 악(顎)에는 육(肉)이 없고, 반대(反對)로 협(頰)에 육(肉)이 솟아 올라 있는 사람의 부하(部下)는 큰 변(變)을 만난다. 사람쯤은 다만 소모품(消耗品)에 지나지않는 식(式)의 취급(取扱)을 하는 형(型)으로서, 만년(晩年)에는 영락(零落)하는 상(相)이다.

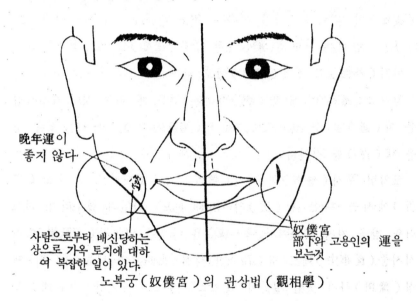

晩年運이 좋지 않다

사람으로부터 배신당하는 상으로 가옥 토지에 대하여 복잡한 일이 있다.

奴僕宮 部下와 고용인의 運을 보는것

노복궁(奴僕宮)의 관상법(觀相學)

*천이궁(遷移宮)

이마의 양단(兩端)을 천이궁(遷移宮)이라 하여 주(主)로 염색(艶色)을 손쉽게, 여행(旅行)이나 이사(移徙)의 운(運)등(等)을 판단(判斷)한다.

수상(手相)에도 여행운(旅行運)은 있지만은 천이궁(遷移宮)의 경우(境遇)는 이곳이 앵색(櫻色)이며, 염(艶)이 있을 때는 해외출장(海外出張)의 운(運)이 매우 좋으며 해외(海外)에서의 수확(收獲)이 많을 것과 귀국후(歸國後)에도 그 성과(成果)를 충분(充分)히 발휘(發揮)한다.

반대(反對)로 이곳이 거칠어 꺼칠꺼칠 할때는 아무리 짧은 국내여행(國內旅行)이라도 피(避)하는 것이 현명(賢明)하다. 또 이곳의 상처(傷處)는 여행지(旅行地)에서의 병(病)이나, 복잡(複雜)한 일로 옥신각신 한다는 뜻을 말한다. 부득이 여행(旅行)을 할때는 세심(細心)한 주의(注意)를 요(要)한다.

이사(移徙)의 경우(境遇)에도 같다.

천이궁(遷移宮)에 염(艶)이 좋아졌을 때 하는 것이 옥신각신을 피(避)할 수 있으므로, 가급적(可及的) 운(運)이 좋은 날을 택(擇)할 것이다.

모처럼 무사(無事)히 전거(轉居)를 하였더라도 그 숙소(宿所)에서는 다른 방(房)의 수세(手洗) 타일의 물소리가 시끄러워 잠을 자지 못하거나, 혹(或)은 이웃이 양돈장(養豚場)이라 식사중(食事中)에도 심(甚)한 악취(惡臭)가 나는 등(等) 예상(豫想)하지 못한 일들이 있으므로 반드시 주거운(住居運)도 동시(同時)에 보아 주기 바란다.

만일(萬一) 염(艶)이 나쁘고 상처(傷處)가 있을때 이사(移徙)를 하여 사고(事故)나 분쟁(紛爭)을 피(避)할수 없을 경우(境遇)라도, 또 다시 이사(移徙)해야 할 우려(憂慮)가 있다.

이동(移動)하는 것으로 운명(運命)이 좋아질 때는 이 천이궁(遷移宮)의 염(艶)이 좋아진다.

가령(假領) 담적(淡赤)한 빛이 떠어 올때는 승진(昇進)하든가, 전직(轉職)하여 자신(自身)의 능력(能力)을 충분(充分)히 발휘(發揮)할수 있는 직장(職場)에 들어가 그곳에서 성공(成功) 하기도 한다. 혹(或)은 이전(以前)부터 이야기 중(中), 이런 원지(遠地)로 부터의 거래(去來)가 이루어지는 상(相)이다.

반대(反對)로 천이궁(遷移宮)이 마음에 걸려 무심(無心)코 손으로 스치든가 할 때는 거래(去來)가 제대로 안될 징조(徵兆)이다.

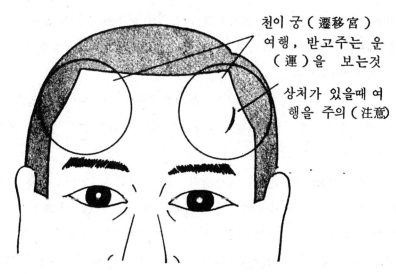

천이궁(遷移宮)
여행, 받고주는 운
(運)을 보는것

상처가 있을때 여
행을 주의(注意)

천이궁(遷移宮)의 관상법(觀相法)

*복덕궁(福德宮)

눈썹 끝 부위(部位)의 상부(上部)로서 이곳이 조금 솟아올라 육(肉)이 붙어있는 것이 길상(吉相)이다.

이 복덕궁(福德宮)은 재백궁(財帛宮)인 코가 부동산(不動産)을 나타낸다면, 이곳은 동산(動産)이라고 하는 편(便)이 좋을 것이다.

경기(景氣)같은 영향(影響)을 받으면, 곧 색(色)이 나타나는 부분(部分) 이지만은 살 붙임이 좋은 사람이라면 영향(影響)을 받는것이 적다.

이곳도 역시(亦是) 앵색(櫻色)인 사람이 좋으며 자금(資金)이 풍부(豊富)하게 있는 사람이다.

복덕궁(福德宮)은 비교적(比較的) 색(色)이 빨리 변(變)하는 곳으로서, 받은 수표(手票)가 부도(不渡)가 되었을 경우(境遇)는 발행자(發行者)의 복덕궁(福德宮)에도 흐림이 나타나 있기 마련이다.

또 주(株)의 상장(上場), 하장(下場)으로 이익(利益)을 본 사람은 이 복덕궁(福德宮)과 재백궁(財帛宮)과 명궁(命宮)의 색(色)의 빛이 빛나고 있으므로 가장 알기 쉬운 것이다.

복덕궁(福德宮)은 또 그사람의 덕분(德分), 인덕(人德)이다. 요(要)컨데 음(陰)의 복(福)이다. 가령(假領) 돈을 거슬기 위(爲)해 구입(購入)한 복권(福券)이 크게 당첨(當籤) 되었다하는 케이스이다. 또 팔리지 않아 애를 쓰고 있는 상품(商品)을 동정(同情)삼아 매입(買入)한 것이 갑자기 자재(資材)의 부족(不足)으로 판매량(販賣量)이 달려 고가(高價)로 불티나게 팔렸다는 이야기 등(等)이다.

　현재(現在)처럼 자원부족(資源不足)이나 공해문제(公害問題)가 일어나는 시기(時期)에는 이런 케이스가 가끔있다.

재운금운(財運金運)의 관
상(觀相)뿐만아니라 그
사람의 연분 인연을 보는상

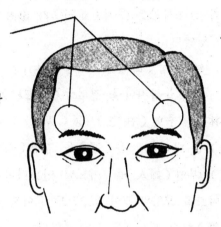

복덕궁(福德宮)

　　＊형제궁(兄弟宮)

　눈썹과 그 위의 미구(眉丘)를 형제궁(兄弟宮)이라 부르며, 형제운(兄弟運)을 보는 곳이다. 그러나 본래(本來)는 미(眉)이므로 미항(眉項)도 함께 합쳐서 판단(判斷)하여 주기 바란다.

　좌(左)쪽 눈썹의 이느쪽이 짙은가 엷은가에 나라 남형세(男兄弟)가 많은가, 여자매(女姉妹)가 많은가, 또는 독신(獨身)인가도 알수 있다.

　미구(眉丘)의 살 붙임이 좋고 색이 건강(健康)하게 보이는 사람은 형제운(兄弟運)의 혜택(惠澤)이 있는 상(相)이다.

그와는 달리 형제궁(兄弟宮)에 큰 검은 사마귀가 있는 사람은 이복형제(異腹兄弟)가 있든가, 혹(或)은 형제중(兄弟中)에 분쟁(紛爭)이 일어 나는 수가 있다. 그러나 작은 검은 사마귀가 있는사람은 두뇌(頭腦)가 명석(明晳)하여 총명(聰明)한 사람이다.

＊전택궁(田宅宮)

눈과 눈썹사이를 전택궁(田宅宮)이라고 하니 논, 밭, 산림(山林), 주택(住宅) 등(等) 부동산(不動産)과 그 상속(相續)에 대해서 운(運)을 감정(鑑定)하는 곳이다. 친구(親舊) 부인(婦人)을 어느날 만났더니 이 전택궁(田宅宮)에 빨간 여드름 모양의 것이 있으므로 「이제 겨우 주택(住宅)을 건축(建築)하게 됩니까?」고 물었더니 「친가(親家)가 도심(都心)에서 멀리 떨어져 있지만은 그곳의 부지(敷地)에 주택(住宅)을 세우고 있으니 그곳으로 오라고 하였으나, 주인(主人)이 싫어 함으로 그일로 여러가지 ……」라는 말이 있다. 「아니 어떻게 아셨읍니까」라면서 깜짝 놀랐지만, 이러한 문제(問題)는 전택궁(田宅宮)에 나타나는 것이다.

이 부인(夫人)의 전택궁(田宅宮)은 불러 올라 있어서 크고 좋은 전택궁(田宅宮)을 가지고 있었으나, 주인(主人)도 좋은 상(相)을 지녔기에 그로부터 二·三년후(年後)에 자력(自力)으로 훌륭한 사무실(事務室)과 주택(住宅)을 세우게 되었다.

또 이 전택궁(田宅宮)으로 정력(精力)이나 애정(愛精)의 지속력(持續力) 및 스테미너의 강도(强度)를 판단(判斷) 할 수도 있다. 이곳이 부풀어 있는 사람은 스테미너도 있어 정력(精力)이 있는 사람이다.

그러나 그러한 사람이라도 철야(徹夜)또는 이일(二日)을 계속(繼續)하면 결국(結局) 전택궁(田宅宮)이 폭꺼지고 눈이 튀어 나와 번쩍번쩍 하고 있다.

설사(泄瀉)가 계속(繼續) 되어도 전택궁(田宅宮)은 또한 폭 들어간다. 그런 상태(狀態)가 계속(繼續) 되면 다음에는 협육(頰肉)이 거칠게 된다. 그러므로 스테미너의 상태(狀態)는 이 전택궁(田宅宮)과 남녀궁(男女宮)을 보면 가장 잘 알게 된다.

이와같이 전택궁(田宅宮)은 가정생활(家庭生活)의 일반적(一般的)인 행불행(幸不幸)을 볼수도 있으나, 무엇보다도 전택궁(田宅宮)은 부동산운(不動産運)이라고 할만큼 타인(他人)으로 부터 받든가, 상속(相續)하든가 하는 일체(一切)를 담당(担當)한다.

전택궁(田宅宮)의 넓은 사람

전택궁(田宅宮)의 넓은 사람은 천운(天運)의 혜택(惠澤)이 있는 사람으로서, 관대(寬大)한 성격(性格) 그리고 응양(鷹揚)한사람 나름이다. 사람들로부터 친밀감(親密感)을 받을수 있는 성질(性質)임으로 객상업(客商業), 배우(排優), 탈렌트등(等)의 직업(職業)이 최적(最適)이다.

전택궁(田宅宮)이 넓고 두터운 사람은 정력(精力)이 강(强)

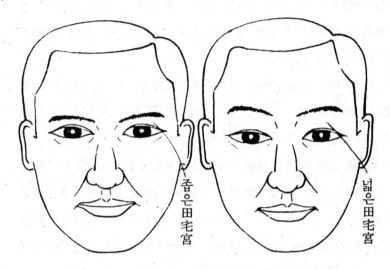

좁은田宅宮

넓은田宅宮

전택궁(田宅宮)이 넓은사람과 좁은사람

하며, 성생활(性生活)도 원만(圓滿)하다.

일반적(一般的)으로 여성(女性)의 경우(境遇)는 정숙(貞淑)한 처(妻)이며, 좋은 모친(母親)인 경우(境遇)가 많지만은 더러는 음란(淫亂)한 형(型)도 있다. 또 극(極)히 보통(普通) 가정(家庭)의 처녀(處女)로서 이 전택궁(田宅宮)이 넓고 두터운 사람으로서 더구나 색(色)도 액색(櫻色)인 사람은 옥여(玉輿)를 탈 운(運)이다. 이 상(相)은 수상(手相)의 결혼선등(結婚線等)에도 나타나고 있다.

물 장사를 하는 여성(女性)으로서 이 부분(部分)의 아이샤도우가 매우 짙은 사람이 있으나, 여러가지를 고생(苦生)하여도 그다지 좋은 결과(結果)를 얻지 못하는 상(相)이다.

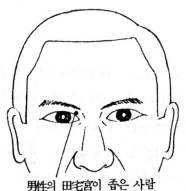
男性의 田宅宮이 좁은 사람
은 浮氣의 相,친척과 멀어져
살아야 하며 財産을 잃을相

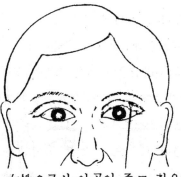
女性으로서 이곳이 좁고 검은相은
이혼등 좋지 아니하며,넓은相은 현
모 양처로서 마음이 좋다.

전택궁 (田宅宮)의 여러가지

뜻밖의 행운 (幸運)이였는지 노력 (努力)에서 였든지 고생 (苦生)을 하였든지 새로운 점포 (店舖)를 가졌더라도 짙은 아이샤도우가 들어 있으면 모르는 사이에 불운 (不運)하게 되어 결국 (結局)은 점포 (店舖)도 남편 (男便)도 놓치게 된다.

이곳에 검은 사마귀가 있는 사람은 이런 경향 (傾向)이 더욱 강 (强)하게 된다.

전택궁 (田宅宮)이 넓은 상 (相)인 사람은 장남상 (長男相)이라고 하지마는 차남 (次男)이나 삼남 (三男)에도 넓은 사람이 있다. 이러한 사람은 장남대신 (長男代身) 가계 (家系)를. 계승 (繼承)하는 수가 많다.

또 그렇지 않더라도 양자 (養子)로 들어가서 처가 (妻家)의 재산 (財産)을 이어 받는 수도 있다. 여성 (女性)의 이런 상 (相)은 장남 (長男)에게로 출가 (出家)하는 상 (相)이라 하니, 앞서 논술 (論述)한 옥여상 (玉與相)과 함께 비춘다면 과연 (果然)

그렇겠다고 느껴질 것이다.

  전택궁(田宅宮)이 좁은 사람

전택궁(田宅宮)이 좁은 사람은 단기(短氣)로서 가정생활(家庭生活)
이 밝지 못하다. 부친(父親)의 재산(財産) 상속(相續)은 적으며 자기
(自己) 스스로가 자립(自立), 개척(開拓)하지 않으면 안되는 상
(相)이다. 또 조출 하지만 아담한 가옥(家屋)이나 멘션등
(等)에 거주(居住)하는 편(便)이 좋은듯 하다.

  여성(女性)으로서 이 전택궁(田宅宮)이 좁은 사람은 결혼운
(結婚運)이 나쁘며, 자신(自身)이 이 상(相)의 뜻을 간파(
看破)하였다면 결혼(結婚)에 신중(愼重)을 요(要)할 것을
유념(留念)해야 할것이다.

  전택궁(田宅宮)의 육(肉)이 느슨한 것은 정신(精神)이 느
슨함이며 마음이 지쳐 있음이다. 성생활(性生活)이 과도(過度
)하면 이곳이 검으스레 하여 주름이나 육(肉)의 느슨함이 드러
난다. 눈 밑의 남녀궁(男女宮)에도 역시(亦是) 그렇다.

  이 전택궁(田宅宮)에 검은 사마귀가 있고 조혼(早婚)을 한
사람은 부기(浮氣)한 상(相)이라 하여, 처(妻)와의 인연(姻
緣)은 한번 만으로 끝나지 않는다고 한다. 또 부모(父母)의 유
산(遺産)을 이어 받은 二대(代)째, 혹(或)은 三대(代)째의
경영자(經營者)로서 이곳에 검은 사마귀가 있는 사람은 그 재산
(財産)을 잃기 쉬운 상(相)이다.

  전택궁(田宅宮)이 요(凹)한 사람은 그리 좋지않다. 부동산
(不動産)의 매매(賣買)는 유산(遺産)을 마구잡이로 팔아 치

운다. 또 이곳에 상처(傷處)나 여드름이 나타났을 때는 부동산(不動産) 거래(去來)에 주의(注意)를 요(要)한다. 공공용(公共用)으로 토지(土地)를 빼앗길 우려(優慮)가 생긴다.

완강(頑强)하여 천운(天運)을 지닌 전택궁(田宅宮)이 넓은사람

*남녀궁(男女宮)

남녀궁(男女宮)은 눈 밑에 뼈가 없는 곳이니 와잠(臥蠶) 또는 누당(涙當)이라고도 한다.

이곳은 자녀운(子女運)이나 섹스의 상태(狀態)를 보는 곳이다. 부부(夫婦)에 대(對)해서는 각각(各各)의 상대(相對)의 인연(姻緣)이 좋은시 어떤지를 판단하는 장소(場所)이다.

태어나는 어린이의 성별(性別)도 점(店)치는 곳이기도 하지만은 이것은 별항(別項)에서 설명(說明)하기로 한다.

이 남녀궁(男女宮)이 검으스레 하여 윤택(潤澤)이 없어져 凹한 느낌이 있을 때는 섹스의 과잉(過剩)이다. 적당히 삼가야 할 것이다.

청색(靑色) 또는 검으스레한 회색(灰色)일 때는 부조(不調)하여 어려울 수도 있다.

밝은 홍색(紅色) 또는 담(淡)한 황색(黃色)일 때는 호조(好調)로서 행운(幸運)의 표식(標識)이다. 색(色)이 좋고 볼록하게 부풀어 있을 때는 건강(健康)하여 스테미너가 충분(充分)할 때다.

여자(女子)로서 이 남녀궁(男女宮)의 한가운데 부분(部分)이 조금 오래동안 검스레 하게 힘없어 보이는 사람은 자궁(子宮)이 나쁘든가 부인병(婦人病)이 있는 징조(徵兆)이다. 또 여성(女性)은 남녀궁(男女宮)이 볼록하지 않으면 남성운(男性宮)이 좋지 못할 때로서, 이전 시기(時期)의 맞선이나 결혼식(結婚式)은 보류(保留)함이 좋다.

남녀궁(男女宮)이 볼록하지 않으면 자궁발육(子宮發育)이 불안전(不安全)할 때라고 할수 있다. 옛날 미인화(美人畵)는 모두 이 부위(部位)가 두텁고 볼록하게 그려져 있다. 남녀궁(男女宮)의 볼록함은 미인요소(美人要素)의 하나이다.

중년(中年)을 넘어서 남녀궁(男女宮)이 볼록하고 광택(光澤)이 있는 사람은 노후생활(老後生活)이 안정(安定)되어 있어 있는 사람이다.

경제계(經濟界), 정계(政界), 예술계(藝術界) 등(等) 모든 업계(業界)에서 성공(成功)하고 있는 사람들의 남녀궁(男

女宮)은 볼록함도 광택(光澤)도 좋은것 같다.

　다만 이러한 사람으로서 남녀궁(男女宮)이 경련(慶攣)을 일으킨것 처럼 시종(始綜) 펄덕펄덕 움직이는 사람들을 많이 볼수 있으나, 이것은 병(病)으로 오랫동안 앓을 원인(原因)을 지니고 있다는 것을 표시(表示)하며, 특(特)히 육체적(肉體的)인 쇠약(衰弱)에서 오는 위장병(胃腸病), 심장병(心臟病) 등(等)에 주의(注意)가 필요(必要)하다. 또, 六十세(歲)를 넘어서 이 경련(痙攣)이 있는 사람은 처(妻) 이외(以外)의 여성(女性)을 가진 사람에게 많다.

　남녀궁(男女宮)의 검은 사마귀는 여자운(女子運)이 없든가 자녀(子女)들과 잘 타합(打合) 안되는 상(相)이라고 한다.

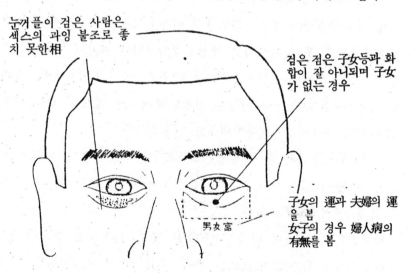

눈꺼풀이 검은 사람은
섹스의 과잉 불조로 좋치 못한相

검은 점은 子女등과 화합이 잘 아니되며 子女가 없는 경우

男女宮

子女의 運과 夫婦의 運을 봄
女子의 경우 婦人病의 有無를 봄

남녀궁(男女宮)의 관상법(觀相法)

* 처첩궁(妻妾宮)

눈 끝의 가로의 부위(部位)를 처첩궁(妻妾宮), 또는 간문(肝門)이라고도 한다. 이곳은 이성운(異性運)을 보는것으로서 애정(愛情)의 농도(濃度)를 판단(判斷)하는 곳이기도 하다.

처첩궁(妻妾宮)이라는 이름 부터도 남성측(男性側)에서 본 이성운(異性運)의 감(感)이 있으나 그것뿐이 아니고 여성(女性)의 이성운(異性運)도 볼수 있는 곳이다. 여성(女性)이 이 부위(部位)에 육(肉)이 없든가 광택(光澤)이 좋지 못하면 남성운(男性運), 천운(天運)이 좋지 못하다. 결혼(結婚)하고 수년(數年)이 지나도 부군(夫君)으로 부터 의류(衣類) 한벌을 얻어 입지 못하는 사람이다.

또 중(中)에는 결혼(結婚)한 이후(以後) 단 한번도 부군(夫君)으로 부터 부드럽고 애정(愛情)담긴 따뜻한 말을 듣지 못했을지도 모른다. 남녀(男女)가 함께 이 처첩궁(妻妾宮)의 살 붙임이 좋게 볼속한 사람은 건강(健康)과 섹스도 건전(健全)하며, 부부애정(夫婦愛情)도 넘친다.

남성(男性)에서 본 처첩궁(妻妾宮)은 처(妻)의 운(運)이지만 그 밑에 있는 처(妻), 즉(卽) 이호(二號) 부인(夫人)의 일도 관계(關係)된다.

남녀궁(男女宮)이 이상(異常)할 정도(程度)로 볼속한 것은 부인(夫人) 한사람 만으로는 부족(不足)하여 이호부인(二號夫人)을 동반(同伴)하고 있는 사람이지만, 경제적(經濟的)인 이유(理由)로 재백궁(財帛宮)의 금운(金運)에도 크게 좌우(左

右)되고 있다.

이 처첩궁(妻妾宮)에는 일본(一本) 또는 많은 사람은 수본(數本)의 주름살이 있는 것이다. 일본(一本)인 사람은 정절(貞節)인 사람이라 할까 처(妻) 이외(以外)의 여성(女性)은 놀이켜 보지도 않는다.

가로 주름살이 여러개 있는 사람은 부기(浮氣) 스러워 다정다한(多情多恨)하며, 사람에 따라서는 두 세번의 결혼(結婚)을 하든가, 부기(浮氣)를 하고 있는 부기충(浮氣虫) 같은 사람이다. 이 부분(部分)의 검은 사마귀는 그런대로의 남난(男難)이나 여난(女難)을 받는 상(相)이다.

남성(男性)으로는 아름다운 부인(婦人)이 있으면서도 한사람식(式)은 二, 三인(人)의 여성(女性)을 거느린다는 상(相)이라고도 한다. 더구나 검은 사마귀가 없더라도 한창 시절(時節)) 사람은 많이 있는것 같다. 여성(女性)인 경우(境遇)에도 이곳에 검은 사마귀가 있는 사람은 깜직하게 부기(浮氣) 스러운 곳이 있어서, 연하(年下)인 남성(男性)을 사랑하는 형(型)이다. 또 이 부위(部位)가 凹한 사람은 남녀(男女)가 모두 이성운(異性運)이 좋지 못하여 장기간(長期間) 독신생활(獨身生活)인 사람이거나, 혹(或)은 멋진 유부남(有婦男)인 사람이다. 흉터가 있는것도 좋지 못하다. 이런 상(相)인 사람은 상대(相對)의 이성(異性)이나 아이들 때문에 고생(苦生)하는 사람이다.

처첩궁(妻妾宮)에서 위로 걸쳐서 푸른 줄이 생기면 이혼(離婚)

하든가 애인(愛人)과 헤어지게 된다. 이 푸른 줄이 가로로 생길 때는 처(妻)가 병사(病死)하든가, 처(妻)의 신상(身上)에 걱정스러운 일이 일어나는 상(相)이므로 주의(注意)를 요(要)한다.

　이 부위(部位)는 부부의 인연(姻緣)을 나타내는 곳이므로 남성(男性)으로서 살 붙임이 좋고 광택(光澤)이 좋은 사람은 처(妻)의 재원(財源)으로 성공(成功)하는 사람이다. 또 처가(妻家)의 힘을 입어 명성(名聲)을 떨치는 사람도 있다.

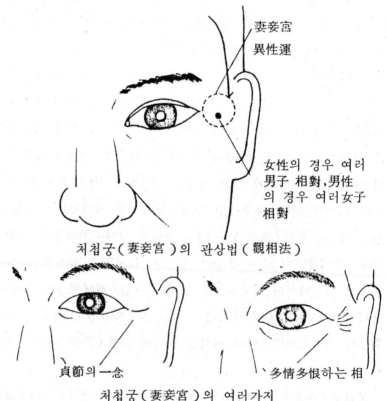

妻妾宮
異性運

女性의 경우 여러 男子 相對, 男性의 경우 여러 女子 相對

처첩궁(妻妾宮)의 관상법(觀相法)

貞節의 一念

多情多恨하는 相

처첩궁(妻妾宮)의 여러가지

-108-

＊상모궁（相貌宮）

　상모궁（相貌宮）은 십이궁（十二宮）을 총괄（總括）한 안면전체（顏面全體）를 뜻한다.　인상（人相）은 개개（個個）의 부분（部分）과 각궁（各宮）의 판단（判斷）도 중요（重要）하지만은 전체（全體）를 통（通）할 결론（結論）을 짓지 않으면 안된다.

　장소（場所）의 판단（判斷）이 전연（全然）　반대（反對）가 되는 수도 있다.　가령（假令）　복덕궁（福德宮）으로는 재산（財産）을 이룬다고 되어 있는데도, 재백궁（財帛宮）에서는　재물에는 전연（全然）　인연（姻緣）이 없다고 하고 있는것과 같은　것이다.

　그럴 때에 이 상모궁（相貌宮）에 기인（基因）하여 판단（判斷）한다는 것이다.

　여기에서 양해（諒解）를 얻고저 하는 것은, 십이궁（十二宮）의 명칭（名稱）과 그것을 가르키는 위치（位置）에는 여러가지 설（

인상（人相）의 최후（最後）의 판단（判斷）은 상모궁（相貌宮）에서

說)이나 의견(意見)이 있으므로 여기에서 부언(附言) 한것과
또 다른 관상법(觀相法)도 있다는 것이다.

팔궁방위도(八宮方位圖)에 의(依)한 관상법(觀相法)

팔궁(八宮)이란 역점(易占)의 팔괘(八卦)를 뜻한다. 이것
은 역점(易占)과 병용(併用)하여 사용(使用)한다.

역(易)의 괘(卦)가 되었을 때 인상(人相)과 결부(結付)
시켜서 판단(判斷)한다.

방위(方位)가 지도(地圖)로는 윗쪽이 북(北)이라는 것과는
반대(反對)로 되어 있으니 주의(注意)하기 바란다. 더우기 팔
괘(八卦)의 의미(意味)는 다음에 기재(記裁)한 문자(文字)
에 의(依)해 상징(象徵)된다. 가령(假令) 역(易)에서 건
(乾)이라는 괘(卦)가 나타났을 때, 인상(人相)으로는 건(
乾)은 좌협(左頰)의 부위(部位)에 속(屬)하니 그 부(部)
에 상적(傷跡)이 있거나, 살 붙임이 엷게 오목하여 있거나, 광택
(光澤)이 좋지 않으면 모친(母親)과의 인연(姻緣)이 얇아서
사별(死別)또는 생이별(生離別)하는 수도 있다.

이(離)=화(火), 여(麗), 추(推), 목(目), 중녀(中女)
       남(南)
곤(坤)=지(地), 순(順), 우(牛), 복(腹), 모(母),
       서남(西南)
태(兌)=택(澤), 설(說), 양(洋), 구(口), 소녀(少女)
       서(西)

건(乾)＝천(天), 건(健), 마(馬), 수(首), 부(父),
　　　서북(西北)

감(坎)＝수(水), 함(陷), 시(豕), 이(耳), 중남(中男)
　　　북(北)

간(艮)＝산(山), 지(止), 구(狗), 수(手), 소남(少男)
　　　동북(東北)

진(震)＝우(雨), 동(動), 용(龍), 족(足), 장남(長男)
　　　동(東)

손(巽)＝풍(風), 입(入), 유(維), 고(股), 장녀(長女)
　　　동남(東南)

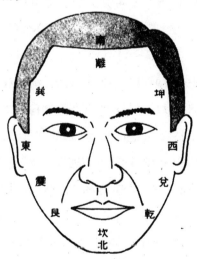

팔궁방위(八宮方位)에 의(依)한 관상법(觀相法)

역자(易者)의 수(數)는 일본전국(日本全國)에서 五千에 달(達)한다고 한다. 이 숫자(數字)는 크게 잡아서 일본인(日本人) 이만명(二萬名)에 일명(一名)이 된다는 계산(計散)이 된다.

역자(易者)라고 하는 것은 그 원류(源流)를 논(論)한다면 역점(易點)을 하는 사람을 가르키며, 인상(人相), 가상(家相), 지상(地相)을 보는 사람을 상인(相人) 또는 상공(相工)이라 하여, 역점(易占)과 관상(觀相)은 분명(分明)하게 구별(句別)되어 있었다. 그러나 현재(現在)로서는 그것들 모두를 총칭(總稱)하여 역자(易者)라 하고 있다.

상대(上代)에서는 역자(易者)를 관인(官人)이 세습제도(世襲制度)의 하나의 직종(職種)으로서 담당(担當)하고 있었으며, 그들은 주(主)로 귀인(貴人)이나 무가(武家)의 의뢰(依賴)에 응(應)하고 있었다.

중세(中世)에 와서 일시(一時) 쇠진(衰盡)하였던 역(易)은 근세이후(近世以後) 유학(儒學)와 흥륭(興隆)과 함께 유행(流行)하여 동양각처(東洋各處)에서 명인(名人)이 속출(續出) 하였다. 동시(同時)에 낭인(浪人) 수험자(修驗者), 신직(神職) 등(等)이 역점(易占)을 직업(職業)으로 하는 사람이 증가(增加)하여 각처(各處)

에서 역점(易點)을 하는 자(者)가 나타났다. 역(易)은 그 시대(時代)의 경제(經濟)의 척도(尺度)라고 말하여, 평화(平和)롭고 풍요(豊饒)로워서 더구나 사회전체(社會全體)가 목적(目的) 없는것과 같은 시대(時代)에 "붐"을 일으키는 특징(特徵)이 있다.

이것은 생활(生活)이 합리화(合理化)되면 될수록 과학(科學)으로는 해명(解明)할수 없는 모순(矛循) 등(等)이 미묘(微妙)하게 인간(人間)의 심리(心理)에 불안(不安)을 주어, 과학(科學) 아닌 다른 것에서 구제(救濟)를 청(請)하려는 경향(傾向)이기 때문이다.

역(易)은 그러한 사람에게 마음의 지주(支柱)가 되게하여, 장래(將來) 안정(安定)을 위(爲) 할려는 저의(低意)가 분명(分明)함은 부인(否認) 못할 사실(事實)이다.

제 2 장 (第二章)

안면각부 (顔面各部)의 점법 (占法)

안 (眼)의 관법 (觀法)

눈은 " 마음의 창 (窓) " 또는 " 눈은 입보다도 표현 (表現)을 잘한다 " 라고도 한다.

그 사람의 눈을 본것 만으로 그 사람은 자기 (自己)에게 호의 (好意)를 가지고 있는가, 악의 (惡意)를 품고 있는가, 그 사람이 선인 (善人)인가를 직감적 (直感的)으로 판단 (判斷)한다.

또 눈을 보고 현재 (現在) 어떤 기분 (氣分)으로 있는가 라고 할 만큼 희로애락 (喜怒哀樂)의 심리상태 (心理狀態)도 더듬어 짐작할 수 있는 것이다.

그것 뿐이 아니라, 의사 (醫師)가 안색 (眼色)을 보고 병 (病)을 진찰 (診察)하는 것처럼 눈빛은 그 사람의 신체상태 (身體狀態)의 양부 (良否)도 판단 (判斷)한다.

흔히 교통사고 (交通事故) 등 (等) 불의 (不意)의 사건 (事件)에 조우 (遭遇)하는 것은 대저 (大低) 눈에 빛이 없으며, 흐리멍텅 하거나 충혈 (充血)되어 있을때 일어나기 쉬운 것이다.

눈에 광택 (光澤)이 있으면 좋다고 하지만은 단지 (單只) 있기만 하면 좋다는 것이 아니라, 그 빛에 살기 (殺氣)가 있든가 험 (險)이 있어서는 자기 (自己) 뿐 만이 아니고 타인 (他人)마져도 불행 (不幸)으로 끌어 들이던가 상처 (傷處)를 입히게 된다.

빛에는 화기 (和氣) 유화 (柔和) 함이 있기 마련이다. 유화 (柔

和)함은 친밀감(親密感)을 나타냄이다. 포옹력(抱擁力)이 있는 것과 동시(同時)에 사람도 자연(自然) 자기(自己) 주위(周圍)로 모여드는 것이다.

사회적(社會的)으로 명성(名聲)을 떨쳐 대성(大成)한 사람의 눈빛은 유화(柔和)한 가운데도 사물(事物)을 뚫어보는 날카로운 빛이 있는 것이다.

인상(人相)에 있어서도 눈은 중요(重要)한 포인트이다. 눈에 따라 그 사람의 성질(性質)이나 장래의 부심(浮沈)을 간파(看破) 하지만은 그 만큼 판단(判斷)은 어려우며, 신중(愼重)을 요(要)한다고 하지 않으면 안된다.

*큼직한 눈은 인격(人格)을 표명(表明)하는 큰 인표(印標)

눈의 크기라고도 하지만은 무엇을 기준(基準)으로 크다 적다의 판단(判斷)을 하는가는 매우 어려운 문제(問題)이다.

일반적(一般的)으로 동양인(東洋人)의 눈은 횡폭(橫幅)은 평균(平均) 二十八㎜에서 三十㎜라 한다.

물론(勿論) 눈의 크기는 횡폭(橫幅)뿐이 아니고 눈을 뜬 상하(上下)의 폭(幅)과의 관계(關係), 혹(或)은 눈의 횡폭(橫幅)과 얼굴의 횡폭(橫幅)과의 관계(關係) 동자(瞳子)의 크기 등(等) 여러가지 고려(考慮)하지 만은, 그러나 너무 세밀(細密)한 거리에 지나치게 구애(拘碍)되년 오히려 중요(重要)한 점(點)을 놓치게 된다.

여기서는 상식적(常識的)으로 본 경우(境遇)의 큰 눈의 특성(特性)을 기술(記述)하기로 한다.

큰 눈은 옛날부터 미모(美貌)의 한갖 요소(要素)로 되어왔다.
특(特)히 여성(女性)인 경우(境遇)는 수술(手術)을 하면서
까지 크게 보일려고 할 정도(程度)이다. 그것이 크다는 것은 그
사람의 아름다운 마음씨를 말하여 주고 있다고 까지 한다.

어쨌던 인상학상(人象學上)에서 말하는 큰 눈인 사람은 정열적
(情熱的)이어서, 탈때는 그야말로 불처럼 타오르지만 꺼지기 쉬운
일면(一面)도 있다. 즉(卽) 감수성(感受性)이 강(强)하여 감
각(感覺)이 뛰어나게 예민(銳敏)하다는 것을 나타내고 있다.

눈은 입보다도 사물(事物)을 말한다

성격(性格)이 명랑(明朗)하고 사람에게 호의적(好意的)이라
는 점(點)은 매우 좋은 일이지만, 반면(反面)에 좋고 싫음이 격
심(激甚) 하므로서 교제(交際)에 편파성(片派性)이 더러는 있

다.

또 더러는 감정 (感情)의 예민 (銳敏)이 변 (變)하여, 동작(動作)의 민첩 (敏捷)으로 관련 (關聯)되어 재빨리 주위환경 (周圍環境)에 순응 (順應)하는 사람이기도 하다.

또 눈의 크기는 표현력 (表現力)의 크기도 나타내며, 직업(職業)으로서는 예능계 (藝能係), 객상업 (客商業) 등(等)이 가장 적합 (適合)하다고 한다.

큰 눈이더라도 노려보는 눈이 있다. 몸집도 큼직하여 사람을 위압 (威壓)하는 것처럼 노려보는 눈을 가진 사람은 신념 (信念)이 완고 (頑固)하다고 할 만큼이나 강 (强)하여, 고난 (苦難)을 향(向)해 일어설 남성적 (男性的)인 기백 (氣迫)을 지닌 초지관철 (初志貫徹)하는 사람이다.

이것은 큰 눈과 같은 방법 (方法)으로 판단 (判斷)하여도 좋은 것이지만 안구(眼救)가 티어나온 형(型), 일반이 말하는 "출안" (出眼)인 사람은 직관력 (直觀力)이 좋지만 내구력 (耐久力)은 약(弱)하다. 이런 눈의 사람으로서 정면 (正面)을 보지않고 이야기 하는 사람은 신경면 (神經面)에 결함 (缺陷)이 있다. 또 " 출안 "(出眼)인 사람은 일반 (一般)으로 조숙 (早熟)인 경향(傾向)으로 어른스러운 사람도 있다.

같은 크기의 큰 눈이더라도 형 (型)이 전체적 (全體的)으로 둥근 감 (感)을 주는 사람은 성적감각 (性的感覺)이 뛰어난 사람으로서 바람둥이 같은 성격 (性格)이 될 위험 (危險)도 있으나, 명랑 (明朗)한 반면 (反面) 유혹 (誘惑)에 빠지기 쉬우며, 부화뇌

동형(附和雷動型)이다.

형(形)에 상관(相關)하지 않고 큰 눈인 사람에 미식가(美食家)가 많은 것이 특징(特徵)이다. 그 때문에 중년경(中年傾) 부터 당뇨병(糖尿病)에 조심(操心)해야 한다.

여성(女性)으로 이런 눈인 사람은 남운(男運)은 좋지만은 부운(夫運)이 나쁜 경향(傾向)이 있으므로 결혼(結婚)에는 신중(愼重)을 기(期)해야 한다.

* 대기만성형(大器晩成型)에 많은 작은 눈

일반적(一般的)으로 눈이 큰 사람은 초년운(初年運)이 좋은 반면(反面) 작은 사람은 불우(不遇)에 가까운 환경(環境)에 놓이는 수가 많은 것 같다.

작은 눈인 사람으로서 좋았던 유년시절(幼年時節)을 보냈던 사람은 양친중(兩親中) 어느 쪽이 풍부(豊富)한 재산가(財産家)였다고 할 수 있다.

성격(性格)은 내향성(內向性)인 사람이 많으며, 따라서 폐쇄형(閉鎖型)으로서 비밀주의자(秘密主義者)이기도 하다. 반면(反面)에 의지(意志)는 견고(堅固)하다고도 할 수 있으나, 그것이 외고집이 되어 나타나는 수가 많다고도 한다.

직업(職業)으로서는 꾸준히 노력(努力)을 쌓아 올리는 일이 적합(適合)하며, 연구(研究)를 거듭하여 집대성(集大成)하는 업적(業績) 등(等)은 가장 적격(適格)이라 할 수 있다.

정계(政界)나 재계(財界)에서 한번쯤 명성(名聲)을 떨친 사람 가운데도 작은 눈인 사람이 있으나, 그런 사람은 보기에는 대수

롭지 않지만 깊숙한 곳에 알 수 있는 실력(實力)을 갖춘 사람도 있다.

작은 눈을 가진 사람이라도 눈빛이 전광(電光)처럼 섬광(閃光)을 느끼게 하는 사람은 어떤 분야(分野)에 진출(進出) 하여도 걸출(傑出)한 사람이 된다. 그런 경우(境遇)에도 오래도록 혜택(惠澤)을 보지못한 시대(時代)의 노력(努力)과 연찬(研讚)이 어느 시기(時期)에 겨우 꽃을 피우게 하는 케이스가 많다.

가령(假令) 영화배우(映畵排優)인 H씨(氏) 등(等)은 그 대표예(代表例)라 하겠지만 H씨(氏)는 성격적(性格的)으로는 완고(頑固)하며 단기(短氣)인 곳을 볼 수 있다.

작은 눈인 여성(女性)은 큰 눈을 가진 여성(女性)에 비(比)해 연애(戀愛)나 모험(冒驗) 등(等) 화려(華麗)한 행동(行動)은 깜찍하여, 야무진 생활방법(生活方法)을 희망(希望)하는 사람이다. 따라서 이런 눈인 여성(女性)은 가정(家庭)에 들어오면 근엄(謹嚴)하고 전형적(典型的)인 현모양처(賢母良妻)가 된다. 결점(缺點)은 질투(嫉妬)가 깊다는 점(點)이다.

또 이런 형(型)인 여성(女性)은 손끝 재주가 있어 직업(職業)으로서 의상(衣裳)이나 금림을 주(主)로 사진(寫眞), 잡지(雜誌) 관계(關係)의 디자이너, 혹(或)은 미용사(美容師) 등(等)에 알맞으며, 실세(實際)로 이 분야(分野)에서 활약(活躍)하고 있는 사람이 많이 눈에 띄인다.

*냉정(冷情)한 판단(判斷)을 잘 하는 가느다란 눈

가느다란 눈은 마주 앉아도 안색(眼色), 안광(眼光)의 분별

(分別)이 어려우므로 무엇을 생각하며, 무엇을 할려 하는지 그의 뜻을 이해(理解)하기 어려워 그것이 본인(本人)으로서는 이(利)로울 때도 있어 상반(上半)되는 두가지 요소(要素)를 가졌다고 할 수 있다.

인상(人相)에서는 가느다란 눈인 사람은 기(氣)가 적으며, 신경질(神經質)인 반면(反面) 정(情)에도 약(弱)한 형(型)으로 판단(判斷)하고 있다.

직업(職業)으로서는 세밀(細密)한 신경(神經)을 요(要)하는 세공(細工)이나, 참모역할(參謀役割) 같이 언제나 이면공작(裏面工作)에 필요(必要)한 입장(立場)인 직업(職業)을 선택(選擇)하면 좋다.

따라서 다른 사람보다 일보(一步) 앞서는 것보다 언제나 일보(一步) 여유(餘裕)를 주고 행동(行動)하는 것이 좋다고 보겠다.

여성(女性)은 가정(家庭)에 들어오면 외견(外見)과는 달리 의외(意外)로 부군(夫君)을 돕는 내조부인형(內助夫人型)인 사람이 된다.

체질적(體質的)으로는 일반적(一般的)으로 건강(健康)하며 특(特)히 안병(眼病)에 걸리지 않는다. 조심(操心)하지 않으면 안될것은 신경(神經)이 세밀(細密)함으로서 위장병(胃腸病)에 조심(操心)해야 한다.

*지속력(持續力)이 풍부(豊富)한 눈

끝이 올라간 것에는 두 가지가 있다. 한 가지는 치켜 올라간 느낌,

다른 한 가지는 보통(普通)으로 올라간 것 같은 느낌이 있는 것이다.

양(兩)쪽 모두 예민(銳敏)한 감각(感覺)의 소유주(所有主)로서 의외(意外)로 체력(體力)과 지구력(持久力)이 있어서, 일관(一貫)하여 일을 계속(繼續)하는 형(型)이다.

치켜 올라간 눈인 사람은 특(特)히 여성(女性)인 경우(境遇) 보기에도 히스테리크한 사람이다. 남성(男性)과의 애정(愛情)에 있어서도 언제나 상대(相對)의 본심(本心)을 파악(把握)하기 어려우며, 언젠가는 상대(相對)는 자신(自身)의 마음에서 벗어나 버릴 것이라는 불안(不安)에서 드디어 질투심(嫉妬心)이 솟구쳐 모처럼의 사랑도 자신(自身)이 파멸(破滅)시켜 버린다.

보통(普通)으로 눈끝이 올라간 사람은 주위(周圍)의 방해(妨害)나 유혹(誘惑)에 빠지는 일이 없으며, 성의(誠意)를 가지고 일을 하며, 신념(信念)과 행동력(行動力)으로 자신(自身)이 결정(決定)한 목적(目的)을 수행(遂行)한다.

눈끝이 내려져 있는 사람은 애교(愛嬌)가 있는 형(型)과 엉큼한 형(型)의 두가지가 있다.

대표적(代表的)인 미인(美人)들 중(中)에서 볼 수 있는 것처럼 일반적(一般的)으로 눈끝이 내려져 있는 사람은 상대(相對)에 폭신한 느낌을 준다.

이런 눈의 소지자(所持者)는 좋은 쪽으로 행(行)했을 경우(境遇)에 사람들과의 교제(交際)는 항상(恒常) 자신(自身)에 이익(利益)이 되며, 모든 일이 무너질 듯한 직전(直前)에 타인(他人)의 호의(好意)에 의(依)해 구제(救濟)된다.

-121

눈끝이 내려진 사람이 마이너스운(運)으로 향(向)해 있는 사람은 친밀감(親密感)을 역용(逆用)하여 틈만 있으면 타인(他人)을 방심(放心)시켜 이용(利用)하려는 악지혜(惡知慧)를 작용(作用)시킨다.

악질적(惡質的)인 상인(商人)이나, 투기(投機)꾼에 이런 눈인 사람을 볼 수 있다.

또 일반적(一般的)으로 이런 눈인 사람은 호색가(好色家)라고 말할 수 있지만은 인상학(人相學)에서도 여성(女性)의 약점(弱點)을 잡아 내든가, 혹(或)은 방심(放心)시켜 놓고 틈을 타서 호색한(好色漢)이 되는 "여성(女性)의 적(敵)"이다.

여성(女性)으로서 눈끝이 내려져 있는 것은 용색(容色)을 마음씨 고움으로 커버하여 행복(幸福)한 가정생활(家庭生活)을 쌓을 형(型)인 사람이다.

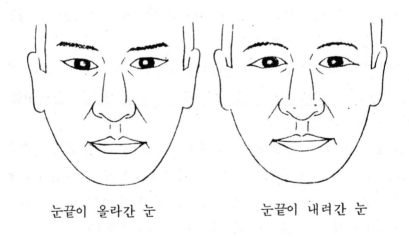

눈끝이 올라간 눈   눈끝이 내려간 눈

* 운명색 (運命色) 이 짙은 삼백안 (三白眼)

삼백안 (三白眼) 에는 상삼백안 (上三白眼) 과 하삼백안 (下三白眼) 의 두가지가 있다. (도참조 (圖參照)) 어느 것이나 냉혹 (冷酷) 한 성질 (性質) 의 소유자 (所有者) 이다.

하삼백안 (下三白眼) 에는 검난 (劍難) 의 상 (相) 이 있다고 하지만은, 현대 (現代) 에는 깡패암약당 (暗躍堂) 이나 과격 (過激) 한 단체운동 (團體運動) 등 (等) 에서 인물 (刃物) 로서 언듯 다친다거나, 교통사고 (交通事故) 에 주의 (注意) 해야 한다.

이런 눈인 사람은 심 (甚) 한 야심가 (野心家) 로 객상업 (客商業) 으로서 성공 (成功) 할 형 (型) 이다. 정치가 (政治家) 에도 적합 (適合) 하지만, 그러나 대물 (大物) 이 되지 않으면 오히려 자신 (自身) 의 인생 (人生) 을 파멸 (破滅) 시켜 버린다.

감정 (感情) 이 뛰어나게 예민 (銳敏) 하여 도박 (賭賻) 이 심 (甚) 한 사람이 많은 것도 이런 눈의 형 (型) 이다.

또 일반적 (一般的) 으로 타인 (他人) 으로 부터 두려움을 받거나 경원 (敬遠) 되는 수가 많으므로 인간관계 (人間關係) 에는 충분 (充分) 히 고려 (考慮) 해야 할 필요 (必要) 가 있다.

이 하삼백안 (下三白眼) 의 특징 (特徵) 인 집념 (執念) 이 깊은 것과 성격 (性格) 의 엄격 (嚴格) 함을 좋은 방향 (方向) 으로 활용 (活用) 하였을 때는 반드시 걸출 (傑出) 한 인물 (人物) 이 된다.

상삼백안 (上三白眼) 은 하삼백안 (下三白眼) 과 비슷한 성격 (性格) 이나 운명 (運命) 을 가지고 있으나, 수하 (手下) 인 사람으로 부터는 그다지 혜택 (惠擇) 을 받지 못하며, 우인 (友人) 또는 지인 (知人)이 적으며, 직업적 (職業的)으로 교우관계 (交友關係)에 있어서도 고독 (孤獨)하여 쓸쓸한 생애 (生涯)를 보내기 쉽다.

그러므로 한번 그릇된 길로 들어서게 되면 주의 (注意)하여 주는 사람도 상의 (相議)할 사람도 없으므로 뜻대로 되지는 않아 스스로 파멸 (破滅)의 길로 빠지게 마련이다.

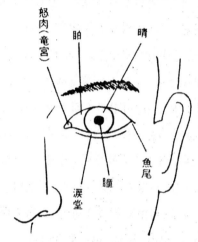

안 각부 (眼 各部)의 명칭 (名稱)

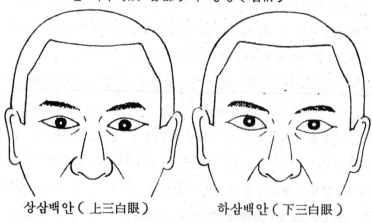

상삼백안 (上三白眼)   하삼백안 (下三白眼)

* 최악(最惡)의 상(相)을 나타내는 사백안(四白眼)

사백안(四白眼)인 사람을 찾아내는 것은 매우 어려울 정도(程度)로 이런 눈을 가진 사람은 삼백안(三白眼)인 사람 이상(以上)으로 성격(性格)이나, 운명(運命)도 나쁜 편이어서 최악(最惡)의 상(相)이라 한다.

흉악범죄자(凶惡犯罪者)들 중(中)에 가끔 이런 상(相)인 사람이 눈에 띄는 정도(程度)로 보통(普通) 사람은 사백안(四白眼)을 가진 사람 곁에는 얼씬하지도 않는 것이 좋다.

* 날카로운 안력(眼力)을 지닌 용안(龍眼)

눈끝이 길고 큰 눈인 편(便)이다. 소위(所謂) 형안(炯眼)의 소지자(所持者)이다. 형(炯)이란 「 빛 」 또는 「 밝음 」이란 의미(意味)로서 사물(事物)을 분명(分明)하게 간파(看破)하는 눈, 날카로운 안력(眼力)인 것을 말한다.

이런 눈인 사람은 자신(自身)이 자신(自身)의 재능(才能)을 발굴(發掘)하여 그것에 운명(運命)을 의탁(依託)하는 사람이 많으며, 그 반면(反面)에 언제나 자신(自信)의 재능(才能)과 운명(運命)을 타개(打開)하려고 노력(努力)을 아끼지 않는 사람이다.

그러하기 때문에 언제나 마음속에는 남모를 고민(苦憫)을 지속(持續)하고 있지만은, 넓은 성격(性格)의 도량(度量)이 그것을 감싸 숨으로 타인(他人)에게는 불쾌(不快)한 인상(印象)을 주지 않는다.

작가(作家)로 유명(有名)하였던 가와바다 야스나리 (川端康成) 씨(氏)나 야구계(野球界)의 왕정치(王貞治) 등(等)은 이 용안(龍眼)의 소지자(所持者)로서 공통점(共通點)은 새로운 길을 타개(打開)하면 또 새로운 고민(苦憫)으로 슬럼프에 빠져 정신적(精神的)으로 쉴 틈이 없는 사람이다.

*따뜻한 분위기(雰圍氣)가 감도는 원앙안(鴛鴦眼)

흑안(黑眼)이 비교적 적으며, 눈 바로 밑의 불쑥함이 볼록이 솟아오른 눈을 원안(鴛眼)이라 한다.

년배(年輩)인 사람들에 비교적(比較的) 많이 있을 수 있는 특징(特徵)인 것 같으나 이런 눈인 사람은 의외(意外)로 젊은 층(層)의 사람에도 있다.

원앙안(鴛鴦眼)인 사람과 마주보게 되면 웬지 친밀감(親密感)을 갖게 된다.

성격(性格)도 보는 느낌처럼 온화(溫和)하여 사람들로부터도 모나지 않고 원만(圓滿)하지만은 적극성(積極性)이 결여(缺如)되어 소극적(消極的)인 성격형성(性格形成)이라고 할 수 있다.

직장(職場)에서도 중년(中年)까지는 과장(課長), 부장(部長)이란 기업추진(企業推進)의 내조역(內助役)에 많은 것도 이런 눈의 형(型)이다. 이 눈의 사람은 남녀(男女) 함께 부부애정(夫婦愛情)이 아기자기하여 밀도(密度)가 짙은 마이 홈형(型)이다.

*인형(人形)같이 움직이지 않는 어안(魚眼)

동자(瞳子)가 비근(鼻筋)에 닿아 있으며 그 눈끝이 어미(魚尾)에 닮아서 그야말로 목조(木彫)한 어척(魚拓)을 그대로 얼굴에 들어 박은 것 같은 눈을 말한다.

어안(魚眼)이란 것은 검(瞼)이 없어 깜박이지도 않으나, 또 눈에 광(光)이 없는 것이 특징(特徵)이다.

어안(魚眼)인 사람은 언뜻 보기에 조금 공허(空虛)한 느낌을 주어 무슨 이야기를 하여도 진지(眞摯)한 느낌을 가진 것이다.

어안(魚眼)인 사람의 성격(性格)은 결(決)코 예리(銳敏)하다고는 할 수 없다. 건강면(健康面)에도 병(病)이라고 까지는 할 수 없지만 언제나 어딘가가 불편(不便)하다고 하는 불건강(不健康)함이 따르고 있다. 따라서 일에도 한갖 일에 일생(一生)동안 정열(情熱)을 쏟는다는 것은 무리(無理)하며, 소극성(消極性)이 그 사람의 운명(運命)을 정체(停滯)시키고 만다.

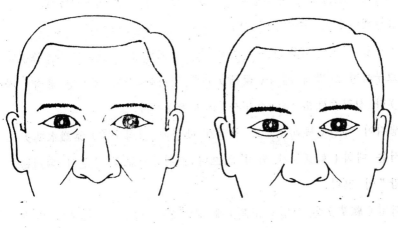

용안(龍眼)   원앙안(鴛鴦眼)

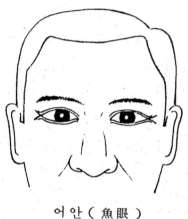

어안 (魚眼)

＊사회 (社會)에 부적응자 (不適應者)가 많은 낭안 (狼眼)
상삼백안 (上三白眼)으로서 찢어져 긴 눈을 말한다.

볼수록 혹박 (酷薄)함이 얼굴 표정 (表情)에 감돌고 특 (特)히
희끄무레한 느낌에 예리 (銳利)하게 빛나는 것이 있으면 흉폭 (凶
暴)한 성격 (性格)의 소유자 (所有者)이다.

생각이 극단 (極端)으로 치닫기 때문에 상식수준 (常識水準)으
로서는 대화 (對話)가 되지 않으니 소위 (所謂) "말이 되지않는
사람"이 많다.

직업 (職業)은 정업 (正業)에 붙어있는 사람이 적으며, 언제나
무언가의 불만 (不滿)을 지녀 직 (職)에도 오래 지속 (持續) 못
한다. 요 (要)컨데 이런 눈인 사람에는 적합 (適合)한 직업 (職
業)이라는 것은 거의 없다 하여도 과언 (過言)이 아닐 것이다.

자연 (自然) 남녀 (男女)가 함께 가정 (家庭)의 혜택 (惠澤)

을 받는 일이 없으며, 가령(假令) 인연(姻緣)이 있어서 맺어졌다 하더라도 언젠가는 파경(破境)을 맞이할 사람이다.

*구(救)하기 힘든 인생(人生)을 사는 사안(蛇眼)

사백안(四白眼)을 뜻한다. 눈의 크기에 비교(比較)하여 동자(瞳子)가 극단(極端)으로 작은 눈의 소유자(所有者)이다.

뱀 눈에 꼭 닮았으므로 사안(蛇眼)이라고 한다. 사안(蛇眼)은 전술(前述)한 낭안(狼眼)의 테(輪)에 걸쳐 있으니 어떻게 할 수 없는 냉혹성(冷酷性)이 있으며, 아울러 흉악(凶惡)한 상(相)이다.

낭안(狼眼)인 사람과는 달리 자신(自身)의 그러한 성격(性格)을 숙지(熟知)하고 있기 때문에, 나이와 함께 비틀어진 마음이 강(强)해 지므로 결국(結局) 자신(自身)이 자신(自身)을 파멸(破滅)로 몰아 넣어 동시에 타인(他人)을 함정으로 빠트리게 하는 상(相)이다.

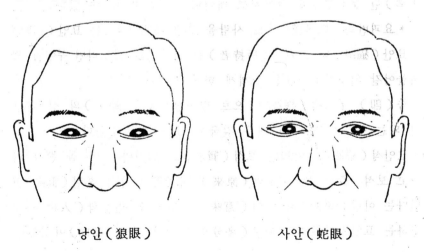

낭안(狼眼)   사안(蛇眼)

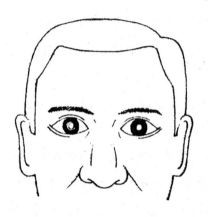

묘안 (猫眼)

극악인 (極惡人)에 이런 눈의 소지자 (所持者)가 많다고 한다.

직업운 (職業運)도 남녀운 (男女運)도 좋지 못하며, 굳이 말한 다면 주위 (周圍)에서 격절 (隔絶)된 형 (型)으로서, 틀어 박혀서 하는 일에 도움이 있다. 어찌 되었던 전반적 (全般的)으로 불행 (不幸)한 운 (運)을 짊어지고 태어난 사람이라 할 수 있다.

*요괴변화 (妖怪變化)로 사람을 혼란 (混亂)시키는 묘안 (猫眼)

묘안 (猫眼)의 소지자 (所持者)를 살펴보고 있노라면 무언가 말려들어갈 의심 (疑心)을 느끼게 하는 눈이다.

즉 (卽) 구조적 (構造的)으로 말하면, 동자 (瞳子)의 심 (芯)이 되는 흑점 (黑點)이 매우 깊숙히 있는 눈을 말한다.

묘안석 (猫眼石)이라는 보석 (寶石)도 있지만은 이 돌 뿐이 아니고 보석 (寶石)이란 원래 (原來) 사람의 마음을 혼란 (混亂)시킨다는 이면 (裏面)의 의미 (意味)도 있으나, 인상학 (人相學)에 말하는 묘안 (猫眼)도 다분 (多分)히 그런 경향 (傾向)이 있다.

이런 눈인 사람은 타인(他人)을 자기(自己) 장단에 말아넣는 사람으로서 그럴때 끌려드는 사람은 대소간(大小間)에 피해(被害)를 받게 된다.

따라서 직업(職業)으로서는 상대(相對)를 자기(自己) 장단에 끌어들여 버린 사진기(寫眞機)의 샷다처럼 일하는 직업(職業)이 적합(適合)하다 할 수 있다.

여성(女性)이 이 눈을 가진 사람은 남녀관계(男女關係)의 말썽을 일으키기 쉬우며, 상대의 남성(男性)은 일생(一生)을 몽둥이 뜸질을 당(當)한다는 위험(危險)에 부딪힌다. 그러면서도 묘안(猫眼)인 여성(女性)은 안태(安泰)하다가 상대(相對) 남성(男性)이 허둥지둥대면 간단(簡單)하게 잘라버리고 다음을 구(救)한다는,인정(人情) 따위에 끌리지 않는 기질(氣質)도 있다.

통계적(統計的)으로 결혼운(結婚運)이 없다고 하는 호스테스 등(等)의 직업인(職業人)에 이 묘안(猫眼)의 소지자(所持者)가 많은 것 같다.

*유연(柔軟)한 태도(態度)로 사람을 포섭(包攝)하는 사자안(獅子眼)

백수(百獸)의 왕(王)인 사자(獅子)의 눈으로서 상하(上下)의 검(瞼)이 이중(二重), 삼중(三重)으로 되어 있는 경우(境遇)가 많으며, 눈 전체(全體)가 큰 것이다.

흔히 옛날 위인(偉人)들의 초상화(肖像畵)에는 이 사자안(獅子眼)인 사람이 많은 것 같았다.

어린이나 젊은이에 이 사자(防閑)눈인 사람은 매우 적으며, 대체(大體)로 중년기 이상(中年期以上)인 사람에 많이 보인다.

이런 눈인 사람은 사물(事物)을 잘 판단(判斷)하는 안식(眼識)이 있어서 거기에 따라 임기응변(臨機應變)의 기능(機能)이 드는 사람이다.

또 인생(人生)을 그 안식(眼識)에 따라서 스스로 타개(打開)한다는 형(型)으로서, 자신(自身)이 의식(意識)하지 않더라도 자연(自然)히 그 사람의 덕(德), 인물(人物)의 스켈ー의 큼직스러움에 흠모(欽慕)하여 모여든다는 포용력(抱擁力)을 함께 가지고 있다.

재계인(財界人)에 사자안(獅子眼)인 사람을 많이 볼 수 있으나, 어떻든 한갓 일을 대성(大成)시킨 사람이다. 여성(女性)으로서 이런 눈을 가진 사람은 부운(夫運) 가정운(家庭運)의 혜택(惠澤)을 입지 못하는 수가 있다.

*많은 고생(苦生)을 하고도 응보(應報)가 없는 원안(猿眼)

굴렁굴렁한 눈으로서 눈 자체(自體)는 적은 것 같다.

이런 눈인 사람은 상하(上下)의 검(瞼)이 이중 삼중(二重三重)으로 되어 있는 사자안(獅子眼)을 함께 가지고 있는 사람이 많으며, 도요도미히데요시(風臣秀吉)는 그의 별명(別名)처럼 원안(猿眼)의 전형적(典型的)인 예(例)이다.

앞을 내다보는 안식(眼識) 이상(以上)으로 기전(機轉)이 드는 사람으로 인생도상(人生途上)에서 몇차례 부딪히는 신변(身邊)의 위험(危險)도 그 기전(機轉)에 의(依)하여 방폐(防閉) 하거나 피(避)하게 되는 수가 있다.

　이 눈을 가진 사람은 월급생활(月給生活)보다 독립(獨立)하여 점포등(店舖等)의 상업(商業)을 하는 편이 발전성(發展性)이 있다. 생애(生涯)에 고생(苦生)이 많지만은 그 고생(苦生)의 쌓임이 중년(中年)이 지나고 부터 응보(應報)하는 형(型)이다.

　여성(女性)으로서 이 눈을 가진 사람은 가정(家庭)에 들어가면 자녀(子女)들로 인(因)한 고생(苦生)이 끊이지 않지만 그것도 어느때에 이르면 응보(應報)하게 된다.

　또 원안(猿眼)인 사람은 남녀(男女)가 모두 장수(長壽)하는 상(相)을 지닌 사람이다.

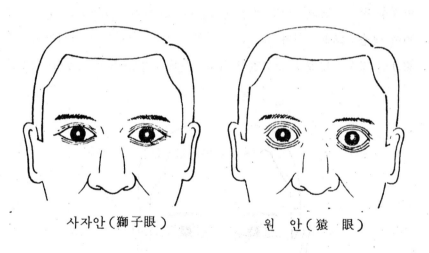

사자안(獅子眼)　　　　원　안(猿　眼)

＊결(決)코 노(怒)하지 않지만 무서운 상안(象眼)

　상안(象眼)이라고 하지만은 몸의 크기에는 관계(關係)하지 않는다. 가늘고 길다란 눈이다. 성질(性質)도 그야말로 온후(溫厚)하다. 노(怒)함을 표면에 나타내는 일이 없다.

일견(一見)해서 붙임세가 좋은 사람이지만, 그것은 사람붙임이라기보다 그 사람이 갖는 포용력(抱擁力)이기 때문이다.

자질구레한 일에 얽매이지 않고 큼직스러운 일을 수행(遂行)하는 사람이다. 또 반면(反面)에 대충(大虫)을 살리기 위(爲)해 소충(小虫)을 죽인다는 일견(一見)은 냉혹(冷酷)하다고 할 만큼 결단력(決斷力)을 가진 사람이다.

인상(人相)에 나타난 성격(性格)대로 이 눈을 가진 사람이 노(怒)한 얼굴을 본 사람이 있다고는 듣지 못했다.

또 언제나 자신(自身)이 결정(決定)한 목표(目標)를 가지고 이것을 완성(完成)하면 바로 다른 새로운 목표(目標)를 정(定)하여 매진(邁進)하여 간다는 형(型)이다. 그러므로 사업가(事業家)인 경우(境遇) 끊임없이 목표(目標)를 가지고 있어서 정신(

상 안(象 眼)

精神)을 차려보니 자신(自身)이 경영(經營)하는 회사(會社)가 거대(巨大) 기업(企業)으로 발전(發展)하고 있었다는 발전운(發展運)을 가진 사람이다. 또 이런 눈을 가진 사람에는 " 법령 " (法令)이 좋은 사람이 많으며 그 사람은 몇개의 회사(會社)에 관계(關係)하고 있다.

  *고경(苦境)을 어떻게 활성(活性)시킬 것인가를 문제(問題)삼는 편안(片眼)

불행(不幸)하게도 어느쪽 한쪽 눈을 잃은 사람이다.

편안(片眼)인 사람에는 고래(古來)로 무장등(武將等) 군(軍)에 관계(關係)하여 명성(名聲)을 떨치던 사람이 많다.

일본(日本)에서는 독안용(獨眼龍), 이달정종(伊達正宗), 검술(劍術)로 일본(日本)에서 제일(第一)이라는 유생십병위(柳生十兵衛) 등(等)이다. 또 외국(外國)에서는 이스라엘의 국방상(國防相)인 타얀등(等)을 들 수 있다.

편안(片眼)은 일명(一名) 쌍안(雙眼)이라고도 하여 이것은 편안(片眼)이라는 의미(意味) 이외(以外)에 「 한 모서리의 것을 볼 수 있다 」라는 의미(意味)를 내포(內包)하고 있다.

대체적(大體的)으로 강(强)한 근성(根性)을 지닌 사람들처럼 성격(性格)이 그 사람의 운명(運命)에 " 양 " (陽)이 나타났을 경우(境遇)는 인격(人格)이 우수(優秀)한 인물(人物)이 된다.

그것과는 반대로 " 음 " (陰)이 나타났을 경우(境遇)에는 고집(固執)이 강(强)하여 하찮은 일에 고집(固執)을 부려 자신(

自身)의 입장 (立場)을 잃는 수가 있다.

어찌되었든 편안 (片眼)인 사람은 사물 (事物)의 관찰법 (觀察法)에 원근감 (遠近法)의 균형 (均衡)을 잃기 쉬운 점 (點)을 주의 (注意)할 필요 (必要)가 있다.

따라서 가령 (假令) 세상 (世上) 이름을 떨칠 재능 (才能) 을 가졌어도 자신 (自身)으로서는 마지막 일보직전 (一步直前)에서 머물러 버리게 되어 최고 (最高) 것을 쟁취 (爭取) 못하는 사람이다.

*균형 (均衡)의 미묘 (微妙)함을 간직한 눈과 눈과의 간격 (間隔)

눈과 눈과의 간격 (間隔)은 눈의 길이와 비슷한 것이 표준 (標準)으로 되어 있다. 따라서 간격 (間隔)이 눈의 길이만큼 되지않는 사람은 좁아서 양안 (兩眼)이 가까운 상 (相)이다.

반대 (反對)로 눈의 길이 이상 (以上)에 있는 사람은 간격 (間隔)이 넓은 사람이 된다.

눈과 눈과의 사이가 좁은 사람은 일견 (一見)하여 호남자 (好男子)로서 여성 (女性)으로 부터 호의 (好意)를 받을 얼굴 형 (型)이다. 이런 형 (型)은 정렬가 (情熱家)로서 친절 (親切)한 일면 (一面)도 지니고, 직관력 (直觀力)이 뛰어나 기전 (機轉)이 잘 드는 사람이다. 이 일은 목전 (目前)의 이 (利)에 우수 (優秀)하며, 감정 (感情)이 예민 (銳敏)함도 가 (加)해져 다른 사람보다 한걸음 앞서서 광행투자 (光行投資)하여 돈을 벌게 된다.

단지 (單只) 정치동향 (政治動向)이나 경제변동 (經濟變動) 등

（等） 커다란 변동（變動）을 재빨리 찰지（察知）하는 것은 좋지만은 그것을 이용（利用）하여 많은 자본（資本）을 움직이거나, 대사업（大事業）을 수행（遂行）하지 못하는 결점（缺點）이 있다.

여성（女性）이 눈과 눈사이의 간격（間隔）이 좁은 사람은 상대（相對）의 심중（心中）을 알아맞추는 것은 빠르지만은, 오히려 그것이 재화（災禍）가 되어 「상대（相對）는 대체（大體）무엇을 생각하고 있을까」라고 항상（恒常） 상대（相對）의 기분（氣分）보다도 일보（一步） 앞서 간파（看破）하려는 것이 의심암귀（疑心暗鬼）를 낳아 마음속으로 상대를 믿지 못하게 된다. 그러므로 애정문제（愛情問題）에도 마음으로 사랑을 털어놓을 사람을 붙잡지 못하고 일생을 우물쭈물 세월（歲月）을 보내는 경향（傾向）이 있다.

눈과 눈과의 사이가 넓지도 좁지도 않는 사람은, 즉（即） 눈의 길이와 비슷한 간격（間隔）인 사람은 그 꼼꼼한 성격（性格）에서 야망（野望）을 품는 일도 없고 평범（平凡）한 월급생활자（月給生活者）라 할 수 있다. 다만 어떤 환경（環境）에라도 순응（順應）할 수 있다는 의미（意味）의 이점（利點）도 있다.

이런 형（型）인 여성（女性）은 가정（家庭）에 들어왔어도 평범（平凡）한 주부（主婦）로서 좋은 혜택（惠澤）을 받거나, 또 극단（極端）으로 생활（生活）이 곤궁（困窮）해 지지도 않고 보통（普通）으로 일생（一生）을 마친 경향（傾向）에 있나.

눈과 눈의 간격（間隔）이 넓은 사람은 작은 일에 걱정하지 않고 낙천적（樂天的）이다. 따라서 스스로 이렇게 하자는 강（强）한 의지（意志）를 표명（表明）하는 일이 없이 그로서 주위（周圍） 사람에게 호의(好意)를 받게 되지만은 진심(眞心)으로 의뢰(依賴)할 사람은 적을 것이다. .

또 사람의 의표(意表)를 찍는 것 같은 훌륭한 일을 하는 것도 이 형(型)에 많은 것이 특징(特徵)이다.

간격(間隔)이 넓은 사람은 통털어 자신의 의지(意志)나 힘보다도 타인(他人)의 힘에 의존(依存)하는 수가 많으므로 좋은 상대(相對)와 짝을 만들면 좋지만은, 나쁜 상대(相對)인 경우(境遇)에도 그 악(惡)에 말려들어 불운(不運)하게 될 염려(念慮)가 있다.

그것에 기분파(氣分派)인 곳도 있으므로 구차스런 일이나 급(急)한 일은 적합(適合)하지 않다.

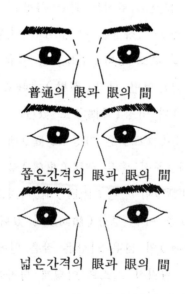

普通의 眼과 眼의 間

쫍은간격의 眼과 眼의 間

넓은간격의 眼과 眼의 間

눈과 눈의 간격(間隔)

* 안색 (眼色)도 관상 (觀相)의 한갓 초점 (焦點)

안색 (眼色)이라고 하지만은 서양인 (西洋人)은 회색 (灰色), 다색 (茶色), 청색 (青色), 남색등 (藍色等) 각양각색 (各樣各色)이다. 동양인 (東洋人)은 흑색 (黑色)이 가장 많으며, 중 (中)에는 다색 (茶色)인 사람도 있다.

다색 (茶色)인 눈의 여성 (女性)은 말괄량이 같은 성격 (性格) 행동 (行動)의 소지자 (所持者)로 흔히 장난꾸러기를 " 다목 " (茶目)이라 하는 것은 여기에서 온 것이다. 또 다색 (茶色)인 눈은 조안 (鳥眼)이라고도 하여 야맹증 (夜盲症)인 경향 (傾向)도 있다.

백안 (白眼)이 청미 (青味)를 띄고 있는 것은 여성 (女性)인 경우 (境遇) 그 용색 (容色)을 보다 좋게 돋보이게 한다. 아름다운 눈의 여성 (女性)이라고 불리워지는 것도 대체로 백안 (白眼)이 청미 (青味)가 띄어 있는 사람을 말한다.

그러나 성격적 (性格的)으로는 감정 (感情)이 과격 (過激)하여 신경질적 (神經質的)이기도 하다. 결혼하면 정신적 (精神的)으로나 경제적 (經濟的)으로나 의지 (意志)할 곳이 없어서 그러한지 그 청미 (青味)가 사라지는 여성 (女性)도 있다. 또 청미 (青味)를 띈 여성 (女性)은 생식기 (生殖器)가 충분 (充分)히 성숙 (成熟) 되어 있지 않아 때로는 분방 (奔放)하여 무절제 (無節制)하게 성교생활 (性交生活)에 빠지는 수도 있다.

백안 (白眼)이 순백 (純白)하여 토하는 숨쉬기에 기묘 (奇妙)한 냄새가 있는 사람은 호흡기 (呼吸器)에 이상 (異狀)이 있는 사람이다. 백안(白眼)으로 결핵(結核)에 걸린 사람은 성욕(性慾)이 몹시 강(强)해 그 억압(抑壓)이 정신적(精神的)으로 병(病)을 장기화(長期化)하는 수가 많다.

안두(眼頭)로 부터 안미(眼尾)까지에 걸쳐 적근(赤筋)이 나타나 있을때는 옛날에는 검난(劍難)의 상(相)의 조후(兆候)라 하였지만, 현대(現代)로는 교통사고(交通事故) 등(等) 불의의 재난(災難)이나, 신체(身體)에 결함(缺陷)이 생길 전조(前兆)이므로 불규칙(不規則)한 생활(生活)은 삼가야 한다. 붉은 줄은 위난(危難)이 사라지면 불가사의(不可思議)하게도 사라져 버리는 것이다.

*안(眼)에 의(依)한 연대순(年代順)으로 운명(運命)의 강약판정(强弱判定)

인상학(人相學)에서는 안두(眼頭)에서 상검(上瞼) — 안미(眼尾) — 하검(下瞼)이란 순(順)으로 일세(一歲)부터 육십세(六十歲)까지의 연대순(年代順)의 운명(運命)을 판단(判斷)한다.

판정(判定)할 즈음에 눈의 노육 { 怒肉(용궁=龍宮) }, 안 { 眼(백안부분=白眼部分) }, 동(瞳), 어미(魚尾)의 각각(各各)의 색(色), 윤택미(潤澤味), 빛나기 등(等)으로 그 사람의 운명(運命)을 판단(判斷)하지만은 이것은 숙련(熟練)된 관법(觀法)이 요구(要求)된다.

남성(男性)은 좌안(左眼), 여성(女性)은 우안(右眼)을 판단(判斷)의 기준(基準)으로 한다. 이로 인(因)해 유년기(幼年期)를 덕(德)을 입은 환경(環境)에서 성장(成長)하였나, 혹

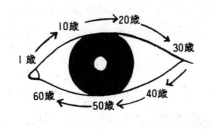

10歲 　20歲
1歲
30歲
60歲 　40歲
50歲

안(眼)에 의(依)한 연대운
(年代運)의 관법(觀法)

（或 ）은 불행（不幸）한 생활（
生活）을 보냈는가를 판단（判斷）
하여, 또 지금（至今）부터 앞으로
오십년대（五十年代）육십년대（
六十年代）에는 어떤 환경（環境）
에 있는가를 볼 수 있다.

비（鼻）의 관법（觀法）

비（鼻）는 얼굴의 중심（中心）에 있어서 가장 눈에 띄기 쉬운
부분（部分）이다. 눈이나 입이 아무리 잘 갖추어 있더라도 코 모
양 하나로서 인상（人相）은 뚜렷이 변（變）해지는 것이다.

「 크레오 파트라의 코가 조금만 낮았었다면 세계역사（世界歷史）
는 변（變）해졌을 것이다 」라는 유명（有名）한 말을 예（例)로 들
것 까지는 없더라도, 코는 미추（美醜）의 결정점（決定點)이 되는
중요（重要）한 요소（要素）라고 할 수 있다.

그리고 코는 좋은 얼굴에는 그럴듯한 코가 붙어있는 것으로서, 백
인백양（百人百樣）에 각각（各各）의 얼굴에 상응（相應）하여 되어
있는 것이다.

코는 인상상（人相上）「 재백궁 」（財帛宮）이라고 한다. 재（財
）는 문자（文字） 그대로 재산（財産）을 말하며, 백（帛）은 견（
絹）의 직물（織物）, 고가（高價）인 포（布）로 부터 변（變）하
여 보물（寶物）을 넣는 포대（布袋）를 의미（意味）한다. 즉（卽）

-141-

코는 그 사람의 금운(金運)을 보는 것과 동시(同時)에 생활능력(生活能力)이나 섹스능력(能力)을 판단(判斷)하는데 뺄 수 없는 부위(部位)이다.

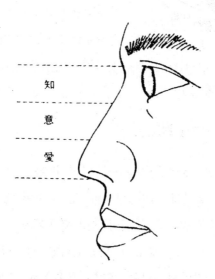

옆에서 본 비점(鼻點)

또 얼굴의 중심(中心)인 코는 인상학(人相學)에서도 인생(人生)의 중심(中心), 즉(卽) 중년(中年)을 판단(判斷)하는 부분(部分)이기도 하다. 코에 기미, 흉터가 없고 광택(光澤)이 좋은 것은 한창 시절(時節)에 행운(幸運)을 잡는 형(型)이다.

구조적(構造的)으로 말하면 코의 깊이는 3분의 1로 되어있는 것이 표준(標準)이다. 긴 코, 짧은 코는 이 길이가 기준(基準)으로 되어 있다.

길이와 횡폭(橫幅)의 비율(比率)은 4대(四代) 3의 비율(

比率)이 표준(標準)이므로, 예(例)컨데 길이 四에 대(對)해 횡폭(橫幅) 三·五라는 것으로 넓어진 코라는 인상(人相)을 주게 된다.

코의 형상(形狀)은 기후(氣候)나 풍토(風土)에 따라 좌우(左右)된다.

즉(卽), 한대지방(寒帶地方)에 거주(居住)하는 사람들의 코는 일반적(一般的)으로 비공(鼻孔)이 작으며, 그런데 코가 높은 것이 보통(普通)이다.

반대(反對)로 남방계인(南方系人)의 코는 구멍이 크며, 높이가 낮은 것이 특징(特徵)이다.

극한지대(極寒地帶)에 살고있는 에스키모나 비교적(比較的) 추운 지방(地方)인 카나다, 인디언의 코가 동양인(東洋人)처럼 낮

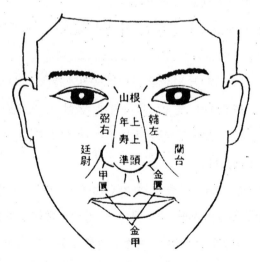

코 각부위(各部位)의 명칭(名稱)

-143-

은 것은 원래(元來) 그들의 조상(祖上)에 몽고계(蒙古系)의 인종(人種)이 있기 때문이다.

반대(反對)로 적도직하(赤道直下)에 있는 인도인(印度人)의 코가 높은 근원(根源)을 캔다면, 유럽계(系)의 인종(人種)이기 때문이다. 그러나 에스키모—이든, 인도인(印度人)이든 앞으로 오랜 세월(歲月) 동안에 기후(氣候)나 풍토(風土)가 어떠한 코의 형상(形狀)을 변(變)하게 하는가는 흥미있는 일이라 하겠다.

 *높은 이상(理想)을 나타내는 그리스 코

또렷하게 비근(鼻筋)이 지나고 있어 아름답게 직선적(直線的)인 모양의 코를 말한다.

이런 형의 코인 사람은 특(特)히 미적감각(美的感覺)이 좋아 그다지 저도(低度)가 낮은 것이나, 조폭(粗暴)한 것을 경멸(輕蔑)하며 높은 이상(理想)을 갖는다.

또 좋은 인생(人生)을 보내는 사람이 많으며, 특(特)히 미적(美的)인 재능(才能)을 갖추고 있으므로 예술방면(藝術方面)으로 성공하고 있는 사람이 많은 것이 특징(特徵)이다.

그러나 이상(理想)이 높고, 지나치게 꿈이 많으므로 자신(自身)의 뜻대로 되지 않으면 도탄(塗炭)에 파멸(破滅)해 버릴 취약성(脆弱性)도 있다.

이런 형(型)인 코의 사람은 사치(奢侈)스러워 기품(氣品)이 높으며, 남성(男性)이라면 처(妻)를 선택(選擇)하는데도 미인(美人)을 구(求)할 것이다. 여성(女性)은 그 뜻이 높아 혼기를 놓치기 일쑤이다.

또 여성(女性)이 얼굴 전체(全體)는 아름답지도 기품(氣品)도 없는데, 코만이 알맞는 균형(均衡)에 그리스 형(型)인 것은 무지(無知)하면서도 허영심(虛榮心)이 강(强)해 인간(人間)의 가치(價値)를 금전(金錢)이나 물질(物質)로 결정(決定)하려고 하는 우둔(愚鈍)한 생각을 지닌 사람이다.

*용감(勇敢)하여 공격형(攻擊型)인 로─마비(鼻)

그리스 코에 닮았으나 보다 비근(鼻筋)이 굵으며, 비상부(鼻上部)가 조금 각도(角度)가 있고 또 준두(準頭) 부분(部分)이 조금 두터워져 있는 코이다.

이런 코의 형(型)은 고대(古代)로─마인(人)에 의(依)해 대표(代表) 되었으며, 가장 남성적(男性的)인 코라 할 수 있다.

성격적(性格的)으로는 공격적(攻擊的)인 타입이 많으며, 별명(別名)은 "武人鼻"라고도 불리워 지고 있다.

용감(勇敢)하여 명예(名譽)를 중시(重視)하며, 위험(危險)에 직면(直面)하였어도 냉정성(冷情性)을 잃지 않는 강(强)한 의지(意志)를 갖춤과 함께 분석조사(分析調査)의 능력(能力)도 뛰어났다.

직업(職業)으로서는 정치가(政治家), 개척자(開拓者) 등(等)으로 나아가는 것이 좋을 것이다.

여성(女性)이 이런 코의 형(型)인 사람은 사업(事業)을 시작(始作)했을 경우(境遇)에, 성공(成功)을 의심(疑心)하지 않는다는 운명(運命)의 소지자(所持者)이다. 반면(反面)에 사람과의 협조성(協助性)이 결여(缺如)하여, 부운(夫運)을 비롯 가

정적(家庭的)으로 혜택(惠澤)을 입지 못하는 것도 이런 코의 소
지자들의 단점(短點)이라 할 수 있다.

　＊돈벌이 재능(才能)이 뛰어난 유태인(猶太人)의 코

　살 붙임이 좋은 코로서 준두(準頭)가 내려져 있으므로 정면(
正面)으로 부터는 비공(鼻孔)이 보이지 않는 코이다.

　유태인에 가장 많이 가지고 있기에 “유태인 코”라는 이름이 붙
었으나, 별명(別名)은 “갈퀴 코”, “독수리 코”라고도 한다.
돈벌이를 뛰어나게 잘하는 것이 특징(特徵)이다.

　거기에다 눈치가 빨라 상가(商街)에 예민(銳敏)하여 어떤 환
경(環境)의 변화(變化)에도 재빨리 순응(順應)하는 왕성(旺
盛)한 생활력(生活力)도 몸에 붙이고 있는 사람이다.

　상업(商業)이 가장 적합(適合)한 직업(職業)이라 하였으나,
지나치게 돈을 벌이겠다는 일념(一念)으로 금권주의(金權主義)

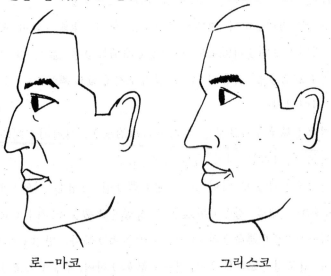

로－마코　　　　　그리스코

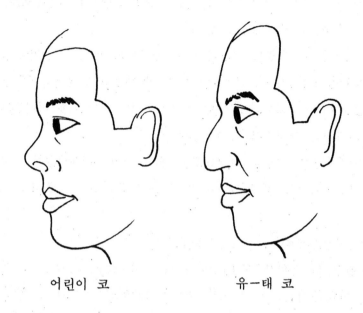

어린이 코   유―태 코

에 빠져버러 주위(周圍)로 부터의 비난(非難)을 받는 것을 피
(避)할 수는 없다.

　*유아성(幼兒性)이 강(强)한 어린이 코(鼻)

　준두(準頭)가 삐쭉 위를 향(向)하고 있는 형(型)의 코를 말
한다.

　비형(鼻型)은 성장(成長)해 감으로서 보다 길게 하향(下向)
으로 변(變)해가는 것이지만은, 이십세(二十歲)를 지났어도 아직
어린이 코의 형(型)인 사람은 정신면(精神面)이나 육체면(肉
體面)에서도 아직 어린이의 영역(領域)에서 벗어나지 못한 데가
있다.

　이런 형(型)인 사람은 언제까지나 유치(幼稚)하여 현실(現

實)에 굳세게 입각(立脚)하는 곳이 적으며, 따라서 지성(知性)이 부족(不足)한 면(面)도 있다.

사고방식(思考方式)도 마음이 들떠 있을때가 많으며, 그것이 원인(原因)이 되어 사상(思想)이 단순(單純)하여 용기(勇氣)나 인내(忍耐)를 잃어, 드디어는 자기(自己) 스스로를 비하(卑下)하여 버리는 경향(傾向)이 있다.

이런 형(型)인 사람은 그런대로 좋은 상담역(相談役)이나, 훌륭한 상사(上司)를 갖지 않으면 성공(成功)은 난망(難望)이다.

＊일의 귀신(鬼神), 사자비(獅子鼻)

금갑(金甲)의 상위부분(上位部分) 위에 육(肉)이 솟아오른 형(型)의 비(鼻)이다. 이런 코의 소지자(所持者)는 일견(一見)하여 야성적(野性的)이어서, 방약무인(傍若無人)이라는 감(感)으로 구애(拘碍)라는 것을 일체(一切) 받지 않는 사람이다.

거칠은 남자(男子)를 턱으로 혹사(酷死)하는 것처럼 거칠은 일에 적합(適合)하며, 일에 귀신(鬼神)같은 형(型)이 많지만은 반면(反面)에 가정(家庭)을 보지 않으므로 가정(家庭)은 평온(平穩)하다고는 할 수 없다.

금갑(金甲)의 색광(色光)으로 금운(金運)이나 건강(健康)을 판단(判斷)하지만은 색염(色艶)이 좋을 때는 그런대로 운(運)도 좋고 건강(健康)한 증거(證據)이다.

평소(平素)에는 그다지 눈에 띄지 않지만은 이 금갑(金甲)이 때로 하얗게 되어 있거나 갈색(褐色)이 끼어있을 때가 있다. 이럴때는 그 사람의 운(運)과 건강(健康)이 함께 쇠운(衰運)일 때이므로 충분(充分)히 사려(思慮)하여 사물(事物)에 임(臨)해야 할 것을 유념(留念)해야 한다.

여성(女性)이 금갑(金甲)에 적색(赤色)이 걸렸을 때는 권태기(倦怠期)라는 설(說)도 있다.

또 금갑(金甲)의 대소(大小)는 남성(男性)인 경우(境遇) "남성자신"(男性自身)도 크며, 성욕(性慾)도 왕성(旺盛)하지만은 기공적(技功的)으로는 거칠기만 하여 잔 재미는 없다는 것이다.

*사고력(思考力)이 결여(缺如)된 경단비(瓊團鼻)

남성(男性)인 경우(境遇)는 현실적(現實的)이어서 일도 알뜰하게 해 치우므로, 상사(上司)로부터 인정(認定)을 받아 생활(生活)에는 어려움을 겪지않는 형(型)인 여성(女性)의 남편(男

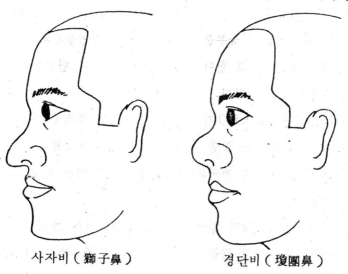

사자비(獅子鼻)   경단비(瓊團鼻)

단 비 (段 鼻)

便)은, 부인 (夫人)에게 양육 (養育)되는 편이 부부애 (夫婦愛)
는 원만 (圓滿)하게 되는 것 같다.

　*비주 (鼻柱)가 강 (强)한 것이 쓸모있는 단비 (段鼻)

　비근 (鼻筋)의 도중부분 (途中部分)을 " 연상 (年上) " 또는 "
수상 (壽上) "이라고 한다. 이 부분 (部分)이 단 (段)으로 되어
있는 형 (型)의 코이다.

　코의 중앙부 (中央部)가 솟아있는 것은 성격적 (性格的)으로 콧
대가 강 (强)하다는 것을 나타내고 있다. 의지 (意志)가 강 (强)
함과 동시 (同時)에 까다로운 점 (點)이 있어서 완고 (頑固)한일
면 (一面)도 있다.

　그 완고 (頑固)함이 일어나면 타인 (他人)의 개의 (介意)는 일
체 (一體) 생각하지 않는 이기주의 (利己主義)가 되어, 사람들에게

미움을 받아 항상（恒常） 고독（孤獨）한 입장（立場）에 놓이게 되는 것이다.

단비（段鼻）의 형（型）인 사람은 취미본위（趣味本位）라 할까 다재（多才）로서 다방면（多方面）에 많은 취미（趣味）를 가진 사람이 많지만 무엇이든 흥미（興味）를 가지며, 무엇에든 손을 내밀어 한번 마스터 하지만 그 단계（段階）가 오면, 곧 다음 방면(方面)에 관심（關心）을 옮겨 버린다.

그러나 더러는 세속（世俗）의 잡사（雜事）를 재빨리 처리（處理）하여 제법 세상（世上）살이를 잘하는 사람도 있다.

이런 코의 형（型）인 사람은 남성（男性）인 경우（境遇）「처（妻）를 극（克）함」이라 하여, 즉（即） 처(妻)를 타승（打勝)한다는 의미（意味）에서 바꾸어, 인상학（人相學）에서는 처（妻）와는 딱 들어맞지 않아 재혼（再婚）을 되풀이 하는 상（相）인 사람이다.

＊소비（小鼻）의 펼친 코는 생활력（生活力）의 확장（擴張）을 나타낸다.

소비（小鼻）를 인간학（人間學）에서는 금갑（金甲）이라 한다.

이것은 우（右）의 소비（小鼻）를 정위（廷尉）＝갑궤（甲匱）라 하며, 좌（左）의 소비（小鼻）를 난태（蘭台）＝금궤（金匱）라는 것에서 이 둘을 총칭（總稱）하여 갑궤（甲匱）, 금궤（金匱）의 머리 글자를 따서 금갑（金甲）이라 한다.

금갑（金甲）이 펼쳐져 있는 사람은 생활력（生活力）이 강（强）하며, 금운（金運）도 좋고 섹스능력（能力）도 왕성（旺成）한 형（型）이다.

대체 (大體)로 충실 (充實)한 일생 (一生)을 보내게 되는 사람이 많은 것 같으나, 중 (中)에도 스스로 고난 (苦難)의 길을 택 (擇)하여 부딪칠려는 사람은 그 노력 (努力)의 댓가 (代價)로 대성 (大成)한다.

사람의 코라는 것은 요즈음 유행 (流行)하는 성형미용 (成形美容)에 의 (依)한 융비술 (隆鼻術)은 별도 (別途)로 하고, 높이를 변경 (變更)하는 것은 좀처럼 쉬운 일은 아니다. 그러나 소비 (小鼻)를 크게는 할 수 있는 것이다. 여러분도 금갑 (金甲)을 풍성 (豊盛)하게 되도록 하는 것도 자신 (自身)의 운명 (運命)을 좋은 방향 (方向)으로 바꾸는 하나의 방법 (方法)이므로 노력 (努力) 해 보는 것도 헛수고 (手苦)는 아니라고 생각된다.

그러나 이런 소비형 (小鼻型)인 사람은 신경성병 (神經性病)에 주의 (注意)를 요 (要)한다.

* 견실 (堅實)한 일에 적합 (適合)한 소비 (小鼻)의 작은 코인 사람

남성 (男性)이 이런 코를 가진 사람은 낭비형 (浪費型)이다. 계획성 (計劃性)이 부족 (不足)하여 돈이 들어와도 바로 우 (右)에 좌 (左)로 써 버린다.

일에 있어서도 대사업 (大事業)을 뜻하기 보다, 손쉬운 목표 (目標)를 견실 (堅實)하게 하나하나 쌓아올려 가는 것이 적합 (適合)하다. 직업 (職業)으로서는 학교 (學校) 선생 (先生)님 처럼 매일 (每日) 노력 (努力)의 결정 (決定)이 교육 (敎育)이라는 사업 (事業)의 완성 (完成)이 된다는 경향 (傾向)이 좋을 것이다.

소비(小鼻)가 적은 사람은 섹스에는 비교적(比較的) 단백(淡白)한 사람이 많으며, 성질(性質)이 음성(陰性)으로 나타났을 때는 여성적(女性的)으로 질투(嫉妬)가 심(甚)하거나, 집념(執念)이 강(强)해 비뚤어 지기 쉬운 면(面)도 있다.

여성(女性)은 대체(大體)로 소비(小鼻)인 사람이 많다.

인상학(人相學)에서는 꼼꼼하게 일하여 한닢 두닢 차곡차곡 돈을 저축(貯蓄)하는 사람이 많은 것 같다. 특(特)히 소비(小鼻)가 작으며 더우기 비공(鼻孔)도 작은 사람은 이런 경향(傾向)이 강(强)하다 할 수 있다.

*산근(山根)이 들어간 것은 좋지 못한 상(相)

코의 착근(着根)을 산근(山根)이라고 하지만은 이 부위(部位)가 우뚝 들어간 사람의 상(相)은 좋지 못하다.

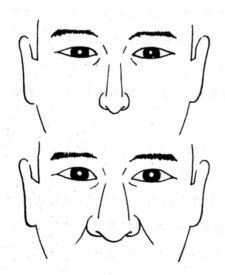

소비(小鼻)가 펼쳐지고 작은 코

모든 것이 자신(自身)의 뜻대로 되지 않는 것이 많다.

또 이 산근(山根)에 검은 사마귀가 있는 사람은 가정(家庭)을 파멸시킬 상(相)의 소지자(所持者)이다. 여성(女性)의 경우(境遇)는 자신(自身)이 파멸(破滅)하지 않더라도 부군(夫君)에 의(依)해 파멸(破滅) 당(當)하기도 한다.

＊악전고투(惡戰苦鬪)의 인생(人生)을 보낼 골장(骨張)한 鼻

이런 코인 사람은 이상(理想)이 지나치게 높기 때문에 현실(現實)과의 차(差)가 멀어 인생(人生)을 안타깝게 보내는 사람이다.

＊금전(金錢)의 출납(出納)이 많은 크게 상향(上向)한 鼻

이런 코의 소지자(所持者)는 금전(金錢)이 들어오는 반면(反面)에 탕수(湯水)처럼 써 버릴 형(型)이다. 일시적(一時的)으로 호운(好運)을 맞을 때도 있으나, 그 인생(人生)은 금전문제(金錢問題)를 비롯 끊임없이 분쟁(紛爭)의 연속(連續)이다.

＊금의환향(錦衣還鄕)을 장식(裝飾)할 준두(準頭)가 큰 사람

볼수록 준두(準頭)가 큰 사람은 출생(出生)한 고향(故鄕)을 떠나 대성(大成)할 상(相)이다.

또 준두(準頭)가 날카로운 사람은 지혜(智慧)는 있지만은 세상(世上)의 속사(俗事)에 견디지 못할 형(型)으로서, 비관적(非觀的)인 인생(人生)을 보내게 됨으로 성직자(聖職者) 등(等)이 적합(適合)할 것이다.

이 준두(準頭)가 우(右)로 굽어져 있는 사람은 여난(女難)의 상(相)을 지닌 사람이다. 반대로 우(右)로 굽은 것이 여성(女性)이면 남난(男難)의 상(相)을 나타내고 있다.

*수상(手上)으로 부터 인도(引導)받을 준두(準頭)가 할고(割刳)한 鼻

이 코는 미국(美國)의 닉슨 대통령(大統領)이 대표적(代表)인 형(型)이다. 무엇이든지 열심(熱心)으로 하지만은 지기 싫어 하는 것이 뜻밖의 커다란 과오(過誤)를 초래(招來)하는 일이 있다.

남성(男性)으로 이런 코인 사람은 여성(女性)에 호감(好感)을 주는 형(型)이다.

또 준두(準頭)가 할고(割刳)해져 있고 힐룩 힐룩 움직이는 사람은 수상(手上)으로부터 귀여움을 받거나, 인도(引導)를 받거나, 원조(援助)를 받게 됨으로 비교적(比較的) 좋은 인생(人生)을 보낸다.

*술로 실패(失敗)하는 준두(準頭)가 붉고 좁쌀 모양을 한 속립(粟粒)이 돋아난 鼻

이것은 별명(別名)으로 "석루비"(柘榴鼻) 혹(或)은 "누비"(榴鼻)라고 하며 일반적(一般的)으로 음주(飮酒)하는 사람에게 많다. 속(俗)으로 말하는 주소(酒燒)로 인(因)한 것과 그렇지 않는 것이 있다. 어느쪽이든지 이일취(二日醉)로, 중요(重要)한 약속(約束)을 지키지 못하였다는 것처럼 술로 실패(失敗)하기 쉬운 상(相)이다.

평소(平生)에는 말이 적지마는 알콜이 들어가면 따라서 웅변(雄辯)이 되는 형(型)으로서 한편으로는 여난(女難)의 상(相)이기도 하다.

건강면(健康面)으로는 주의(注意)를 게을리 하지 않는 한(限) 장수(長壽)하지만 만성화(慢性化)된 병(病)에 걸리기 쉬우며, 특(特)히 혈압관계(血壓關係)가 고장(故障)이 일어나기 쉬운 체질(體質)이다.

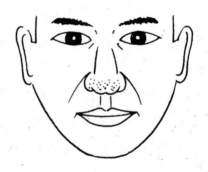

준두(準頭)가 할고(割刳)해져 있는 비(鼻)

＊사람에 고용(雇用)될 비공(鼻孔)이 옆으로 벌어진 비(鼻)

아무리 노력(努力)하여도 위치(位置)가 오른다는 것은 무리(無理)이니 남의 뒤를 따르는 형(型)이다.

성격적(性格的)으로 우유부단(優柔不斷)한 곳이 있어, 엄격(嚴格)한 현대(現代)를 적극적(積極的)으로 살아가는데는 실격(失格)이다.

＊비공(鼻孔)이 큰 것은 낭비가(浪費家), 작은 것은 구두쇠

큰 사람은 당연(當然)히 비식(鼻息)도 거칠어 인생(人生)을 강인(强引)하게 밀어부치는 형(型)이며, 돈쓰기도 거친 것이 특징(特徵)이다.

비공(鼻孔)이 적은 사람은 고혈(尻穴)이 적은 것과 같이 소심(小心)한 사람이 많으며, 지독한 구두쇠이다.

또 이런 상(相)인 사람은 귀인상(貴人相)이라고도 하여 보수적(保守的)이며, 숨소리 조차도 나지않게 주의(注意)깊은 사람이기도 하다.

＊금화(金貨)의 망자(亡者) 소비(小鼻)가 말려 오른 큰 코(鼻)

이런 코를 가진 사람은 돈에 추잡한 면(面)이 있어서 극단적(極端的)으로 말하면 금화(金貨)의 망자(亡者)이다.

박정(薄情)한 사람이다. 이런 사람에게 돈을 빌리면 최후(最後)이다. 몸에 입고 있는 것 까지를 벗기지 않으면 불행(不幸)하다. 돈을 빌려드리더라도 인상(人相)을 잘 보고 하라고 권(勸)하고 싶다.

＊좋은 친구를 가져야 할 비뚤어진 코(鼻)

조심해서 잘 보면 의외(意外)로 많이 있다. 코가 비뚤어진 사람은 자세(姿勢)가 나쁘며, 배골(背骨)도 굽어 있든가 여러가지 병(病)을 가진 사람이 많이 있나.

생활면(生活面)에도 혜택(惠澤)을 받지 못하는 수가 많으며, 그로서 세상(世上)을 원망(怨望)하게 되어 본의(本意) 아니게 범죄(犯罪)를 범(犯)하지 않고는 안될 형(型)이다. 그러므로 이런 상(相)인 사람은 항상(恒常) 좋은 선배(先輩)를 골라 도리(道理)를 벗어나지 않도록 해야 한다.

*야심(邪心)이 재화(災禍)가 되는 육박(肉薄)한 보필(輔弼)

비근(鼻筋)의 양측(兩側)을 보필(輔弼)이라고 하며(도표 참조), 좌보(左輔)인 부위(部位)는 부(夫)의 좌(左), 우(右)의 필(弼)의 부위(部位)는 처(妻)의 좌(左)로 표시(表示)하여 부부간(夫婦間)의 분쟁(紛爭)을 판단(判斷)하는 곳이다.

이 보필(輔弼)이 육박(肉薄)한 사람은 야심(邪心)을 가진 사람으로서, 생활고(生活苦)로 고민(苦憫)하여 재난(災難)을 만나는 상(相)이라 한다.

*건강(健康)에 인연(因緣)이 없는 비(鼻)의 주름살

여성(女性)인 경우(境遇), 성기(性器)등에 병(病)의 결함(缺陷)이 있는 사람이다. 또 그것이 원인(原因)이 되어 불임증(不姙症)이 되던가, 임신(姙娠) 하더라도 난산(難産)을 하다가 드디어 만성병(慢性病)에 걸릴 형(型)이다. 가령(假令) 어린이를 낳더라도 병약(病弱)한 어린이 일때가 많은 것도 이런 형(型)의 특징(特徵)이다.

평균(平均)으로 혼기(婚期)가 늦은 것도 특징(特徵)의 일종(一種)이다.

*고생(苦生)스런 인생(人生)을 보내는 코(鼻)의 가느다란 세로 주름살

세상(世上)에 고생(苦生)하기 위(爲)해 태어난 사람이다.

건강상(健康上)으로도 좋지 않으며, 특(特)히 소화기관(消化機管)도 약(弱)하고 눈에도 결함(缺陷)이 있게되며 체형(體型)은 야윈 형인 사람이다.

＊평생(平生)에 한번 큰 고난(苦難)을 당(當)하는 비상(鼻傷)

인상상(人相上)으로 코는 광택(光澤)이 좋고 험 자국이나 주름살이 없을수록 좋다.

그래서 코에 있는 흠자국은 일생(一生)을 좌우(左右)한다고는 할 수 없지만은, 평생(平生)에 한번 생명(生命)에 위험(危險)을 가져 올 부상(負傷) 또는 업무상(業務上)에 큰 고난(苦難) 및 부상(負傷)에 정도(程度)가 크다고 한다. 병(病)에도 외과적수술(外科的手術)을 요(要)하는 것은 주의(注意)를 요(要)한다.

건강(健康)에 좋지않는 코(鼻)에 있는 주름살

*무한(無限)히 산재(散財)하는 소비(小鼻)의 검은 사마귀

좌우(左右) 어느쪽의 소비(小鼻)에 검은 사마귀가 있든지,같지 만은 이런 형(型)인 사람은 산재(散財)의 사마귀라 하여,마치 지갑(紙甲)에 구멍이라도 뚫린 느낌이다.

들어와도 들어와도 돈이 끝없이 나가버리든가, 막대(莫大)한 유산(遺產)도 일대(一代)로서 없애버릴 상(相)이다. 이런 상(相)의 소유자(所有者)는 지갑(紙甲)과 함께 특별(特別)히 마음을 가다듬어 행동(行動)하지 않으면 안된다.

또 결혼(結婚)에 있어서도 반드시 알뜰한 상(相)을 한 상대(相對)를 선택(選擇)해야 한다.

그런데 이런 상(相)을 한 사람은 부부(夫婦)가 함께 산재(散財)해 버릴 형(型)이 많다 한다.

*적(敵)은 신변(身邊) 가까이에 있다. 연상(年上) 옆의 사마귀

비근(鼻筋)의 산근(山根) 밑부분(部分)을 연상(年上)이라 한다. (도참조) 이 옆에 사마귀가 있는 사람은 형제(兄弟)또는 근친중(近親中)에 분쟁(紛爭)이 계속(繼續)되어, 본인(本人)은 그 분쟁(紛爭)에 말려들어 산재(散財)하는 상(相)이다.

흔히 유산상속(遺產相續)으로 분쟁(紛爭)이 일어난다든지 하는 것은 이런 상(相)인 사람이 많다.

*생활난(生活難)을 막는 비모(鼻毛)

비모(鼻毛)가 있고 없는 것도 인상학상(人相學上)의 대상(對象)이 된다.

비모(鼻毛)는 어린이에도 있지만은 어른이 되어도 없는것은 생활곤궁(生活困窮)의 상(相)을 나타낸다.

親近者中 도둑이 많다.

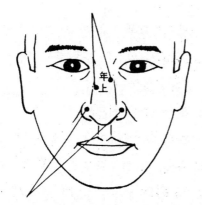

적은 사마귀는 散財하는 수가 많다

코(鼻)의 검은 사마귀

입(口)의 관법(觀法)

입은 서양(西洋)의 인상학(人相學)에서는 성격판단(性格判斷)을 주(主)로 하고 있으나, 동양(東洋)의 인상학(人相學)에서는 눈을 생활상(生活相)의 면(面)으로 받아들여 판단(判斷)하는데 비(比)해, 입은 활동면(活動面)을 중점적(重點的)으로 판단(判斷)한다.

따라서 입은 이지면(理知面)보다도 성욕(性慾), 정력(精力) 애정(愛情), 의지(意志), 식욕(食慾) 등(等)을 본다.

본능적(本能的)인 욕망(欲望)의 변동(變動)이 직접(直接)

나타나는 것이 입으로서, 예(例)를 들면 성욕(性慾)이 강(强)하게 되면 자연(自然) 입 주위(周圍)의 살 붙임이 좋아지며, 반면(反面)에 욕망(慾望)이 세련(洗練)되면 구형(口形)에 품격(品格)이 나타나는 것이다.

일반적(一般的)으로 입은 백지(白紙)를 물고 그것이 떨어지지 않을 정도(程度)로 꼭 죄임이 있고, 형(形)은 큼직하면서 광택(光澤)이 좋은 것을 길상(吉相)이라 한다.

＊사람을 매혹(魅惑)하는 힘을 가진 커다란 입

입의 크기는 좌우(左右) 눈의 동자(瞳子) 중심(中心)에서 수직(垂直)으로 선(線)을 그은 그 폭(幅)을 말한다. 입이 그 이상(以上)의 폭(幅)이면 큰 입이며, 그 이하(以下)이면 작은 입이다.

입이 큰 사람은 음성(音聲)도 큰 것이 보통(普通)이다. 음성(音聲)이 크다는 것은 위장(胃腸)이 튼튼한 증거(證據)이기도 하다.

따라서 식욕(食慾)도 왕성(旺盛)하며, 가정운(家庭運)이 좋다.

대구(大口)의 소지자(所持者)로서 입술 색(色)이 눈에 띄게 붉은 것은 상재(商才)에 뛰어난 사람이다. 이런 형(型)인 사람에 걸리면 상대업자(相對業者)나 손님은 마치 마법(魔法)에라도 사로잡힌 것처럼 끌려들게 된다. 여기에 덧붙여 눈이 큰 사람은 상재(商才)를 더욱 발휘(發揮)할 사람이다. 대여성관계(對女性關係)에는 자녀(子女)를 설득(說得)시키는데 천재적(天才的)인

면(面)도 있다.

정재계(政財界)에는 대구(大口)인 사람이 많으나, 그들은 꼭 죄어있는 입을 가졌으며, 이와같은 사람은 대담(大膽)하여 결단력(決斷力)이 풍부(豊富)하여 행동력(行動力)도 겸비(兼備)하고 있다.

여성(女性)으로 대구(大口)인 사람은 남성(男性)처럼 여걸(女傑)타입이지만, 가정(家庭)에 들어박혀 있지않고 사회로 진출(進出)해야 할 사람이다.

「부(夫)를 극(克)함」이라 하여 부운(夫運)이 좋지 못한 것도 입이 큰 여성(女性)의 특징(特徵)이다.

＊우아(優雅)하게 자기(自己)를 표현하는 소구(小口)

구형(口形)에도 따르지만 소구(小口)인 사람은 생명력(生命力)이나 능력(能力)이 열등(劣等)한 반면(反面), 우아(優雅)하여 미적(美的)감각(感覺)의 소지자(所持者)가 많은 것이 특징(特徵)이다.

이런 입인 사람은 어린 시절(時節) 생활환경(生活環境)이 좋았던 탓인지, 어른이 되어도 타력의존(他力依存)의 경향(傾向)에서 지구력(持久力)을 갖지 못할 성격(性格)을 형성(形成)하고 있다.

직업적(職業的)으로는 디자이너 또는 수예가(手藝家) 등(等)에 잘 보이는 타입으로서, 그런 사회(社會)에서 리ー더까지는 않되지만은 자신(自身)의 작품(作品)을 차곡차곡 만들어 나가는 실력(實力)을 가지고 있다. 따라서 자신(自身)의 능력(能力)

에 알맞는 일을 얻으면 비교적(比較的) 세상(世上)에서 인정(認定) 받는 일을 하는 사람이다.

소구(小口)인 사람은 잘 지껄이고 말이 많은 것 같으나, 이것은 입술의 우박(厚薄)에 따른 것이지 본질적(本格的)으로는 상관(相關) 없다.

여성(女性)으로 소구(小口)인 사람은 가정(家庭)에 있으면 집안일을 잘 지키며, 정결(貞潔)한 형(型)이지만 같은 소구(小口)라도 죄임이 지나친 사람은 질투(嫉妬)가 심한 경향(傾向)이다.

　＊공격형(攻擊型)인 ∧＝멍에(軛) 형(型)의 입

입의 양단(兩端)이 내려져 있는, 즉(卽) 멍에 모양(∧型)인 사람은 완고(頑固)하여 타협성(妥協性)이 부족(不足)하다.

사람이 우(右)라 하면 좌(左)라고 하는 반론(反論)을 하지 않으면 기(氣)가 풀리지 않는 성질(性質)일 뿐 아니라 일을 잘 하지만은 인간관계(人間關係)가 제대로 안되는 것이 많다.

그러나 신념(信念)이 굳어 사회(社會)에 나아가 적(敵)은 많더라도,그 능력(能力)의 우수성(優秀性)을 인정받는 수가 있다.

여성(女性)으로서 소구(小口)인 것은 귀여운 느낌의 얼굴인 사람이 많으나, 성격적(性格的)으로는 내향형(內向型)으로 가정(家庭)에 들어오면, 우치(愚疾)가 많으므로 부부(夫婦) 사이가 나빠질 경향(傾向)이 많다.

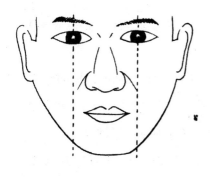 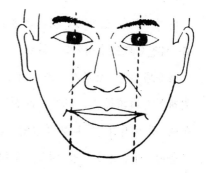

소구(小口)　　　　　　　대구(大口)

*성실(誠實)한 성격(性格)의 앙월구(仰月口)

초생달이 위로 향(向)한 형(型)으로서 입의 양단(兩端)이 극단(極端)으로 위로 올라 있고 입술은 엷은 편이다.

속(俗)으로, 괴담물(怪談物)에서 고양이와 인간(人間)으로 둔갑하여 나타났을 때 찢어진 것 같은 입이 그려져 있으나, 그러한 느낌을 주는 입이다.

보기에는 그다지 좋은 인상(人相)은 주지 않지만, 그 성실(誠實)한 성격(性格)과 일하는 솜씨 등(等)에서 윗사람으로 부터 인도(引導)하는 수가 많다.

다만 입술이 엷기 때문에 금전운(金錢運)이나, 애정운(愛情運)이 좋지 못한 경향(傾向)이 있나.

*빈천(貧賤)한 상(相)인 복월구(伏月口)

초생달을 하향(下向)으로 한 형(型)으로 인상학(人相學)으로는 빈천상(貧賤相), 즉(卽) 가난하고 천(賤)한 상(相)이라 한다.

이런 입의 소지자(所持者)는 신약(身弱)한 것이 운세(運勢)를 쇠진(衰盡)시키고 있다.

병(病)은 소화기(消火器) 계통(系統)이 많으며, 특(特)히 위궤양(胃潰瘍), 위암(胃癌)에는 충분(充分)히 주의(注意)하여 정기진단(定期診斷)을 받을 필요(必要)가 있다.

몸이 약(弱)하면 일도 제대로 되지 않으니 자연(自然), 생활고(生活苦)가 동반(同伴)한다.

복월구(伏月口)인 사람은 옛날에는 아사(餓死)의 상(相)이라고 하였다. 이것은 생활고(生活苦)에서의 아사(餓死)의 의미(意味)뿐이 아니고 음식(飮食)을 못할 병(病)이 걸려 죽어간다는 것을 의미(意味)하고 있다.

  * 고귀(高貴)와 매력(魅力)이 넘친 사자구(四字口)

입은 상하(上下)의 입술이 함께 끝 쪽으로 갈수록 엷어지는 것이 보통(普通)이지만은 사자구(四字口)는 입술이 두께나, 가운데나 끝이 똑같이 보여 입 전체(全體)가 사각(四角), 즉(卽) 장방형(長方形)으로 보이는 드문 입이다.

이것은 입의 양끝이 올라간 입보다는 훨씬 좋은 상(相)이라 한다.

부(富), 명예(名譽)가 모두 좋은 상(相)으로서 성격적(性格的)으로도 고귀(高貴)하여 속인(俗人)들을 여러번 경험(經驗)하여 익숙하여 졌으나, 이상(以上)하게도 그 사람의 매력(魅力)에 끌려 대중(大衆)이 주위(周圍)를 둘러싸게 되는 것이다.

그러나 자신(自身)이 간직하고 있는 고민(苦憫) 그대로 말을 하면 조직(組織), 혹(或)은 신자(信者)와 같은 대중(大衆)의 동요(動搖)를 주게 되는 것이다. 이로 인(因)해 모든 고민(苦憫)을 자신(自身)만이 짊어지지 않으면 안될 입장(立場)에 있다.

성직(聖職)에 있을 경우(境遇)는 최고위(最高位)에 있을 상(相)이다.

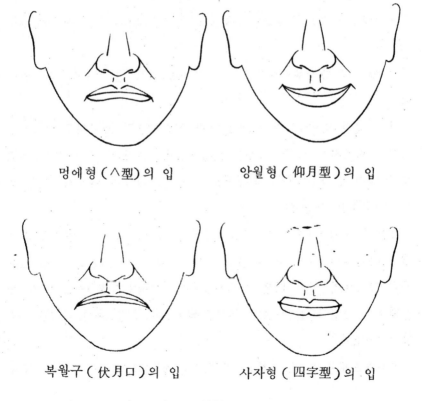

멍에형(∧型)의 입   앙월형(仰月型)의 입

복월구(伏月口)의 입   사자형(四字型)의 입

* 고독 (孤獨) 의 그림자가 얽힌 노치구 (露齒口)

보통 (普通) 닫고 있어도 치 (齒) 가 보이는 입이다. 출치 (出齒) 와는 다르지만은 보고 있으면 죄임이 없음을 느끼게 하여 고독 (孤獨) 의 그림자가 얽히는 사람이다.

인상학 (人相學) 에서도 고독운 (孤獨運) 이라 하여 부모형제 (父 母兄弟) 의 인연 (因緣) 이 엷을 뿐 아니라 서로 도와 갈 친구 조 차도 없으며, 가정 (家庭) 을 가졌어도 자녀 (子女) 들로 부터도 혜 택 (惠澤) 이 없고 부인 (夫人) 으로 부터도 성화를 당 (當) 할 일 이 많은 상 (相) 이다.

* 출세 (出世) 와 재화 (災禍) 가 동거 (同居) 하는 추진구 (樞唇 口)

위 입술의 중앙부 (中央部) 가 밑으로 밀어 낸 형 (型) 의 입이 다.

이런 입의 타입은 출세 (出世) 할 상 (相) 의 소지자 (所持者) 로서 가령 (假令), 좋지 못한 환경 (環境) 에서 태어나 역경 (逆境) 속에서 성장 (成長) 되었어도 사회 (社會) 에 나가서 부터는 출 세 (出世) 할 사람이다.

그러나 중앙부 (中央部) 의 밀어냄이 사마귀 같은 모양으로 되어 있는 사람은 「 입은 재 (災) 의 근원 (根源) 」이라는 상 (相) 으로 무슨 일에던지 말이 많은 형 (型) 이다. 고서 (古書) 에도 이런 상 (相) 인 사람이 입을 열면 타인 (他人) 의 흉을 보아 미움을 산 다고 하였다.

* 사람으로부터 바보 취급 (取扱) 을 당 (當) 하는 복주구 (覆舟

ㅁ)

문자(文字) 그대로 배가 뒤집힌 모양의 입이다. 이런 입을 한 사람은 금운(金運)이 좋지 못하다. 자녀운(子女運)도 나쁘며 때로는 만년(晩年)에 불우(不遇)하게 보내는 사람이 많다.

좋지 못한 환경(環境) 때문에 친족(親族)이나 타인(他人)에게 바보 취급(取扱)을 당(當)해, 그로 인(肉)해서 정신적(精神的)으로 영향(影響)을 받아 고경(苦境)을 점점(漸漸) 깊게만 하는 사람이다.

＊만사대길(萬事大吉)인 양단(兩端)이 올라간 입

앙월구(仰月口)와 혼동(混同)하기 쉬우나, 틀리는 것은 입술에 알맞는 뚜께가 있으며, 입술색(色)의 광택(光澤)도 아름다운 점(點)이다.

이런 입인 사람은 「구각(口角 : 입의 양단(兩端)을 말함) 천(天)에 조(朝)함 」이라고 고서(古書)에 있는 것처럼 이상적(理相的)인 입의 견본(見本)이다.

거기에다 입술 색(色)이 홍색(紅色)으로 빛나 있는 것은 부귀(富貴)의 상(相)이라 한다. 직업운(職業運)도 열려 금운(金運)도 좋아서 평생(平生) 생활(生活) 걱정을 맛본 일이 없는 사람이다.

여성(女性)인 경우(境遇)는 현모양서(賢母養妻) 형(型),그 위에 안(眼)과 비(鼻)의 상(相)이 좋을 때는 옥여(玉輿)를 탈 사람이다. 애정(愛情)도 풍부(豊富)하여 좋은 금전운(金錢運)도 가지고 있다.

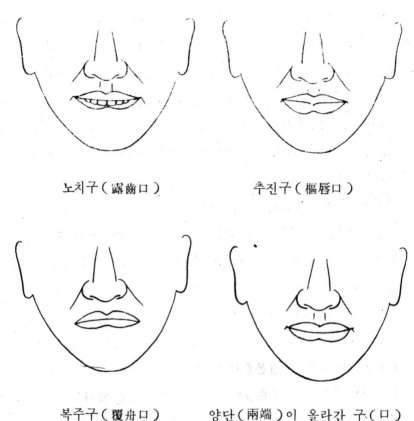

노치구 (露齒口)　　　　추진구 (樞唇口)

복주구 (覆舟口)　　　양단 (兩端)이 올라간 구 (口)

　*부부연 (夫婦緣)이 나쁜 수구 (受口)

하진 (下唇)이 앞으로 튀어나온 여성 (女性)인 경우 (境遇)는

옛부터 과부상 (寡婦相)이라 한다.

　그러나 여성 (女性) 눈이 아니고 남성 (男性)에게도 이런 경향

(傾向)이 있어서 부부연 (夫婦緣)이 나쁜 것이 특징 (特徵)이

다.

수구(受口)인 여성(女性)은 대부분(大部分)이 정렬적(情熱的)이며, 이외(以外)로 자기중심주의(自己中心主義)인 곳이 있다. 섹스 면(面)에는 무질서(無秩序)하며, 행동(行動)이 화려(華麗)하다.

가정(家庭)에 들어 왔어서도 가만히 집에서 지키기 보다는,밖에 나가서 직업(職業)을 갖는 편(便)이 좋을 것 같다.

물장사에 적격(適格)이며, 지금(至今) 유행중(流行中)인 동거시대(同居時代)에 저항(低抗)을 느끼지 않는 사람이다.

*기계(機械)의 톱니처럼 살아가는 들어간 하진(下唇)

이런 입인 사람은 소극적(消極的)이며, 개성(個性)이 없는 사람이다.

일반적(一般的)으로 학교(學校)나 회사(會社)에서도 타인(他人)의 의견(意見)에만 추종(追從)해 버린 상(相)으로,자신(自身)이 자주적(自主的)으로 결단(決斷)을 내리는 일은 없다.

직업적(職業的)으로 독립(獨立)하여 사업(事業)이나 상점(商店)을 경영(經營)하는 것 보다는 대회사(大會社)의 조직(組織) 속에서 일하는 편(便)이 적합(適合)하다.

건강(健康)도 일생(一生)을 통(通)해 큰 병(病)은 없으나 어쩐지 선병질(腺病質)의 타입이다.

*전체(全體)가 튀어나온 입(口)

튀어나온 입이라도 잘 다문 느낌의 튀어나온 입과 벌어진 것과는 그 사람의 운(運)은 크게 다르다.

전자(前者)는 행동력(行動力)과 신념(信念)이 있는 사람으로서 무엇이든 철저(徹底)하게 수행(遂行)하는 타입이지만은, 후자(後者)의 벌어진 느낌인 것은 지적(智的) 능력(能力)이 얕아 고집(固執)이 강(强)하다.

　*보기 흉(凶)한 조금 벌어진 입

　벌리고 있는 입은 어쨌든 쥐임이 없어 지능(知能)도 얕게 보인다. 벌림이 적더라도 마찬가지이다.

　남성(男性)으로서 조금 벌리고 있는 것은 조금 드문 일이지만은 계획성(計劃性)이 빈약(貧弱)하기 때문에 정력(精力)의 낭비(浪費)가 있다.

　육친(肉親) 또는 편친(片親)과의 인연(姻緣)이 박(薄)한 상(相)이다.

　입을 벌리더라도 작은 입으로 양단(兩端)이 쥐여 있는 사람은 사물(事物)에 대응(對應)하는 태도(態度)가 좋아 일의 처리능력(處理能力)도 좋으나, 조금 재잘거리는 것이 결점(缺點)이다.

　*전형적(典型的)인 상식인(常識人), 상진(上唇) 밑이 직선(直線)인 입(口)

　일견(一見), 의지(意志)가 강(强)한 느낌이지 만은 지극(至極)히 상식적(常識的)이며, 온후(溫厚)한 사람이다.

　타인(他人)과의 다툼은 피(避)하며, 성격(性格)의 담백성(淡白性)에서 청빈(淸貧)함을 감수(甘受)하는 타입이다.

　요(要)는 야망(野望)이나 욕심(慾心)을 갖지 않고, 자신(自身)만이 고고(孤高)하게 있는 사람이다. 사람을 지도(指導)할 입장(立場)에 서면 진심(眞心)으로 남의 행복(幸福)을 원

（願）할 사람이지만, 이런 형（型）인 사람은 의외（意外）로 가정
（家庭）을 돌볼 여가（餘假）가 없다.

　*진실일로（眞實一路）, 상진（上脣） 밑의 선（線）이 궁（弓）처
럼 생긴 입（口）

　의식（意識）이 과잉（過剩）한 사람으로서 그다지 뒤돌아 보지
않는 사람이다. 그만큼 맹적（盲的）이 있어 뜻밖의 일로 실패（失
敗）하는 수가 있다.

　정면（正面）으로 부터의 공격（攻擊）에는 강（强）하여 꿈적도
하지 않지만, 중국식（中國式） 기습（奇襲）에는 약（弱）한 점（點
）이 있다.

　아름다운 것에 끌리는 특성（特性）이 있으며, 개성적（個性的）
이므로 직업（職業）으로서는 화가（畵家）, 디자이너 등（等）이
이 사람을 신장（伸長） 시킨다.

　*하진（下脣） 밑이 산형（山型）인 입（口）

　산형（山型）이 예각（銳角）한 만큼 신경질（神經質）의 정도（
程度）가 강（强）하다고 판단（判斷）한다.

　남성（男性）으로 이런 형（型）의 입인 사람은 여성적（女性的）
인 요소（要素）가 강（强）하며, 무슨 일이든지 정확（正確）하게
정비（整備）되어 있지 않으면 마음이 놓이지 않지만은 한걸음 더
나아가는 인내성（忍耐性）이 부족（不足）하다.

　지나치게 결벽（潔癖）하여 상대（相對）와의 직촉（直觸）이 제
대로 안되는 수가 많지만은, 이것을 극복（克服）하면 이 사람의 운
（運）은 크게 열린다.

어찌되었든 인간관계 (人間關係)에 유의 (留意)해야 한다.

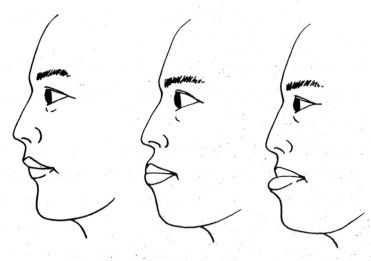

들어간 구(口)   전체가 나온 구(口)   수구 (受口)

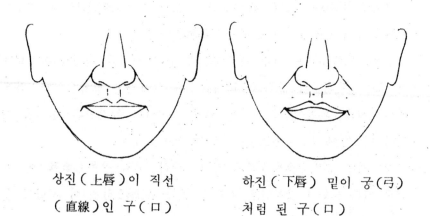

상진 (上唇)이 직선   하진 (下唇) 밑이 궁(弓)
(直線)인 구(口)   처럼 된 구(口)

＊하진（下唇） 밑이 직선（直線）인 구（口）

보기에 균형（均衡）이 잡히지 않는 변형（變形）인 입같이 보인다.

하진（下唇）의 밑이 직선（直線）인 것은 고집（固執）을 피우며 살아가는 곳이 있으며, 도（度）가 지나치면 코를 당기게 된다.

이런 입으로 입술이 적흑（赤黑）한 것은 호색가（好色家）에 많다.

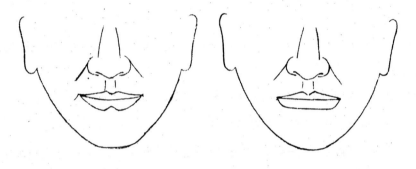

하진（下唇） 밑이 산형　　　　하진（下唇） 밑이 직선
（山型）인 구（口）　　　　　（直線）인 구（口）

＊모든 것에 민감（敏感）한 상진（上唇）의 두터운 입（口）

입술은 인상학（人相學）에서 애정（愛情）의 척도（尺度）로 판단（判斷）한다.

입술의 두텁고 엷음에 따라 애정（愛情）의 깊이를 측량（測量）하지만은, 그때 상진（上唇）은 상대（相對）에게 주는 애정（愛情）을 나타낸다.

입술이 두터운 사람은 남녀불문(男女不問)하고 애정(愛情)이 미세(微細)하며, 성욕(性慾)도 비교적 강(强)한 사람이다.

상진(上唇)이 두터운 사람은 미각(味覺)이 매우 민감(敏感)한 사람으로서, 일류(一流) 요리사(料理士)나 주방조리사(廚房調理師)는 모두 상진(上唇)이 두터우며 턱이나, 볼의 살 붙임이 좋은 사람이 많다.

여성(女性)이 상진이 두터운 사람은 남녀(男女)를 좋아 하든가, 또는 남자(男子)에 약(弱)한 사람이지만 부운(夫運)은 좋지 못하다.

＊자기본위(自己本位)가 미움을 사는 하진(下唇)이 두터운 입(口)

하진(下唇)은 인상학(人相學)에서는 자기본위(自己本位)인 애정(愛情)을 판단(判斷)한다.

하진(下唇)이 두터운 사람은 개성적(個性的) 이지만은, 나쁘게 하면 지나치게 이기주의적(利己主義的)인 경향(傾向)이 있다.

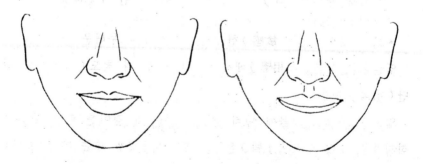

하진(下唇)이 두터운 구(口)　　상진(上唇)이 두터운 구(口)

모든 사물(事物)을 자기본위(自己本位)로 생각하고 사람을 억누름으로 주위(周圍)에서 미움을 받지 만은 자신(自身)은 그것을 느끼지 못하는 무신경(無神經)인 점(點)도 있다.

협조성(協調性)이 결여(缺如)되어 있으므로 공동경영(共同經營) 따위는 절대 피(避)해야 한다.

＊재화(災禍)를 초래(招來)할 비뚤어진 구(口)

불평불만(不平不滿)의 구(口)이다.

언제나 불만(不滿)이 끊어지지 않는 사람으로 타인(他人)의 말을 진실(眞實)로 받아들이지 않고 비꼬거나 독설(毒舌)을 좋아한다.

또 힘도 없으면서 자신(自身)을 돋보이게 할려고 하며, 타인(他人)의 일을 함부로 간섭(干涉)하려 하여 인간관계(人間關係)를 손상(損傷)시킨다.

이런 사람이 상사(上司)로 있으면 부하(部下)는 불운(不運)하다. 언제나 고생(苦生)이 끊어지지 않으며, 또 응보(應報)도 적은 것이다.

부부연(夫婦緣)도 나쁘지 만은 여성(女性)인 경우(境運)는 도리어 내조(內助)의 공(功)이 두터워 양처(良妻)형(型)인 사람이 많은 것이 특징(特徵)이다.

＊상진(上唇)과 하진(下唇)이 좌우(左右)로 어긋난 구(口)

이런 입의 상(相)인 사람은 진실미(眞實味)가 없다. 말가운데 부정(不正)이나 거짓이 있으므로 타인(他人)의 신용(信用)이 엷으며, 세상(世上)에서 받아 들이는 곳이 적다.

그러면서도 단기(短氣)이며, 간섭(干涉) 쟁이므로 고립(孤立)되어버려 더 많은 악순환(惡循環)을 되풀이 하게 된다.

여성(女性)인 경우(境遇)는 애정문제(愛情問題)로 삼각관계(三角關係)에 빠지게 될 타입이다.

*사교계(社交界)의 고독(孤獨)한 멋쟁이, 주름이 있는 구(口)

상하(上下) 입술에 세로 주름이 눈에 띄는 입이 있다. 이런 입의 사람은 사교성(社交性)이 풍부(豊富)하여 우인(友人)이나 지인(知人)은 사라져 버린다.

진심(眞心)에서의 친구를 가질 수 없는 사람이다. 또 자손(子孫)을 계승(繼承)시킬 수 없는 상(相)이기도 하다.

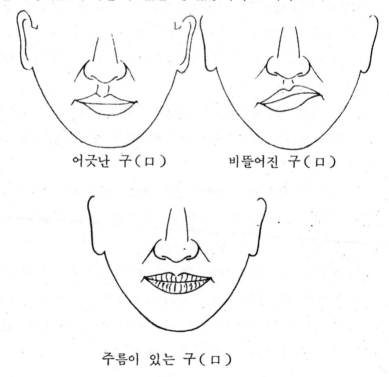

어긋난 구(口)   비뚤어진 구(口)

주름이 있는 구(口)

*인생(人生)에도 상처(傷處)입는 입술의 흉터

입술에 흉터가 있는 사람은 애정(愛情)에 파탄(破綻)을 일어
킨다

금운(金運)에도 문제(問題)가 있으며, 눈에 띄는 흉터 만큼
금운(金運)은 마이너스운(運)이 되어 일생(一生)을 빈곤(貧
困)에서 벗어 날수 없게 된다.

또 흉터가 상진(上唇) 중앙부(中央部)에 있는 것은 만년(晚
年)이 되어 자녀운(子女運)이 엷어, 자신(自身)이 버리는 것이
아니고 자녀(子女)로부터 버림을 받는다.

"삼구"(三口)라 하여 태어 나면서부터 흉터가 있는 사람도 같
은 형(型)으로 본다.

*붉은 입술은 부귀(富貴)의 상(相), 탁(濁)한 색(色)은
건강(健康)에 주의(注意)

입술의 색(色)은 사람에 따라 천차만별(千差萬別)이다. 자색
(紫色)으로 탁(濁)한 느낌을 주는 입술은 장기요양(長期療養
)을 필요(必要)로 악질병(惡質病)을 가진 사람이다. 자녀운(
子女運)은 없다.

보통(普通) 붉은 입술은 의식(依食)의 혜택(惠擇)을 입어
생(生)에 어려움은 없다.

같은 붉은 입술이라도 비치는 염(艶)이 있는 사람은 부귀상(
(富貴相)의 소유자(所有者)이다.

또 이상(異常)하게 빨간 사람은 호흡기(呼吸器)의 병(病)
에 걸리기 쉬우며, 섹스도 매우 격심(激甚)한 사람이다.

중년(中年)이 되어 이상(異常)하게 적미(赤味)를 띄고 있

는 사람은 가정에 파란(波亂)이 일어날 징후(徵候)이다. 원인 (原因)은 애정문제(愛情問題)의 뒤얽힘이 많은 것이 특징(特徵)이다.

　*운(運)의 정체(停滯)를 나타내는 진(唇)의 사마귀

　상하(上下) 그 위치(位置)를 불문(不問)하고 입술(口唇)에 사마귀가 있는 사람은 모든 운(運)이 정체(停滯)하여 금운 (金運)은 특(特)히 좋지 못하다. 이런 상(相)인 사람은 꼬박꼬박 저축(貯蓄)하여 후일(後日)을 대비(對備)할 필요(必要)가 있다.

　입술이 두텁고 거기에 사마귀가 있는 사람은 섹스의 욕구(慾求)가 격강(激强)하며, 엷은 입술에 사마귀가 있는 사람은 다변(多弁)인 상(相)이니 입으로 부터의 재화(災禍)를 자초(自招)할 사람이다.

　또 구각(口角)에 사마귀가 있는 것은 부하(部下) 또는 연하(年下)인 사람에 고생(苦生)을 당(當)할 사람이다.

　*상진(上唇), 하진(下唇)의 비교(比較)

　상진(上唇)이 하진(下唇)보다 긴 사람은 부친(父親)과의 관계(關係)가 좋지 못할 상(相)이다.

　반대(反對)로 하진(下唇)이 상진(上唇)보다 긴 사람은 모친(母親)과의 관계(關係)가 좋지 못해 의모(義母)를 가질 상(相)이다.

　상진(上唇)과 하진(下唇)의 균형(均衡)이 잡힌 사람은 성실(誠實)한 사람임을 나타낸다.

귀 (耳) 의 관법 (觀法)

귀는 안상학 (人相學) 에서는 금운 (金運) 과 지력 (知力) 과 체조 (體調) 를 판단 (判斷) 하는 곳이다. 금운 (金運) 으로는 재력 (財力) 그릇으로 비유하여 귀 (耳) 가 풍성 (豊盛) 하게 보이면 재운 (財運) 이 좋으며 빈약 (貧弱) 하면, 그만큼 재보운 (財寶運) 이 적다는 것을 표시 (表示) 한다.

지력 (知力) 에 있어서도 같으며, 체조면 (體調面) 으로는 이 (耳) 와 신계 (腎系) 즉 (卽) 신장 (腎臟) 과 그의 연락 (連落) 되는 부분 (部分), 또 생식기 (生殖器) 및 정력 (精力) 을 콘트롤 하는 부신 (副腎) 등 (等) 과 밀접 (密接) 한 관계 (關係) 가 있다고 할수 있다.

또 귀는 유년시대 (幼年時代) 를 보는 곳이라고도 하며, 일반적 (一般的) 으로 귀가 빈약 (貧弱) 한 어린이는 신체 (身體) 도 약 (弱) 하며 지적능력(知的能力)이 저열 (低劣) 한 것이 많을 수 있다. 이 (耳) 의 구조상 (構造上) 에서 상 (上), 중 (中), 하 (下) 의 삼부분 (三部分) 으로 분류 (分類) 하여 상 (上) 을 천륜 (天倫) 중 (中) 을 인륜 (人倫) 혹 (或) 은 천성 (天城), 하 (下) 를 지각 (地閣) 혹 (或) 은 천랑 (天郞) 지륜 (地倫) 이라 한다. 상 (上) 에서 부터 각각(各各) 화(和), 지(知), 정(情)을 판단(判斷)한다.

* 지우이 (地獄耳) 라 하는 정면 (正面) 에 잘보이는 귀

귀가 가로로 펼쳐져 있을 정도 (程度) 로 잘보이는 것은 당연 (當然) 하다. 이러한 귀로 천륜 (天倫) 이 조금 뾰족하게 된 사람은 소위(所謂), "지옥이 (地獄耳)" 를 가진 사람으로 회사 (會社) 내부(內部)

에 있어서는 신입사원(新入社員)의 가족구성(家族構成), 사내결혼(社內結婚), 거래처(去來處)의 경영내용(經營內容), 인사이동(人事異動) 등(等) 정보(情報)의 케치가 빠른 사람이다.

그만큼 정보(情報)도 많지 만은 그 때문에 사람에 따라서는 편리(便利)한것 같으나, 일방(一方)에서는 피해(破害)를 받아 언짢게 생각하는 사람이 있다는 것을 각오(覺悟)하지 않으면 안된다.

이런 귀의 소지자(所持者)는 언론계(言論界)나 정치가(政治家)에 적격(適格)이다. 일본(日本)의 전수상(前首相)인 D씨(氏)가 이 상(相)의 소지주(所持主)이다.

정면(正面)에서 잘 보이는 귀는 귀전체(全體)가 크며, 중(中)에서도 상이(象耳)처럼 넓은 사람은 음감(音感)이 예민(銳敏)하여 음(音)의 리듬. 멜로디 등(等)에 지적(知的)으로 취(取)해지는 것이 뛰어나고 있다.

＊지나치게 신중(愼重)한 정면(正面)에 보기 힘든 귀

정면(正面)에서 보기 힘들면서도 귀가 큰 사람은 동물적(動物的)인 감각(感覺)이 예민(銳敏)하여, 몸에 닥치는 위험(危險)을 재빨리 찰지(察知)하여 위난(危難)을 면(免)할수 있다.

작은 귀로 보이기 어려운 사람일 수록 지적(知的)인 능력(能力)이 발달(發達)하여 있다고 판단(判斷)한다.

거기에 신중성(愼重性)도 함께 지니고 있으므로 인생(人生)살이에 있어서 비틀거려 넘어지는 일은 없을 것이지만, 그 신중성(愼重性)이 마이너스가 되어 큰 일이 성공(成功)한다는 것은 기대(期待) 하기 어렵다.

*귀는 처져도 지위(地位)는 오른다.

귀는 천륜(天倫)이 좌우(左右) 눈을 직선(直線)으로 연결(連結)한 선(線)보다도 밑에 있다는 것을 말한다.

이런 귀의 소지자(所持者)는 고귀(高貴)한 상(相)이라 불리우며, 일반적(一般的)으로 인격(人格)이 상품(上品)인 사람이 많으며, 자신(自身)이 높은 지위(地位)에 오르려는 의식(意識) 없더라도 자연(自然)히 주위(周圍)에서 떠바쳐 높은 자리를 차지 하는 사람이다.

얼굴은 상하(上下)가 발달(發達)하므로 어린 시절(時節)에 귀가 눈보다 윗쪽에 있었던 사람이라도, 성장(成長)함에 따라 귀도 밑으로 내려와 동시(同時)에 사회적(社會的)인 지위가 올라가게 되는 것이다.

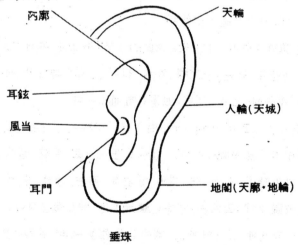

內廓　　　　　天輪

耳鉉

人輪(天城)

風当

耳門　　　　　地閣(天廓·地輪)

垂珠

귀(耳)의 각부(各部)의 명칭(名稱)

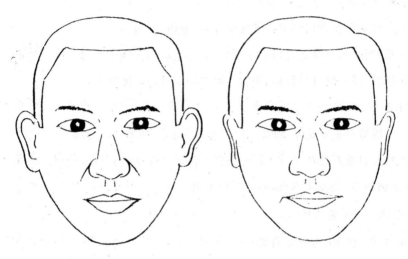

앞에서 잘 보이는 귀   앞에서 보기 힘든 귀

이런 상(相)인 사람은 외교관(外交官)과 같은 고도(高度)인 정치무대(政治舞台) 혹(或)은 사교성(社交性)을 지닌 직업(職業)에 적합(適合)하다.

*진실(眞實)하며 서민적(庶民的)인 눈보다 위에 있는 귀.

대체로 사람의 귀는 눈보다 위에 있다. 특(特)히 어린이 귀는 눈보다 윗쪽에 있는 것이 보통(普通)이다.

성인(成人)으로서 이런 상(相)인 사람은 실생활형(實生活型)으로 서민적(庶民的)이다. 상사(上司)로 부터 끌리는 상(相)이기도 하지만은, 귀가 눈 밑에 있는것 과는 달리 수석(首席)의 위치(位置)에 오르는 연분(緣分)은 박(薄)하다.

또 귀가 눈위에 있으면서도 좌우(左右) 귀의 위치(位置)가 균형(均衡)이 잡히지 않는 사람은 그 사람이 태중(胎中)에 있을때, 무언가 쇼크를 받은 것이 원인 (原因)이 된것이 많으며, 파란 (波亂)을 겪는 인생 (人生)을 보내게 된다.

그것을 인상학 (人相學) 상 (上)으로 말하면 「어버이를 극 (克)함」이라 하여 양친 (兩親)과 일찍 이별 (離別)할 상 (相)이다.

＊타인 (他人)의 말을 듣지 않는 뒤로 재친 귀

타인 (他人)이 무슨 말을 하든지 마이동풍 (馬耳東風)으로 흘려 듣는 사람으로 얼빠진 곳이 있다.

이런 상 (相)인 사람은 사람을 바보취급 (取扱)을 한다고 오해 받을 때와 청탁 (淸濁)을 함께 마신다는 대인 (大人)의 풍격 (風格)으로 받아 들여지는 양극단 (兩極端)이 있다.

＊귀병 (耳病)에 주의 (注意)할 앞으로 재쳐진 귀

그다지 많지 않는 예 (例)이지만 이런 귀의 사람은 고독 (孤獨)한 상 (相)을 표시 (表示)하고 있다.

타인 (他人)의 말을 받아 들이기를 어려워 하든가 이병 (耳病)에 걸리기 쉬운 사람이다.

＊사고력 (思考力)이 둔 (鈍)한 경 (硬)한 귀

귀가 단단하여 딱딱한 사람은 손도 역시 (亦是) 골장 (骨張)하여 마디도 딱딱하다.

몸은 튼튼하여 육체노동 (肉體勞動)에 많이 보이지만, 몸의 일부 (一部)에 결함 (缺陷)이 있는것이 많은것 같다 .

육체 (肉體)를 지나치게 사용 (使用)하는 사람은 자연 (自然)

사고적（思考的） 훈련（訓鍊）은 등한（等閑）하게 되므로 지적능력（知的能力）도 저조（低調）하다.

물론 남성（男性）은 여성보다도 경（硬）한것이 당연（當然）하지 만은 일가（一家）를 지탱하기 위해서는 어느 정도（程度） 경도（硬度）가 없어서는 안된다. 그러나 역경（逆境）이겠지 만은 여성（女性）으로 귀가 경（硬）한 사람은 대운（大運）이 좋지못하여 자신（自身）이 일가정（一家庭）의 대주（大柱）가 되는 일이 많다.

이상적（理想的）인 귀의 경도（硬度） 딱딱한 가운데도 탄력（彈力）이 있으면서도 부드러움을 잃지 않는 귀를 말한다.

여성（女性）의 경우（境遇）는 연한 핑크색（色）으로서 쫄깃쫄깃한 탄력성（彈力性）이 있는 경도（硬度）가 최고（最高）라 한다.

*소극적（消極的）인 유연（柔然）한 귀

손으로 접어보아 유연（柔然）한 귀인 사람은 소극적（消極的）타입이다. 그 뒤에 정면（正面）에서 보이기 어려운귀를 가진 사람이다. 비교적（比較的） 약기（弱氣）임으로 책임（責任）이 많은 일을 할려고 할때는 주위（周圍）에서 엄（嚴）하게 격려（激勵）하고 때에 따라서는 채찍질을 하지 않으면 수행（遂行）하지 못하는 사람이다.

그러나 섹스의 감도（感度）는 놀라울 정도（程度）로 좋으며, 특（特）히 여성（女性）으로 귀가 유연（柔然）한 사람은 귀에 조금 숨을 불어 넣은것 만으로도 오싹한 느낌을 갖는 형（型）이다.

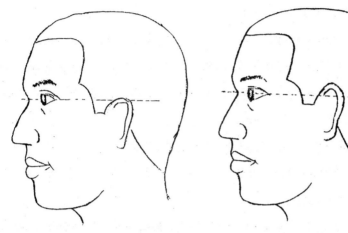

눈보다 밑에 있는 귀   눈보다 위에 있는 귀

＊귀가 크다는것은 리－더가 되는 조건 (條件)

귀 전체 (全體)가 큰 사람은 몸도 건강 (健康)하여 사람 위에 서는 통령운 (統領運)이 있으며, 회사 (會社)에 있어서는 사장 (社長), 노동조합 (勞動組合)에서는 위원장 (委員長) 등 (等)모 든 분야 (分野)에서 리 - 더 - 십을 잡을 사람이다.

귀가 큰사람은 금전 (金錢)에 구애 (拘碍)되어서는 안된다. 그 것 보다도 리 - 더인 자신 (自身)의 지위 (地位)를 천명 (天命) 이라 생각하고 회사 (會社)의 경영내용 (經營內容).을 향상 (向 上) 시키는 것이나, 노동조합 (勞動組合)에 있어서는 주합원 (組 合員)의 생활향상 (生活向上)을 생각하는 등 (等) 사리사욕 (私 利私慾)을 버린 편 (便)이 드디어는 자신 (自身)의 복운 (福運)이 되어 환원 (還元)된다.

＊호주머니가 두툼해 보이는 수주 (垂珠)가 큰 귀

수주(垂珠)가 볼록하게 큰 사람은 금운(金運), 재운(財運)에 혜택(惠澤)을 입는다.

흔히 복록수(福祿壽)의 상(像)의 수주(垂珠)는 얼굴의 반분(半分) 정도(程度)나 커서, 그야말로 복상(福相)을 하고 있는 것은 수주(垂珠)가 금운(金運)과 밀접(密接)한 관계(關係)에 있는가를 알수 있다.

특(特)히 수주육(垂珠肉)이 두텁고 앞으로 꼬부러져 있어서 그 위에 쌀낟알이라도 얹일것 같은 사람은 금운(金運)에 큰 혜택(惠澤)이 있다.

선대(先代) 대대(代代)로 유복(裕福)한 집 사람들이 이런 상(相)을 많이 볼수 있다.

또 무주(無珠)도 크고 귀 전체(全體)가 큰 사람은 결(決)코 금욕심(金慾心)이 많은 사람은 아니지만은, 자연(自然)히 개인재산(個人財産)이 넉넉하게 될 사람이다.

귀나 수주(垂珠)가 적은데도 부자(富者)가 있다. 이것은토지(土地)를 팔아서 횡재(橫財)를 보든가 도박(賭博)에서 뜻하지 않는 대금(大金)이 굴러 들어 오는 케-스이다. 그러나 분수(分數)에 맞지 않는 대금(大金)을 가졌기 때문에 돈의 사용방법(使用方法)을 몰라서 드디어 무일문(無一文)이 될 상(相)이다.

또 二대(代) 三대(代) 째의 경영자(經營者)로서 자신(自身)이 노력(努力)하지 아니하고 재산가(財産家)가 된 사람도 이런 형(型)이다.

예외(例外)로서 수주(垂珠)가 적으면서도 턱이 좋은 사람은 그것으로 충분(充分)히 커버가 되면, 사업(事業)을 발전(發展) 시킨다.

여성(女性)이 귀 전체(全體)가 희며 귓밥이 크고 광택(光澤)이 좋은 사람은 옥여(玉輿)를 탈 상(相)을 가진 사람으로, 일생(一生) 금전(金錢)에 어려움이 없으며 자녀운(子女運)에도 혜택(惠澤)을 입을 사람이다

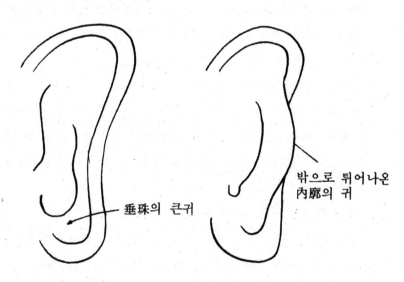

垂珠의 큰귀

밖으로 튀어나온
內廓의 귀

. 금운(金運)이 있는 귀   적극적(積極的)인 귀

*적극성(積極性)이 넘쳐 내곽(內廓)이 튀어 나온 귀

인륜(人輪)의 안쪽(도-圖 참조=參照)의 안쪽 즉, 내곽(內廓)이 밖으로 튀어 나온 사람의 귀는 적극적(積極的)이여서 겁을 먹지 않는 형(型)으로, 성격(性格)이 외향성(外向性)인 사람이 많은 것이 특징(特徵)이다.

직업(職業)으로서는 도서관(圖書館) 처럼, 들여박혀 하는 일은 부적(不適)하다. 사람이 모가 나서 외교관(外交官) 따위도 그다지 알맞지 않으며, PTA의 역원(役員) 등(等) 명예직(名譽職)같은 직함(職啣)을 가지고 언제나 뛰어 다니는일이 적합(適合)하다.

이런 귀를 가지고 있는 사람은 장남(長男)이나 장녀(長女)에 적으며, 차남(次男) 삼남(三男) 차녀(次女) 삼녀(三女)에게 많이 보인다. 일반적(一般的)으로 장남(長男)들에 보이는 듬쑥한 귀에 비(比)해 차남(次男) 삼남(三男)의 너굴너굴하게 떼를 쓰는 것을 보면 정말 그렇구나 라고 중얼거릴 것이다.

*젊은 사람의 장수(長壽)를 보는 바람 받이의 크기

큰 바람 받이는 이호(耳毫)가 같이 장수(長壽)를 나타내지 만은 이호(耳毫)는 어느 연령(年齡)에 달(達)하지 않으면 나오지 않는데 비(比)하여, 바람받이의 크고 작음은 젊은 연대(年代)라도 판단(判斷)할수 있다.

* 내공(大孔)에는 계획(計劃)이 쌓여있는 귀공(耳孔)의 大小

귀공(耳孔)이 큰 사람은 기지(機智)가 풍부(豊富)하여 언제나 웅대(雄大)한 계획(計劃)을 갖고 있는 사람이다.

엄지손가락이 들어 갈 정도(程度)로 큰것은 총명(總明)하고 장수(長壽)하며, 귀인상(貴人相)이 있다고 한다.

반대(反對)로 작아서 새끼 손가락도 들어가지 않는 사람은 단명(短命)이라고 한다. 이와같은 사람은 귀 전체(全體)가 작으면, 그야 말로 빈상(貧相)으로 보인다

*빈곤성(貧困性)을 나타내는 엷은 귀

이런 상(相)을 가진 사람으로서 만성병(慢性病)에 걸리기 쉬우며 평생(平生)동안 심통(心通)한 일이 그치지 않는다.

＊귀색(耳色)은 건강상태(健康狀態)의 척도(尺度)이다. 혈액순환(血液循環)이 좋은 사람은 이색(耳色)도 혈색(血色)이 좋으며, 홍색(紅色)이나 적색(赤色)을 띤 앵색(櫻色)을 하고 있다. 혈액순환(血液循環)의 좋음은 그대로 내장(內臟)이 건강(健康)함을 나타내고 있다.

일반적(一般的)으로 이색(耳色)에 따라 상(相)을 볼 경우(境遇)는 보통(普通) 귓밥이라고 하는 수주부분(垂珠部分)의 색(色)을 보는 것이 상식(常識)이다.

수면부족(垂眠不足)이 계속(繼續)되거나 과로기미(過勞氣味)가 있을때는, 수주부분(垂珠部分)에 염(艶)이 없어져 거무스럼하게 된다. 이것은 신계(腎系)의 피로(被勞)가 나타나 있다는 증거(證據)로 무엇보다도 휴양(休養)이 필요(必要)하다

귀 전체(全體)가 희꾸무레하게 되어 있을때는, 혈행(血行)이 나쁜 상태(狀態)이니 빈혈(貧血)의 염려(念慮)가 있다.

이러한 때는 손톱 뿌리에 있는 흰부분(部分)이 엄지와 인지(人指)에 많이 나타나 있을 것이다.

음주(飮酒)를 하여 수주(垂珠)만이 빨게 졌을때는 성욕(性慾)도 왕성(旺盛)하고 있다고 판단(判斷)한다. 음주(飮酒)를 하지 않았는데도 수주(垂珠)가 빨간 것은 섹스에 흥미(興味)가 깊은 사람이다.

＊귀현(耳鉉) 이외(以外)의 귀에 사마귀는 모두 좋다.

「귀에 있는 사마귀는 모두 복(福)이다」라고 고서(古書)에 기록(記錄)되어 있으나, 이것은 귀에 사마귀를 가진 사람은 자녀(子女)가 행복(幸福)을 가져다 준다는 의미(意味)이다.

그러나 귀현(耳鉉)에 있는 사마귀는 그다지 볼수 없다. 이것을 도심상(盜心相) 또는 화난상(火難相)이라 하고 있으며, 성적(性的)으로도 음란(淫亂)할 형(型)이다.

내곽(內廓)에 사마귀가 있는 (도참조=圖參照) 사람은 심후(心厚)한 상(相)을 지닌 사람이며, 인륜(人輪)에 있는 것은 사교명수(社交名手)를 나타내므로 많은 친우(親友)들의 혜택(惠澤)을 입을 사람이다.

수주(垂珠)의 사마귀는 실비(失費)가 많을 상(相)이다. 가령(假令), 귀형(耳形)이 좋고 수주상(垂珠相)이 좋은 사람이라도 그곳에 사마귀가 있으면 출비(出費)가 많아 고민(苦憫)하게 된다. 일면(一面) 지혜(智慧)가 있는 상(相)이므로 사람에 따라서는 그 출비(出費)의 고민(苦憫)도 그런대로 벗어 날수 있게 된다.

*귀호(耳毫)는 노인(老人)에 있어서 청춘(靑春)의 상징(象徵)이다.

귀공(耳孔)에서 바깥으로 나는 털을 귀호(耳毫)라 한다. 젊은 사람은 거의 눈에 띄지 않는다. 이 귀호(耳毫)가 있는 사람은 아무리 젊더라도 오십세(五十歲)가 넘어서야 보이게 되는 것이다. 귀호(耳毫)가 나온사람은 장수(長壽)를 표명(表明)한다고 한다.

더우기 현재(現在)는 평균수명(平均壽命)이 남녀(男女)가 모두 칠십세이상(七十歲以上) 임으로 누구든지 장수(長壽)의상(相)이라고 하겠으나, 귀호(耳毫)가 있는 사람은 당연(當然)히 장수(長壽)할 뿐 아니라 유복(裕福)함도 함께 하고 있으니, 아울러 그 자녀운(子女運)에도 혜택(惠澤)이 있는 형(型)이다.

귀호(耳毫)는 잘못해서 귓털을 상(傷)하는 일이 없도록주의(注意)해야 한다.

이마의 관법(觀法)

얼굴의 상정(上停)에 해당(該當)하는 부분(部分)이 이마이니 인상학(人相學)에서는 추리(推理), 기억(記憶), 직감(直感) 등(等) 정신적(精神的)인 능력(能力)이나, 수상(手上) 상사(上司)와의 관계(關係)를 판단(判斷)하는 곳이다.

이마는 연령(年令)이 몇살이 되더라도 그때 그때의 운(運),불운(不運)이 잘 나타 나는 곳이다.

흔히 어릴때 지어진 이마의 상처(傷處)가 성인(成人)이 되어도 흉터가 남겨져 있는 사람이 있으나, 이것은 그 사람의 운명(運命)도 상(傷)하게 한것과 같은 것이다. 그것은 이마의 중앙(中央)에 있는 것일수록 그 사람의 운명(運命)에 영향(影響)이 강(强)하며 특히 미간(眉間)위의 관록궁(官祿宮)에 있는 흠은 결정적(決定的)으로 운(運)을 나쁘게 한다.

이마에 요철(凹凸)이나, 검버섯이 있는 사람은 유년시대(幼年時代)에 여러가지 고생(苦生)을 한 상(相)으로 두고 두고 불운(不運)이 따르게 된다.

이마가 깨끗한 사람은 양친운(兩親運) 좋으며, 불행(不幸)하게도 친상(親喪)을 당(當)하게 되더라도 다액(多額)의 유산(遺產)을 물려 받게 될 상(相)이다. 건강상태(健康狀態)도 이곳에 잘 나타 난다. 상태(狀態)가 좋지 못할 때는 광택(光澤)이 없어 지며, 더우기 색(色)이 거무스레 하게 변(變)했을 때는 병(病)이 비교적(比較的) 악화(惡化)되어 있다고 보지 않으면 안된다. 건강(健康)뿐 아니라 일이나 공부에도 진전(進展)이 없으며, 금운(金運)도 기우는 때이다.

　*넓은 이마는 지성(知性)의 광장(廣場)

이마의 크기는 사람에 따라 각각(各各) 다르지 만은 일반적(一般的)으로 인지(人指) 중지(中指) 약지(藥指)의 삼개분(三箇分)의 넓이가 표준으로 되어 있으며, 이곳이 넓은 사람은 이지적(理智的)인 성격(性格)을 나타낸다.

이마의 형(形)크기는 부모(父母)의 유전(遺傳)에 의(依)해 비교적(比較的) 강(强)하게 결정(決定)되어 있다고 한다.

이마가 크고 넓은 여성(女性)은 속(俗)으로 후가상(後家相)이라 한다.

이지적(理智的)인 반면(反面), 이유(理由)스러운 점(點)이 있어서 부군(夫君)을 꼼짝 못하게 하므로 이혼(離婚)하더라도 자활(自活)해 갈 능력(能力)은 있는 사람이다.

　*한갖 분야(分野)의 전문가(傳門家)가 될수 있는 모난 이마 남녀(男女)에 많은 이마로서 이마의 머리털이 나는 짬이 네모

-194-

져 직선(直線)으로 된 형(形)으로, 각각(各各)의 실무(實務)에 정통(精通)한 전문가(傳門家)에 통합(統合)한 형(形)이다.

은행(銀行)이나 관공서(官公署) 등(等)에서 장기간 같은부서(部署)에 근무(勤務)하여 그 분야(分野)의 산 자전(字典)이라고 할수 있는 사람이 이런 이마의 지주(持主)가 많은것 같다.

이런 이마로 광택(光澤)이 좋은 사람은 가까운 장래(將來)에 영전(榮轉) 등(等)의 길보(吉報)가 있을 사람이다.

여성(女性)으로서 이런 이마인 사람은 드문 일이지만 인상학(人相學)에서는 후가상(後家相)이다. 이것은 반드시 후가(後家)가 된다는 뜻이 아니고, 아무리 부군(夫君)이 있다고 하더라도 마치 타인(他人)과 함께 기거(起居)하고 있는것과 같은 사람이 많다고 할수 있다.

여성(女性)인 경우(境遇)이 이마인 사람이라도 머리털을 앞으로 내리든가, 인위적(人爲的)으로 이마의 형(形)을 바꾸면 운명(運命)도 다시 변(變)해 진다.

또한 네모진 이마라도 그다지 넓지 않는 경우(境遇)는 후가상(後家相)이 반감(半減)되어 좋은 방향(方向)으로 전화(轉化)된다.

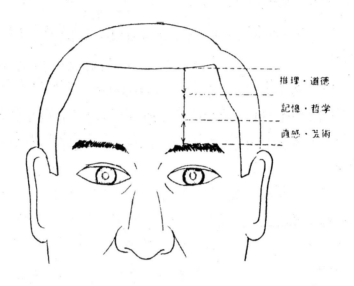

推理・道德

記憶・哲学

直感・芸術

이마의 분류(分類)

＊여성(女性)의 부사액(富士額)은 가정적(家庭的)

일본(日本)의 부사산(富士山)과 같은 형(形)의 이마이다.

이런 이마는 유전성(遺傳性)이 강(强)하므로 형제자매(兄弟姉妹)가 모두 이런 형(型)이라는 예(例)가 흔히 있다.

한 가운데에 조금 아래로 내려진 곳을 삼치(參差)라고 하여(도참조＝圖參照) 반역(反逆)의 상(相)을 나타내며, 이런 형(形)의 상(相)은 수상(手上)이나 상사(上司)에 반항(反抗)한다.

부사액(富士額)은 여성(女性)의 대표적(代表的)인 이마로서 가정적(家庭的)인 성격(性格)의 소유자(所有者)이다. 그러나 자기(自己) 주관(主觀)이 강(强)하여 반대(反對)로 남에게 배신(背信) 당(當)하는 수가 있다.

이 이마에는 양가(良家)집에 태어나는 사람이 많다고 한다. 그러나 양가(良家)라고 까지는 아니더라도 혜택(惠澤)이 있는 가정(家庭)에서 성장(成長)된 사람이다.

남성(男性)이 부사액(富士額)인 사람은 여성적(女性的)인 성격(性格)이 강(强)하여 나긋나긋하여 도령님형(型)이다.

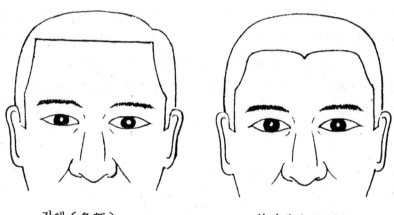

각액(角額)　　　　　　　　부사액(富士額)

* 예술가형(藝術家型)에 적합(適合)한 M자(字)형(型)의 이마

. 이마의 양쪽 끝이 조금 벗겨져 올라간 형(型)으로서 일차액(一差額)이라고도 한다. 창조력(創造力)이 풍부(豊富)하며 감각(感覺)이 예민(銳敏)한 타입이다.

남녀(男女)가 모두 섬세(纖細)한 감각(感覺)을 가지고 있으므로, 연극(演劇) 미술(美術) 음악(音樂), 문학등(文學等) 예술분야(藝術分野)에서 활약(活躍)하는 것이 적합(適合)

한 상(相)이다.

특(特)히 여성(女性)은 음악(音樂)에 뛰어 나며 음악가(音樂家)와 배우(俳優)에 많이 보인다.

＊금전(金錢) 사용(使用)이 능(能)한 둥근 이마

이마의 발모(髮毛)가 나는 짬이 귀쪽으로 거광(裾廣)하게 나 있는 이마이다.

경제관념(經濟觀念)이 발달(發達)하여 부지런히 일하는 상(相)이다. 특(特)히 여성(女性)인 경우(境遇)는 굳센 생활력(生活力)을 갖추어 부군(夫君)을 봉양(奉養)하며, 자신(自身)이 일하는 타입이 많으며 요정(料亭)의 여장(女將), 미용사(美容師) 등(等) 독립(獨立)하여 점포(店舖)를 경영(經營)하는데 적합(適合)하다.

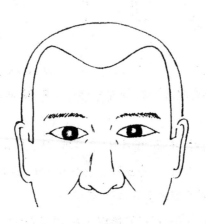

M자(字)이마

＊튀어난 이마에는 재지(才知)가 있다.

옆에서 보아서 튀어나 있는 것은 매우 감각(感覺)이 예민(銳敏)하며, 눈에서 코도 뚫는 것 같이 재빠르게 재지(才知)가 풍부(豊富)하며, 머리 회전(回轉)의 빠르기는 보통사람 이상(以上)인 점(點)이 있다. 무언가 실수(失手)를 하였더라도 곧 대응책(對應策)이 강구(講究)되는 사람이다.

일반적(一般的)으로 이마가 튀어 나온 사람은 풍만(豊滿)한 감(感)이 있는 타입이 많으며, 금운(金運)도 좋다.

이런 장구머리인 사람으로 얼굴전체(全體) 인상(印象)이 울상인 사람은 우둔(愚鈍)한 상(相)으로서 무슨 일이든지 남보다 한걸음 뒤지게 되는 것이다.

여성(女性)으로 결혼(結婚)하여 一, 二년(年)으로 이별(離別)하게 될 염려(念慮)가 있지 만은, 그것을 견디어 三, 四년(年)이 지나면 안정(安定)된 생활(生活)을 할수 있게 된다.

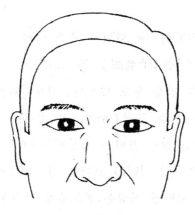

둥근이마

또 이 장구이마인 여성(女性)은 보기에는 지미(地味)인것 같지만, 불가사의(不可思義)하게도 매력(魅力)을 가진 사람으로서 친구(親舊)가 많은 타입이다. 그러나 장구이마가 지나치게 튀어나오면 바보 같은 상(相)이 되어나오며 바보 같은 상(相)이 되어 버린다.

  * 상부(上部)가 홀쪽한 이마

이마의 상부(上部)에 살이 빠진것은 지성(知性)이 결핍(缺乏)하여 도덕성(道德性)도 부족(不足)한 상(相)이다.

계획성(計劃性)도 없으며, 감정(感情)도 닥치는 대로 결과(結果)를 생각하지 않고 행동(行動)하는 타입인 사람이다.

이런 이마인 사람은 보통(普通) 무리(無理)를 하여 최고학부(最高學府)를 지향(指向)하기 보다는 일쩍 부터 실사회(實社會)로 뛰어 들어 세간(世間)의 파랑(波浪)에 단련(鍛鍊)하면서 인간(人間)의 도리(道理)를 배우는 편이 운(運)도 열리게 된다.

  * 지(知)보다 정(情)에 뛰어난 좁은 이마.

이마가 좁은 사람은 잠깐(暫間) 본 느낌으로 서는 조잡(組雜)한 인상(印象)을 받을 수도 있으나, 실제(實際)로는 비교((比較), 분석(分析)의 능력(能力)이 뛰어나 저명(著名)한 지식인(知識人)에도 많이 보이는 형(型)이다.

그러나 어느쪽이냐 하면 지(知) 보다는 정(情)이 뛰어나 있다고 할수 있다 좁은 이마인 사람은 본느낌에서 사물(事物)의 관찰(觀察)을 좁게 보며, 고독(孤獨)에 빠지기 쉽다고 한다. 그

러나 실(實)은 정(情)이 깊은 교제(交際)가 되는 상(相)이
다.

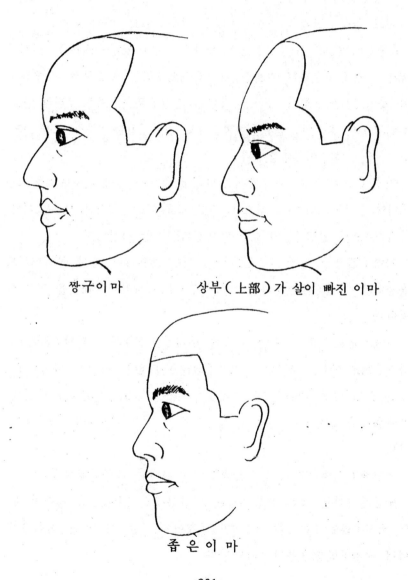

짱구이마　　　　　상부(上部)가 살이 빠진 이마

좁은 이 마

*인산관세(人間關係)가 새겨진 이마의 주름살

보통(普通) 주름살은 삼본(三本)에 있어서 부터 순서(順序)대로 천문(天紋) 인문(人紋) 지문(地紋)이라 한다.

천문(天紋)은 수상(手上), 상사(上司), 양친(兩親), 선생(先生) 등(等)과의 관계를 판단(判斷)하는 곳으로서 이 주름살이 분명(分明)하게 나타난 사람은 수상(手上)으로 부터의 인도(引導)가 좋으며, 양친(兩親)과도 화목(和睦)하게 보낼 수 있는 운(運)인 사람이다.

인문(人紋)은 자기자신(自己自身)의 운명(運命)을 보는 곳이다. 인문(人紋)이 깊으며, 직선(直線)으로 새겨진 사람은 자력(自力)으로 인생(人生)을 타개(打開)할 사람이다.

가령(假令), 천문(天紋)이나 지문(地紋)이 좋지 못하더라도 훌륭하게 독립(獨立)하여 살아갈수 있는 재각(才覺)을 갖출사람이다.

지문(地紋)은 자녀(子女)가 부하(部下)와의 관계(關係)를 판단(判斷)하는 곳이다. 지문(地紋)이 없는 사람은 자녀(子女)는 있지 만은 자녀운(子女運)이 없으며, 노후(老後)의 봉양(奉養)을 맡아주지 않든가 자녀(子女)들과 헤어지는 상(相)이다.

*인생(人生)의 고삽(苦澁)을 나타내는 난문(亂紋)

주름살이라는 것은 보통(普通) 삼십세(三十歲)를 넘어서 부터 서서(徐徐)히 깊이 새겨지는 것이지 만은 이 난문(亂紋)은 어린 시절(時節)부터 나타 난다.

-202-

정신적인 고생(苦生)이나 걱정이 끊이지 않는 사람에 보이며,
일반적(一般的)으로 병약(病弱)한 사람이 많은 것 같다.

환경(還境)에도 좋은 혜택(惠澤)을 갖지 못하고 전전(轉轉)
주거(住居)를 옮기는 수가 많으며 전직(轉職)하는 상(相)의
소유자(所有者)이기도 하다.

난문(亂紋)인 사람은 허리를 푹박아 무던하게 인생(人生)을 맞
잡을 필요(必要)가 있다.

  *길수록 좋은 이마 한가운데의 일본문(一本紋)

  길상(吉相)이 되는지 흉상(凶相)인지를 모르는 그에 상응(
相應)되게 노력(努力)하는 사람만이 길상(吉相)을 가지게 되
는 것이다.

  일본문(一本紋)인 사람은 통령운(統領運)이라 하여 사람 위

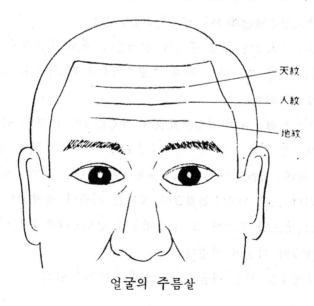

天紋
人紋
地紋

얼굴의 주름살

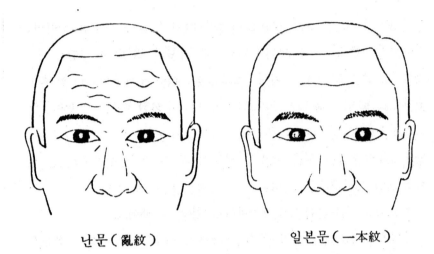

난문(亂紋)   일본문(一本紋)

에 서는 사람이다. 또 일본문(一本紋)이 짧은 사람은 형제운(兄弟運)이 나쁘며, 반대로 길면 길수록 그 사람의 운도 좋아 진다.

＊국도상(國盜相)인 왕자문(王字紋)

삼본(三本)의 가로 주름살 한가운데 세로 주름살이 한개 그이져 있는 것을 말한다. 마치 "王"자(字)모양으로 보이는 상(相)을 말 한다.

장수(長壽)와 부귀(富貴)의 상(相)이라 하며 위개인신(位階人身)을 정(定)하는 인상(人相)이다. 즉(卽) 일국(一國)을 지배(支配)하는 재상(宰相)이 된다는 의미(意味)이다.

그러나 그런 기량(器量)이 못되는 사람이 왕자문(王字紋)을 가지고 있으면 도리어 그 상(相)의 강도(強度)에 이기지 못해 운(運)이 기울어 버린다.

＊우물우물 하는 마음이 지렁이문(紋)이 된다.

지렁이 세마리가 가로로 펼쳐 있는 형(形)의 문(紋)을 말한다. 이런 주름살을 가진 사람은 근심스러운 성미(性味)를 가진 사람이 많으며, 하찮은 일에도 우물우물 하는 사람이다.

몸이 약(弱)할 뿐 아니라 무슨 일이든지 자기가 하고져 하는일을 수행(遂行)할 수 없다. 이것은 그 사람의 의지(意志)의 약(弱)함을 말 하는 것이다.

*침착성(沈着性)이 결여(缺如)된 안문(雁紋)

이 문(紋)을 가진 사람은 언제나 꿈을 꾸고 있는 일이 많으며 발이 힘차게 대지(大地)를 딛고 있지 않다.

연중(年中) 이곳 저곳을 꿈을 쫓으며, 살고 있다.

따라서 생활면(生活面)에 고생(苦生)하지 만은, 그것을 그다지 고생(苦生)으로 여기지 않는 것도 안문(雁紋)인 사람의 특징(特徵)이다.

*육감(六感)이 예민(銳敏)한 주름살

천문(天紋)과 지문(地紋)이 깊고 직선(直線)으로서 형(形)도 좋으며, 인문(人紋)만이 도중(途中)에서 끊어져 쌓여 있는 주름살이며, 그 위에 이마가 엷은 것은 육감(六感)이 예민(銳敏)한 사람이다.

이런 사람 중(中)에는 역점(易占)을 연구(硏究)하다가 영감(靈感)이 트이어 역점(易占)이 본직(本職)으로 되는 사람도 있다.

이런 상(相)인 사람으로 수상(手相)에서 말하는 직감선(直感線), 수장(手掌)에 종(從)으로 나타난 선(線)을 함께 가진 사람은 예지능력(予知能力)이나 정신감응(精神感應)도 활용(活

用) 소화(消化) 시킬수 있는 초능력(超能力)이 되는 상(相)이다.

*액색(額色)은 엷은 분홍이 길상(吉相)

이마의 사마귀를 판단(判斷)하는 것은 매우 어려운 일이지만 일반적(一般的)으로 나쁜 상(相)이 많은것 같다.

발제(髮際)의 한가운데 있는 사마귀는 반항(反抗)을 나타내는 상(相)이다. 또 완고(頑固)하여 조그마한 일이라도 근도(筋道)를 세우지 않으면 기(氣)가 풀리지 않으며, 어떤 타협(妥協)을 요구(要求) 받더라도 오케이 라고 할 사람은 아니다. 따라서 상사(上司)로 부터 미움을 받아 신뢰성(信賴性)이 엷어져 간다.

이마의 색(色)으로는 엷은 복숭아꽃 모양의 색깔이 길상(吉相)이며 박묵(薄墨)을 흘린것 같은 색(色)인 사람은 운명(運命)이 기울어져 갈 흉상(凶相)이다. 또 청(靑)은 병상(病相) 황(黃)은 희상(喜相)이라고 하지 만은, 황색(黃色)이 짙은 것은 병(病)에 걸려 있는 상(相)으로 도리어 좋지 못하다.

발제(髮際) 한가운데가 발갛게 되였을 때는 상사(上司)와 의견(意見)이 충돌(衝突)한 상(相)이다.

이마에 여드름이나 치출물(吹出物)이 생겼을 때는 뜻하지 않는 사고(事故)를 당(當) 할수가 있다. 길을 걷고 있는중(中)에 건물(健物) 위에서 무언가 떨어지든가, 하수구(下水溝)에 빠지든가, 길 모퉁이에서 갑자기 나타난 자동차(自動車)에 부딪혀 부상(負傷)을 당(當)하는 수가 있으니 주의(注意)를 요(要) 한다.

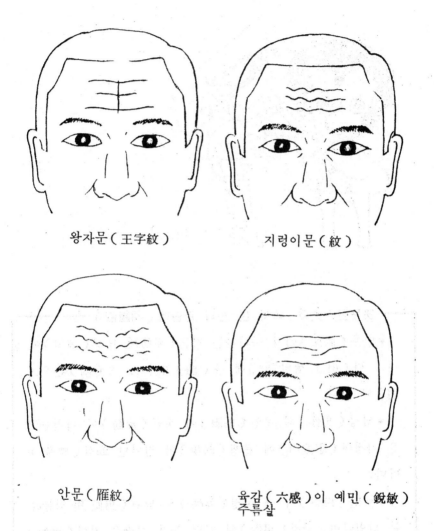

왕자문 (王字紋)　　　　지렁이문 (紋)

안문 (雁紋)　　　　육감 (六感) 이 예민 (銳敏)
　　　　　　　　　　주름살

이마의 사마귀

───── 옛문헌（文獻）에서 본 눈의 판단례（判斷例）─────

　＊안두（眼頭）에서 나타나는 적근（赤筋）은 흉상（凶相）이
다. 단（但）힘의 약함에 응（應）하여 그 흉（凶）은 약（
弱）해 진다.

　＊남성（男性）의 우안（右眼）에 적근（赤筋）이 비치는 것
은 가정내（家庭內）에 분쟁（紛爭）이 일어난 표식（標識）
이다.

　＊백안（白眼）이 큰 여성（女性）은 남편（男便）을 억눌리
는 타입이며, 남성（男性）의 이런 눈인 사람은 절대（絕對）
로 처（妻）에 억눌리지 않은 사람이다.

　＊눈 겉이 문드러져 있는 것은 부모（父母）인연（因緣）
이 넓은 사람이다.

＊우안（右眼）이 적은 남자（男子）는 처（妻）를 질책（叱責）하여 가정불화（家庭不和）가 그치지 않음을 나타낸다.

또 좌안（左眼）이 적은 여자（女子）는 남자（男子）에 무언가 잔소리를 하고 싶어 하는 타입이다.

＊남자（男子）가 우안（右眼）이 나쁠때는 처（妻）의 일이 원인（原因）이되어 어려움을 당（當）하며, 좌안（左眼）이 나쁠때는 자신（自身）이 원인（原因）으로 고경（苦境）에 서게 된다.

＊눈이 깜짝깜짝 하는 사람은 일생중（一生中）에 반드시 그 사람의 일생（一生）을 좌우（左右）할만한 어려움을 만난다.

＊눈과 눈썹 사이가 높게 보이는 사람은 남녀（男女）를 불구（不拘）하고 음란（淫亂）한 경향（傾向）에 있다.

＊눈이 튀어나온 사람은 일견（一見）성실（誠實）하고 정숙（貞淑）해 보이지만 본심（本心）은 좋지 못하다.

미 (眉)의 관법 (觀法)

미 (眉)는 인체학 (人體學)에서는 눈을 보호 (保護)하는 것으로서 눈과 직접불가분 (直接不可分)이라고 하고 있으나, 인상학 (人相學)에서는 눈은 별개 (別個)로 독립 (獨立)한 존재 (存在)로서 판단 (判斷)한다.

인상학 (人相學) 상 (上), 미 (眉)는 형제궁 (兄弟宮)이라 하여 형제자매 (兄弟姉妹)와의 인연 (姻緣)을 나타낸다고 한다.

일반적 (一般的)으로 미 (眉)가 짙은 사람은 육친 (肉親)과의 인연 (姻緣)이 깊으며, 여성 (女性)이 결혼 (結婚) 하였더라도 어딘가 부모형제 (父母兄弟)와의 접촉 (接觸)이 많은 사람이다. 남자 (男子)가 결혼 (結婚) 했을 경우 (境遇)에도 경제적 (經濟的)인 원조 (援助)를 포함 (包含)하여 형제간 (兄弟間)에 접촉 (接觸)이 깊은 것이다.

미 (眉)는 성격중 (性格中)에서도 그 사람의 능력 (能力), 의지 (意志), 지능 (知能)을 나타낸다고 하며 눈썹의 농도 (濃度) 형 (形), 색 (色), 무성도 (茂盛度)에 따라 판단 (判斷)한다.

「미수 (眉垂)」란 의심 (疑心)스러운 것을 말하는 것이지만 이것은 눈썹에 침을 발라 색광 (色光)을 잘 보이게 하는 것에서 온 말이다.

  *부모 (父母) 형제 (兄弟)와 인연 (姻緣)이 박 (薄)한 짧은
   미 (眉)

눈의 길이 보다 짧은 눈썹인 사람은 인상학 (人相學)에서는 고독 (孤獨)한 상 (相)의 소유주 (所有主)이다.

부모형제(父母兄弟)가 헤어져 살거나 육친(肉親)이 없거나 하는 상(相)이다.

자녀운(子女運)도 좋지 못하여 자녀(子女)가 있더라도 의지(依持)할수 없거나 일찍 부터 부모와 떨어져 가버리거나 한다.

성격(性格)은 격정형(激情型)으로 대인관계(對人關係)가 잘 이루어지지 못하는 편이 많은것 같다.

눈썹이 짧고 더구나 엷은 사람은 이성(異性)에 대(對)한 애정(愛情)이 짙다고들 말하고 있다. 이것은 가족연(家族緣)이 박(薄)한데 비(比)해 이성(異性)에 전가(轉嫁)되기 때문일 것이다.

짧은 눈썹인 사람이라도 성공자(成功者)가 있지만은, 그 사람은 자신(自身)의 환경(環境)이나 성격(性格)을 극복(克服)하여 반발(反撥)하는 강(强)한 의지(意志)가 어딘가의 상(相)에 나타나고 있다. 다시 말해서 예외(例外)의 사람이다.

*천성(天性)이 좋은 성격(性格)을 갖춘 긴 눈썹

일반적(一般的)으로 눈의 길이 보다 조금 긴 눈썹이 이상적(理想的)이라 한다. 지나치게 눈썹이 긴 사람은 성격(性格)이 온화(溫和)하고 우아(優雅)한 위에 애정(愛情)도 치밀(緻密)하여 친절(親切)한 상(相)을 가진 사람이다. 역시(亦是) 형제운(兄弟運)이 넓으며, 외동뱅이로 자라는 경우(境遇)가 많은것 같다.

여성(女性)으로 지나치게 긴 눈썹은 결혼(結婚)하였어도, 무언가 친가(親家)와의 왕래(往來)가 잦으며 그것이 원인(原因

)이 되어 모르는 사이에 남편(男便)과의 사이에 틈이 생기게
되는 것이다. 특(特)히 친가(親家)쪽이 시가(媤家)쪽 보다
재산(財産)이나 지위(地位)가 있으면 이런 경향(傾向)은 더
욱 강(强)하게 나타난다.

*눈썹이 짙은 사람

짙은 눈섭을 가진 사람은 그만큼 친족(親族)과의 인연(因緣)
이 깊은 사람이다. 가령(假令) 실자(實子)가 없더라도 형제
(兄弟)나 친족의 자녀(子女)를 양자(養子)로 하여 기르든가,
장남(長男)이 아닌데도 육친(肉親)을 맞아 노후봉양(老後奉
養)을 하는 입장(立場)에 서게된다.

운(運)도 강(强)하여 우두머리 성격(性格) 때문에 남의 밑
에서 하는 일은 적합(適合)하지 않다.

"상대(相對)"를 끌어들일 구변(口弁)도 능숙(能熟)한 면
(面)도 함께 가지고 있다.

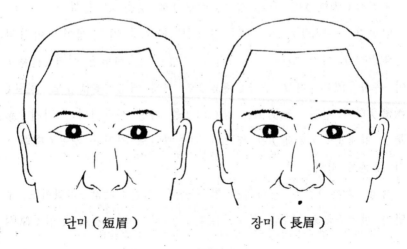

단미(短眉)   장미(長眉)

평범(平凡)한 월급생활자(月給生活者)가 꼭 알맞는 느낌의
타입으로 큰 욕심(慾心)이나 야심(野心)을 일으키면 실패(失
敗)하는 상(相)이다.

＊좋은 가정(家庭)에서 성장(成長)되는 초생달 눈썹

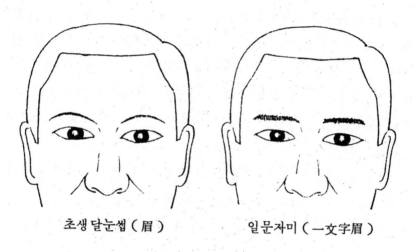

초생달눈썹(眉)　　　　　일문자미(一文字眉)

이 눈썹은 "아미(蛾眉)" "유미(柳眉)"라고도 한다.

유미(柳眉)인 경우(境遇)는 「유미(柳眉)를 곤두 세우다」
라고 하여 여성(女性)이 노(怒)했을 때의 것을 나타낸다.

일반적(一般的)으로 수복형(受福型)으로서 여성(女性)이면
부군(夫君), 혹(或)은 부모(父母)의 애정(愛情)에 쌓여 일
생(一生)을 보낼 타입이다.

어느것이든 남녀(男女)를 불문(不問)하고 이런 눈썹인 사람
은 좋은 가정(家庭)에서 자란 사람이다.

＊고집(固執) 부리기 쉬운 일문자미(一文字眉)인 사람

횡일문자(橫一文字)는 보기에도 직선적(直線的)이고 강력성

(强力性)을 느끼게 하는 눈썹이다.

전국시대(戰國時代)의 무장(武將)의 초상화(肖像畵)에 잘 보이는 형(型)이지만, 현재(現在)로서는 고집경영(固執經營)의 회사(會社) 사장(社長)에 흔히 보이는 눈썹이다.

성격(性格)도 주위(周圍)에 구애(拘碍)됨이 없이 독단(獨斷)으로 독주(獨走)하는 타입으로서 측면(側面)에서 보고 있으면, 과격(過激)한 인상(印象)을 주어 자신(自身) 으로서는 전부(全部)를 끌어 당겨 달리고 있는듯 싶지만 뒤돌아 보면 아무도 따르고 있지 않는 식(式)도 있으므로 주의(注意)가 필요(必要)하다.

여성(女性)으로 이런 눈썹인 사람은 「부(夫)를 극(克)함」이라 하여 부군(夫君)을 억눌리므로 재혼(再婚)의 상(相)이기도 하다. 이러한 여성(女性)은 결혼후(結婚後)에도 직업(職業)에 종사(從事)하고 있는 편이 오히려 부부(夫婦) 사이는 원만(圓滿)하게 될 케이스가 많은것 같다.

*스켈이 큰 사람에 많은 팔자미(八字眉)

남성중(男性中)에 정재계(政財界)에 많이 보이는 미(眉)이다.

사물(事物)을 큰 주먹으로 흡수(吸收)하는 타입으로 청탁(淸濁)을 함께 마셔버리는 담력(膽力)이 있으며, 거칠은 사나이나 해천산천(海千山千)인 부하(部下)를 잘 제어(制禦)하는 재주가 있다.

무슨 일이든 놀라는 일이 없으며, 부하의 불평불만(不平不滿)

에도 「알았다. 알았다」라고 하여 자신(自身)의 흉중(胸中)에 간직하여, 개개(個個)의 불만(不滿)의 처리(處理)보다 언제나 전체(全體)의 일을 파악(把握)하여 추진(推進)시키는 사람이다.

타인(他人)과 친교(親交)하기 용이(容易)함으로 교제(交際)의 대상(對象)이 많으며, 그로 인(因)해 사회(社會)에서 버림 받는 거칠은 사람이라도 쉽사리 부하(部下)로 맞을 수 있는 것이다.

여성(女性)이 팔자미(八字眉)인 사람은 젊은 시절(時節)에 많은 고생(苦生)으로 보냈으며, 결혼(結婚)도 상대(相對) 선택(選擇)에는 신중(愼重)을 기(期) 해야만 할것이다.

팔자미(八字眉)

＊결단(決斷)과 실행(實行)의 멍에형(∧形)의 미(眉)

팔자미(八字眉)와 같이 남성(男性)에 많은 미(眉)이다.

결단력(決斷力)이나 행실력(行實力)은 충분(充分)하지 만은 사물(事物)을 소직(素直)하게 보지 않는 면(面)이 있어 남의 성의(誠意)를 표시(表示)하는 의견(意見) 조차도 받아 들이려고 하지 않는 결점(決點)이 있다.

그러므로 이런 타입인 사람은 심복(心服)의 부하(部下)가 붙기 어려운면(面)이 있다.

여성(女性)으로서 이런 눈썹인 사람은 일을 진행(進行)하는데 리이더십을 취(取)할 적극적(積極的)인 사람이다. 이러한 여성(女性)은 가정(家庭)에 들어 박히기 보다 밖에서 무슨 운동(運動)을 하든가, 사업(事業)을 일으키는데 적격(適格)이다.

＊단(單), 한갓 수도업(修道業)에 적합(適合)한 나한미(羅漢眉)

속(俗)으로 "구두쇠眉"라고도 하여 미모(眉毛)가 짙고 굵게 감겨 있어 미두(眉頭)와 미고(眉尻)가 거의 같은 굵기로 되어 있다.

불상(佛像)의 나한(羅漢)에서 딴 이름으로 그렇다는 뜻은 아니지 만은, 승직(僧職)에 있으면 명승(名僧)의 지위(地位)를 얻는다.

다만 가정운(家庭運)에 어려움이 있어 독신(獨身)으로 일생(一生)을 넘기는 사람이 제법 많이 있으나, 승직(僧職)처럼 수업(修業)을 통(通)한 일생의 일을 생각하는 사람은 도리어 적합 (適合) 하다 할수 있다.

　나한미 (羅漢眉) 를 가진 사람으로 호색 (好色) 인 사람이 있으나, 이것은 눈썹 그 자체 (自體) 에 있는 상 (相) 이 아니고 다른 상 (相) 에 의 (依) 한 영향 (影響) 일 것이다.

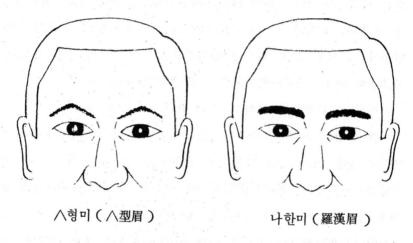

∧형미 (∧型眉)　　　　　나한미 (羅漢眉)

　＊담력 (膽力) 과 지력 (知力) 이 성공 (成功) 으로 이끄는 검미 (劍眉)

　일문자미 (一文字眉) 가 미모 (眉尾) 에 왔어 검 (劍) 처럼 힘차게 펼쳐 오른것을 말한다.

· 이런 눈썹인 사람은 담력 (膽力) 과 지력 (知力) 으로 세상 (世上) 을 개척 (開拓) 해나가는 사람이다. 또 한번 뜻을 세우면 최후 (最後) 까지 수행 (遂行) 하는 끈실긴 신념 (信念) 을 함께 가지고 있는 타입이다.

　거기에다 스스로 자율 (自律) 하는 규칙 (規則) 이 있어 엄 (嚴) 한 생활 (生活) 을 할수 있는 사람으로서, 이런 상 (相) 인 사람이 세우는 계획(計劃)에는 비교적(比較的) 실현성(實現性)과 착실성(着實性)이 있다고 생각하여도 무방(無妨)할 것이다.

이런 눈썹인 사람은 어떤 직업(職業)에 있어서도 성공(成功)하는 타입으로 상인(常人)이면 상인(常人)으로 착실(着實)하게 거래처(去來處)를 누리며, 혹(或)은 연구가(研究家)이면 연구가(研究家)로서 반드시 사회(社會)에 이름을 떨칠 정도(程度)의 연구성과(研究成果)를 올릴 사람이다.

＊파괴상(破壞相)이라고 하는 한안미(寒眼眉)

눈과 눈썹의 간격(間隔)이 좁으며 거기에 미모(眉尾)가 길기 때문에 눈을 크게 뜨고 있는 형(形)의 눈썹을 말한다.

일견(一見), 나한미(羅漢眉)와 닮은것 같으나 인상학상(人相學上)으로는 판이(判異)한 점(點)이 있다.

한안미(寒眼眉)인 사람은 형제운(兄弟運)이 매우 나쁘며, 처자(妻子)의 인연(因緣)도 매우 박(薄)한 형(型)인 사람이다.

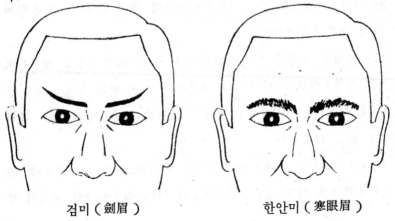

검미(劍眉)　　　　　한안미(寒眼眉)

운세(運勢)로는 파괴상(破壞相)이라 하여 독립(獨立) 해서 하는 일은 어느것이든 중도(中途)에서 좌절(挫折)하여 버리고 만다.

*길흉(吉凶)을 함께 가진 선라미(旋螺眉)

미모(眉尾)가 영라(榮螺) 껍질의 선단(先端)처럼 감고 있는 것을 말한다. 이런 눈썹은 하고 있는 사람은 길상(吉相) 과 흉상(凶相)을 반반식(半半式) 함께 가지고 있다.

하고저 하는 의욕(意慾)을 충분(充分)히 가졌더라도 뜻대로 일이 진척(進陟)되지 않으며, 또 남의 뒷자리에 서고 싶지만 좀처럼 서지 못할 운명(運命)이다.

또 이런 눈썹을 가진 사람은 형제운(兄弟運)이 나쁜것이 특징(特徵)이다.

*벗겨진 부위(部位)로 부모형제운(父母兄弟運)을 보는 결함 미(缺陷眉)

미모(眉毛) 가운데 군데군데 벗겨진 형(型)의 눈썹이다.

부모형제(父母兄弟)의 인연(因緣)이 박(薄)한 상(相)으로서, 좌(左)의 미두(眉頭)에 털이 없는 부분(部分)이 있을 때는 장남(長男)과 인연(因緣)이 없으며, 미미(眉尾)로 갈수록 차남(次男), 삼남(三男)에 연(緣)이 없어진다고 판단(判斷)하고 있다.

이와 같이 우미(右眉)는 미두(眉頭)가 벗겨져 있는것 같으면 장녀(長女) 이하(以下) 순(順)으로 차녀(次女), 삼녀(三女)로 판단(判斷)한다.

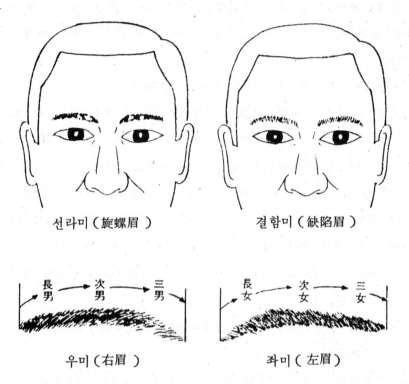

선라미 (旋螺眉)　　　　결함미 (缺陷眉)

우미 (右眉)　　　　좌미 (左眉)

*주위 (周圍) 로 부터 돋보이게 되는 미간 (眉間) 이 넓은사람

　동양 (東洋) 의 인상학 (人相學) 에서는 이 부분 (部分) 을 명궁 (命宮) 이라 하며, 손가락 두개정도 (二個程度) 떨어진 것이 표준 (標準) 이다.

　두개분정도 (二個分程度) 의 넓이면 약간 (若干) 넓은 편이나 인상학적 (人相學的) 으로 좋다 한다.

　명궁 (命宮) 이 넓고 살붙임이 좋으며 광택 (光澤) 이 있는 사람은 청년시대 (靑年時代) 부터 혜택 (惠澤) 을 받을 수 있는 상 (相) 이다.

이와 같은 사람은 무리하게 최고학부(最高學府)를 지향(指向)하기 보다는 일찍부터 실사회(實社會)로 나아가 기술(技術)을 연마(鍊摩)하든가 하여, 독립(獨立) 하는편이 출세(出世)가 빠르다고 할 것이다.

또 수상(手上)으로 부터 돋보이게 되어 제자(第子)로 들어가 그 실업(實業)을 인계(引繼) 받을 운명(運命)도 함께 가지고 있다.

그런형(型)인 사람은 성질(性質)도 관대(寬大)하여 온후(溫厚)하기 때문에 주위(周圍)로 부터 성원(聲援)을 받게 된다.

명궁(命宮)이 넓더라도, 광택(光澤)이 없고 살붙임이 좋지 않으면 행운상(幸運相)이라고는 할수 없다. 여성(女性)으로 명궁(命宮)이 넓은 것은 남편(男便)과의 부부(夫婦) 사이가 원만(圓滿)하다.

*만사(萬事)에 신중(愼重)을 기(期)하는 미간(眉間)이 좁은 사람

「눈썹을 맞붙여 생각에 잠기다」라는 표현(表現)이 있듯이, 이런 타입인 사람은 염려성(念慮性)으로 만사(萬事)에 꼼꼼히 고민(苦憫)을 한다.

따라서 자신(自身)의 의지(意志)로 부하(部下)를 이끌어 갈 입장(立場)인 사람은 못된다. 만사(萬事)를 신중(愼重)하게 행동(行動)할 것을 유의(留意)할 필요(必要)가 있다.

이런 형(型)인 여성(女性)은 자녀(子女)를 기르는데 말수가 많아 자녀(子女)들은 내향성(內向性)이 된다.

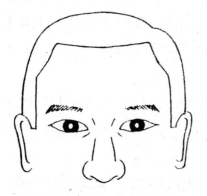 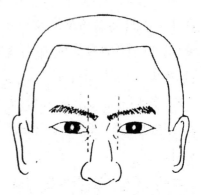

지나치게 넓은 미간 (眉間)　　　지나치게 좁은 미간 (眉間)

＊인생 (人生)의 파란 (波亂)을 나타내는 간추리지 못한 미
　(眉)

　파란 (波亂)의 인생 (人生)을 보낸 부친 (父親)의　영향 (影
響)을 받아, 자기 (自己) 자신 (自身)의 인생 (人生)의 균형 (
均衡)이 흐트러져 기복 (起伏)이 큰 생활방식 (生活方式)이다.

　또 이 눈썹을 가진 사람은 이복형제 (異腹兄第)에 많이 보인다.

　＊미두 (眉頭)에 육 (肉)이 볼록한 사람은 감정 (感情)이 예
　민 (銳敏)한 사람 이다.

　대단 (大端)히 감정 (感情)이 예민 (銳敏)한 사람으로, 영감
(靈感) 등 (等) 초능력 (超能力)을 가진 사람 가운데 이런 사
람이 많이 보인다.

　＊장수 (長壽)의 상 (相)을 나타내는 미모 (眉毛)가 긴 털
　젊은 사람중에는 이런 사람은 거의 보이지 않으나 중년이상 (中
年以上)인 사람에 잘 보인다.

이것은 장수상(長壽相)을 나타내고 있으며, 그 외에 성격(性格)도 성실(誠實)하여 만사(萬事)에 노력(努力)을 아끼지 않는 사람으로서 충실(充實)하게 일을 수행(遂行)한다.

*상사(上司)와의 절충(折衝)이 안되는 움직이는 미(眉)

무의식적(無意識的)으로 눈섭이 꿈틀꿈틀 움직이는 것은 신경질(神經質)인 타입이다. 조그마한 일에도 신경질(神經質)이 되어 특(特)히 상사(上司)와의 절충(折衝)이 맞지 않으며, 인생(人生)을 평탄(平坦)하게 보이지 못하고 파란(波亂)이 그칠 날이 없다.

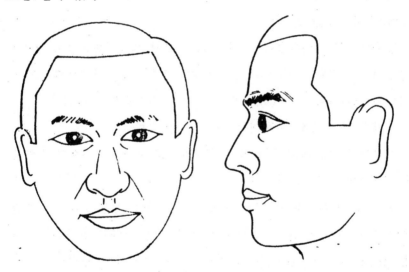

좌우(左右)가 간추려져 있지   육(肉)이 볼록한 미(眉)
않는 미(眉)

*사고(事故)에 주의(注意), 좌우(左右) 미모(眉毛)가
휜 사람

이것은 언제나 희끔한 것이 아니고 갑자기 되는 것이다. 이럴때는 검란상(劍亂相)이 나타남이니, 교통사고(交通事故)나 싸움으로 인(因)해 부상(負傷)을 당(當)하기도 한다.

*노이로—제 기(氣)가 있는 미모(眉毛)가 빨간 사람

이런 사람은 노이로—제가 될 염려(念慮)가 있다. 사람에 따라서는 연병(戀病)이나 실연(失戀)의 충격(衝擊)이 원인(原因)이 되는수가 있다.

*미(眉)의 반점(斑點)은 형제난(兄弟難)의 상(相)

형제난(兄弟難)의 상(相)으로서 형제(兄弟)로 인(因)해 무언가 괴로움을 겪는다.

갑자기 반점(斑點)이 생기거나, 오래된 반점(斑點)이 갑자기 눈에 띄기 시작(始作)할 때는 체내(體內)에 상처(傷廢)를 입거나 병(病)에 주의(注意)해야 할 필요(必要)가 있다.

*미중(眉中)의 사마귀는 작을 수록 좋다.

지적능력(知的能力)이 뛰어난 사람으로써, 사마귀는 작을수록 좋다고 한다.

또 이런 사마귀의 소지자(所持者)로 다액(多額)의 유산(遺産)이 굴러 들어 오는 수가 있으나, 이것은 사마귀 뿐 아니라 다른 상(相) 과의 관계(關係)에 의(依)한 것도 있다.

*미두(眉頭), 소비(小鼻)의 양쪽 끝과 일치(一致)하면, 음란(淫亂)한 상(相)

여성(女性)이 미두(眉頭)에서 수직(垂直)으로 그은 선(線)이 코의 양쪽(兩側) 끝과 일치될 경우(境遇)는, 정조관념

(貞操觀念)이 엷은 사람으로 음란(淫亂)한 타입이다.

지성(知性)이 넘치는 미중(眉中)에 사마귀가 있는 사람

권골(顴骨)의 관법(觀法)

인상학(人相學)에서 협골(頰骨)과 협부분(頰部分)을 뭉쳐서 권골(顴骨)이라 한다.

권골(顴骨)은 독립심(獨立心)이나 투지(鬪志)의 강약(強弱)을 판단(判斷)하는 곳으로서, 장출(張出)한 정도(程度)나 색염(色艶) 등(等)이 판단(判斷)의 요결(要決)이 되지 만은 확실(確實)한 형(形)을 잡기 힘드는 장소(場所)이므로 판단(判斷)하기 어려운 곳이다.

일반적(一般的)으로 남성(男性)은 권골(顴骨)이 펼쳐져 있는 것이 보통(普通)이며, 이 부분(部分)은 인생(人生)의 한 가운데 즉(卽), 중년운(中年運)을 판단(判斷)하는 곳이므로 어느 정도(程度) 알맞게 전면(前面)으로 펼쳐져 있는 편(便)

이 좋다고 한다.

  * 강기 (強氣)로 승부 (勝負)하는 권골 (顴骨)이 장출 (張出)
    한 사람

권골 (顴骨)이 장출 (張出)한 사람은 강기 (強氣)가 특징 (特徵)이지만, 지나치게 강기 (強氣)하면 실력 (實力)도 없으면서 허풍 (虛風)만 떠는것 같이 보이거나, 범의 위세 (威勢)를 힘입은 여우의 타입이 되기 쉬운 사람이다.

튀어 나온 권골 (顴骨)에다가 " 살붙임 "이 좋은 사람이면 소위 (所謂) 불평불만가 (不平不滿家)이다.

같은 장출 (張出)이라도 안하 (眼下)로 부터 귀쪽으로 장출 (張出)한 사람은 인내형 (忍耐型)으로 투지 (鬪志)나 기력 (氣力)을 충분 (充分)히 갖고 있지만은, 행동 (行動)으로 옮기기 까지는 인내 (忍耐)에 인내 (忍耐)를 쌓아 사물 (事物)에 착수 (着手)하는 타입이다. 또한 중년 (中年)까지의 운 (運)이 나쁘더라도 만년 (萬年)은 운 (運)이 도래 (到來)할 상 (相)이다.

성격적 (性格的)으로는 남을 보살핌과 동정심 (同情心)이 깊은 사람이 많으며, 활동면 (活動面)에도 회사 (會社)에서 사무 (事務)를 보기 보다, 셀즈등 (等) 외교적 (外交的)인 일이 적합 (適合) 하므로 이런 방면 (方面)으로 진출 (進出)할 경우 (境遇), 드디어 책임 (責任)있는 지위 (地位)에 오르게 될것이다.

안하 (眼下)와 귀 양쪽에 권골 (顴骨)이 펼쳐져 있는 사람은 정력적 (精力的)이며, 금기 (禁忌)하는 신체 (身體)의 소지자 (所持者)로 공격적 (功擊的)인 성격 (性格)이 강 (強)한것 같다.

직업 (職業)으로서는 스포츠 선수 (選手)에 적합 (適合) 하여 프로야구 (野球)의 대타자 (大打者), 대투수 (大投手)라고 하는 사람들의 대부분 (大部分)은 이 뼈가 튼튼하게 장출 (張出)되어 있다.

이런 타입으로 몸이 굵은 사람의 경우 (境遇)는 그만큼 투지 (鬪志)의 독립심 (獨立心)은 강 (强)하지 않으니 회사 (會社)에 장기근속 (長期勤續)을 하는 것이 좋을 것이다. 사장 (社長)까지는 못되더라도 중역은 될수 있는 사람이다.

반대 (反對)로, 권골 (顴骨)은 장출 (張出)하고 있으나 몸이 야윈 사람일 때는 투지 (鬪志)를 노출 (露出)하며 돌진 (突進)하는 타입과 사회 (社會)의 물결에 따라 사는 두가지 타입이 있다.

전자 (前者)인 경우 (境遇)는 저돌맹진 (猪突猛進)이라 할까 목표 (目標)를 향 (向)해 주위 (周圍)의 장애 (障碍) 따위는 본체 만체하고 몸뚱이로 부딪히는 사람이 많으며, 후자 (後者)는 무엇을 하는데도 허풍 (虛風)만 쳤지 내용 (內容)이 알차지 않아 결국 (結局)은 지침에 빠져 물결 흐름에 몸을 맡겨 버린 사람이 많다.

여성 (女性)이 권골 (顴骨)이 펼쳐진 사람은 남성적 (男性的)인 요소 (要素)가 과잉기미 (過剩氣味)인 사람으로, 남편 (男便)을 빼 돌리거나 날뛰어 남편 (男便) 얼굴에 먹칠하는 일을 하기 마련이다. 직업적 (職業的)으로는 요리점 (料理店)의 여장 (女將)이나 부인정치가 (婦人政治家) 등 (等)이 적합 (適合)할 것이다.

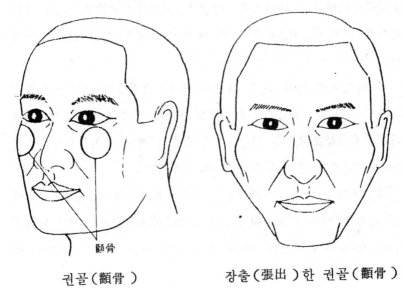

권골(顴骨)　　　　　　　장출(張出)한 권골(顴骨)

　*협(頰)이 홀쭉하고 튀어난 권골(顴骨)은 의지(意志)가 약(弱)한 상(相)이다.

　일반적(一般的)으로 이런 타입은 의지(意志)가 약(弱)하며 생존경쟁(生存競爭)에도 이겨 내지 못하고 무슨 일이던지 최후(最後)까지 수행(遂行)할 투지(鬪志)도 부족(不足)하다.

그러나, 그 반면(反面)에 주위(周圍)의 추천(推薦) 여하(如何)에 따라 의외(意外)로 대사업(大事業)을 성취(成就)시키는 수가 있다.

　여성(女性)인 경우(境遇)는 애정(愛情)이 결여(結如)된 사람이 많으며, 토실토실한 맛이 없기 때문에 의모(義母)나 의부(義父)와의 절충(折衝)이 잘 되지 않으며, 가정운(家庭運)이

-228-

나 자녀운(子女運)에 혜택(惠澤)이 없지만은 혼자하는 일에는 적합(適合)하다. 또 후가상(後家相)이기도 하다.

  *고독(孤獨)을 좋아하는지나치게 높은 권골(顴骨)

  이런 형(型)에는 온통 사람을 싫어하는 사람이 많으며, 고독(孤獨)한 사람이다. 그 때문에 대인관계(對人關係)가 잘 되지 않아 쓸쓸한 인생(人生)을 보내게 되는 것이다.

  아무리 중년까지는 순조롭게 보냈더라도 그 이후(以後) 운명(運命)의 변전(變轉)이 일어나 고생(苦生)을 많이 하는 상(相)이다.

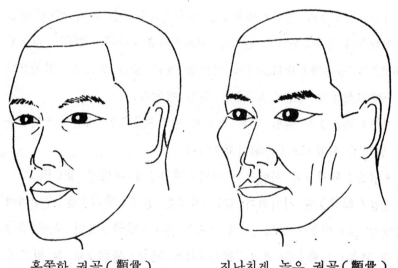

홀쭉한 권골(顴骨)   지나치게 높은 권골(顴骨)

  *권골(顴骨)의 색(色)으로 장래전망(將來展望)을 판단가능(判斷可能)

  비(鼻)에서 권골(顴骨)에 걸쳐 염(艶)이 있는 담홍색(淡紅

色)이 나타났을 때는 금전운(金錢運)이 좋아졌다는 표식(標識)이며 뜻밖의 대금(大金)이 들어오기도 한다.

남성(男性)으로 권골(顴骨)이 비교적(比較的) 붉은 것은 팻션관계(關係)의 일을 하는 사람이 많으며, 언제나 여성(女性)에 둘러쌓인 일이 많은 사람이다. 성질(性質)도 여성적(女性的)으로 말씨나 행동(行動)이 나긋나긋한 곳이 있다.

흔히 결핵(結核)등 언제나 열(熱)을 나타내는 병(病)에 이 부분(部分)이 기묘(奇妙)하게 붉게 되어 있는 수도 있으나, 이 경우(境遇)는 인상학으로 말 하는 적미(赤味)와는 다르다.

좌우(左右)의 권골(顴骨)이 청색(靑色)을 띄게 되면 양친(兩親)의 몸에 무언가 일어날 전조(前兆)이다. 또한 황색(黃色)진 담홍색(淡紅色)이 되었을 때는 좋은 뜻으로 일약명성(一躍名聲)이 세상(世上)을 떨칠 때이다.

자주(紫色)빛 섞인 검은 빛으로 변(變)했을 때는 스켄달—이 넓어질 위험신호(危險信號)이다.

*권골(顴骨)의 사마귀는 권력(權力)을 빼앗길 상(相)

권골(顴骨)의 사마귀가 있는 사람은 권력(權力)을 누군가에 빼앗길 상(相)이므로, 평소(平素) 신뢰(信賴)했던 부하(部下)의 행동(行動)을 세심(細心)하게 관찰(觀察)해 둘 필요(必要)가 있다. 또 四十一·二세(歲)를 고비로 건강운(健康運)이 좋지 못하니 주의(注意)가 요청(要淸)된다.

권골(顴骨)의 사마귀는 그 사람 자신(自身)의 운(運)을 나

-230-

쁘게 할 뿐만 아니라, 주위(周圍)에도 영향(影響)을 끼쳐 타인
인(他人)의 운(運)에도 나쁜 방향(方向)으로 끌어가고 있다.
가령(假令), 이 사마귀를 가진 사람과 함께 여행(旅行)을 하였
다면 뜻밖의 사고(事故)를 당(當)하든가, 회사(會社)의 부하
(部下) 중(中)에 이런 상(相)인 사람이 있었다면 상사(上
司)의 책임문제(責任問題)까지도 발전(發展)할 잘못을 범(
犯)하는 수가 가끔 있는것 같다.

협(頰)의 관법(觀法)

협(頰)의 살은 약간(若干)의 위장(胃腸)을 상(傷)하거나
과로기미(過勞氣味)가 있는것 뿐으로도 눈에 띌 정도(程度)로
바로 거칠어 진다. 또 유복(裕福)한 사람으로 협(頰)의 살이
거칠어 있는 사람은 좀처럼 보이지 않는다.

인상학상(人相學相)에서는 협(頰)은 부하(部下)와 관계(
關係) 또는 근친중(近親中)의 수하(手下)의 운(運)을 판단
(判斷)한다.

*대면(對面)하면 인간미(人間味)가 있는 살붙임이 좋은 협
　(頰)

협(頰)의 살붙임이 풍성(豊盛)한 사람은 심성(心性)도 관
대(寬大)하며 태연(泰然)스러운 성격(性格)이다.

또 회사(會社)에 있어서는 본인(本人)도 실력(實力)은 있
지만은, 우수(優秀)한 직원(職員)을 만나게 되어 그의 후원(
後援)으로 출세(出世)하는 상(相)이다.

협(頰)이 풍성(豊盛)한 사람은 미각(味覺)에 민감(敏感)하여 건담가(健淡家)나 미식가(美食家)가 많지만 또 여성(女性)에 대(對)해서도 미인(美人)을 즐기니 눈 움직임이 심(甚)한 면(面)도 있다.

*토실토실 하여 거칠어진 협(頰)

이런 상(相)인 사람은 토실토실하여 신경질(神經質)이다. 또 소식가(小食家)로서 음식(飮食)에 까지도 신경질(神經質)이여서 좋고 싫음이 심(甚)한 사람이 많으며, 야위었으면서도 대식한(大食漢)인 수도 있다.

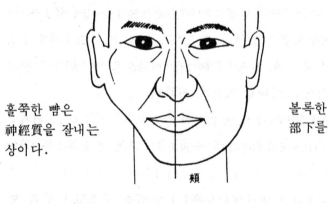

홀쭉한 뺨은
神經質을 잘내는
상이다.

볼록한 뺨은 훌륭한
部下를 가진다.

頰

협(頰)

악(顎)의 관법(觀法)

악(顎)은 이(頤)라고도 한다. 악(顎)은 주거(住居), 토지(土地), 나아가서는 애정운(愛情運)등(等)을 판단(判斷)한다.

안면(顏面)의 삼정(三停)에 의(依)해 말한다면 만년운(

-232-

晚年運)을 보는 것이다.

　이런 시절(時節)은 작은 악(顎)이 없지만은, 성장(成長)함
에 따라서 악(顎)도 변화(變化)하여 훌륭하게 되는 사람도 있
다. 통털어 악(顎)의 폭(幅)이 넓은 것이 좋은 상(相)으로
되어 있다.

　*둥근 악(顎)은 풍성(豊盛)한 애정(愛情)을 나타낸다.

　악(顎)의 살붙임이 좋은 사람은 원만(圓滿)하며, 애정(愛情
)이 풍부(豊富)한 자(者)로서 가정적(家庭的)이다. 이런
타입인 사람은 여성(女性)에 사랑을 받지만 마음써가 온순(溫
順)한 반면(反面), 여성적(女性的)인 느낌이 있어 싫어하는
여성(女性)도 있다.

　동정심(同情心)과 협조심(協助心)이 있으므로 일의 능률(
能率)이 좋으며, 그 위에 일을 열심(熱心)히 하므로 출세(出
世)도 비교적(比較的) 빨라진다.

　여성(女性)인 경우(境遇)도 역시(亦是) 깊은 애정(愛情)
의 소유주(所有主)로서 결혼운(結婚運)에도 농혜(寵惠)가 있
으며, 일단(一旦) 가정(家庭)을 가지면 남편(男便)을 극진(
極盡)히 하는 내조자(內助者)이며 자녀(子女)들에게는 마음
써 좋은 자모(慈母)스러운 타입이다.

　악(顎)이 둥글다는 것은 턱이 발달(發達)하여 있다는 것으
로서, 인상학(人相學)에서는 이런 여성(女性)의 타입은 생식기
(生殖器)가 충분(充分)히 성숙(成熟)하여 있다고 판단(判斷
)하고 있다. 따라서 자녀운(子女運)이 좋다고도 한다.

부부(夫婦)가 함께 턱이 둥근 것은 주거운(住居運)이 좋아 그야말로 개로동혈(偕老同穴)의 표본(標本)처럼 끝까지 원만(円滿)한 상(相)이다.

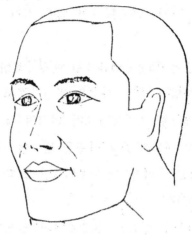

악(顎)의 각부(各部)의 명칭(名稱)

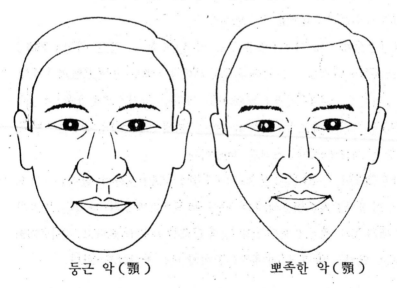

둥근 악(顎)   뽀족한 악(顎)

*콤퓨터로 재능(才能)을 살리는 뾰족한 악(顎)

신경질(神經質)이며 기분파(氣分波)인 형(型)인 사람이 많으며, 애정면(愛情面)에도 자기중심(自己中心)이 되기 쉬운 사람이다. 비록 결혼(結婚) 했더라도 부부생활(夫婦生活)은 잠잠하여 쓸쓸하게 되기 쉬울 것이다. 미적감각(美的感覺)에도 다소(多少) 결함(缺陷)이 있으나, 분석(分析)이나 추리(推理) 등(等) 지적능력(知的能力)이 뛰어나 있으므로 기술관계(技術關係). 예(例)를 들면 콤퓨터 방면(方面) 등(等)에 종사(從事) 한다면 그 재능(才能)이 발휘(發揮)될 것이다.

일반적(一般的)으로 뾰족한 턱을 가진 사람에는 여성(女性)인 경우(境遇), 적은 목소리를 가진 사람 많으며 난산(難產)의 표상(表相)이다. 또 미혼(未婚)인 여성(女性)은 가급적(可及的) 혼기(婚期)를 서두는 편이 행복(幸福)을 잡는 계기(契機)가 될 것이다.

*배(倍) 이상(以上)으로 애정(愛情)이 풍부(豊富)한 이
　중악(二中顎)

이런형(形)의 악(顎)은 대부분(大部分) 여성(女性)에만 보인다. 성격적(性格的)으로 풍요(豊要)롭고 섬세(纖細)한 애정(愛情)의 소유주(所有主)이다. 어느 편(便)이냐 하면 남성(男性)의 정신적(精神的)인 면(面)에 달리는 타입으로 순수(純粹)하고 깨끗한 모양이 되기 쉬운 사람이다.

만년운(萬年運)과 금운(金運)이 좋으며 사교적(社交的)이여서. 말재주도 좋으므로 객상업(客商業)이 적합(適合)하다.

남성(男性)의 이중악(二重顎)은 양자상(養子相)을 나타내고
있다.

*강(强)한 운(運)을 가진 넓은 악(顎)

이런 악(顎)을 하고 있는 사람은 주거운(住居運), 만년운(
萬年運)이 좋은 상(相)이다.

성격(性格)은 정직(正直), 성실(誠實)한 사람이다. 대단(
大端)히 자신가(自信家)이기도 하여 일을 잽싸게 해치우며 무
슨 일이든지 철저(徹底)하게 수행(遂行)하는 사람이다. 그 위
에 의협심(義俠心)에도 풍부(豊富)하므로 무릇 사람들로 부터
존경(尊敬)을 받아 성공(成功)하는 상(相)이다.

정조적(情操的)으로도 넓고 깊은 애정(愛情)의 소유주(所有
主)로서 애처가(愛妻家) 이지만은 사랑에 빠져 허덕이는 일은
없다.

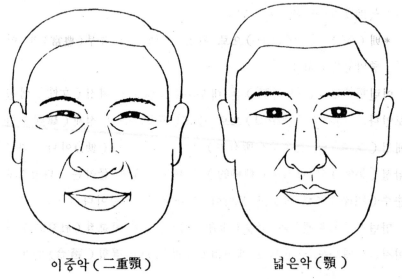

이중악(二重顎)   넓은악(顎)

-236-

＊사치(奢侈)를 싫어하는 각악(角顎)

완고(頑固)하여 지기 싫어하는 성격(性格)이나 그것도 과도(過度)하면 완미(頑迷)하게 된다. 그 위에 집념(執念)이 강(强)하여 외부(外部)에서 받은 굴욕(屈辱)은 언제까지도 잊지 않는 타입이다.

또 자기주장(自己主張)을 합리화(合理化) 시키려는 고집(固執)이 강(强)해 무슨 일이든지 합리적(合理的)으로 처리(處理) 할려는 타입으로, 일을 시작(始作)하기 전(前)에 참고자료(參考資料)를 여러가지 갖추어 용의주도(用意周倒)한 태세(態勢)로서 출발(出發) 하므로 헛수고(手苦)는 하지 않는다.

이런 상(相)인 사람은 나쁜 방향(方向)으로 기울면 범죄자(犯罪者)가 된다. 그것도 지능범(知能犯)이 아닌 폭력범죄(暴力犯罪)를 일으킨다.

애정표현(愛情表現)에는 꾸밈이 없이 닥치는 대로 단도직입형(單刀直入型)으로서, 상대여성(相對女性)에게 친절(親切)하게 할려고 하면 본심(本心)과는 반대(反對)로 불쑥 튀어 나오는 말이 되어버려 오해(誤解)를 받기도 한다.

＊자신과잉(自信過剩)으로 손해(損害)보는, 가운데가 들어간 악(顎)

악(顎)의 선난(先端)이 앞 쪽으로 튀어난 형(型)의 악(顎)으로서 여성(女性)에는 적으며 남성(男性)에 많이 보인다.

자신과잉(自信過剩)인 사람이 많아 사업(事業)을 시작(始作)하면 일단(一旦)은 성공(成功)하지만 경영자(經營者)로서

-237-

지나치게 우쭐거리는 형(型)이다. 따라서 초창기(初創期)는
잘 되지만 회사(會社)의 규모(規模)가 확대(擴大)했을 경우
(境遇). 경영(經營)의 자신과잉(自信過剩)이 도리어 사업(
事業)이 후퇴 된다. 또 주거운(住居運)이 좋은 편(便)이 아
니다.

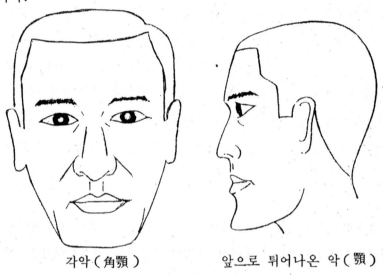

각악(角顎)   앞으로 튀어나온 악(顎)

　*인기(人氣)가 집중 하는 가운데가 우쑥한 악(顎)

　대단한 정열(情熱)로서 자기현시욕(自己顯示慾)도 가져.
인기상업(人氣商業)에 적합(適合)한 상(相)으로서 예술계(
藝術界)에서 성공(成功)할 사람들이 많이 보인다. 또 한가운
데가 우묵한것은 살붙임이 좋다는 뜻도 되며, 주택운(住宅運)이
좋아 큰 저택(邸宅)을 갖는 상(相)이다.

　*도박광(賭賻狂)에 많은 길다란 악(顎)

　속(俗)으로 말하는 말상(相)이다.   성격적(性格的)으로는

정(情)에 약(弱)해 사람을 위하는 일을 즐기는 형(型)으로
타인(他人)으로 부터 이용(利用) 당(當)하기 쉬운 사람이다.

애처가(愛妻家)로 금운(金運)도 좋지 만은 경마(競馬), 경
륜(競輪) 등(等) 도박(賭賻)을 즐기기 때문에 돈은 언제나
손에 남지 않는다.

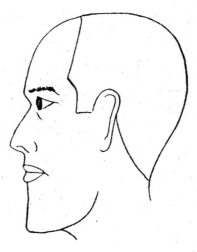

길다란 악(顎)

*너무나도 인간적(人間的)인 비스듬한 악(顎)

앞으로 튀어나온 턱과는 반대(反對)로 후방(後方)으로 끌린
·악(顎)

이런 턱의 소유수(所有主)는 기쁘면 웃고, 슬프면 우는, 희로
애락(喜怒哀樂)이 심(甚)한 사람이다.

또 이야기 도중(途中)에 뛰어 나가버릴 경솔(輕率)한 점(
點)도 있다. 취미(趣味)를 가지고 있다.

＊운（運）의 약（弱）함에 얽히는 엷은 악（顎）

이런 턱을 가진 사람은 부하（部下）에게 농혜（寵惠）를 받지 못한다. 금전（金錢）도 일시적（一時的）으로 들어오지 만은 만년（晩年）에는 고생（苦生）이 그치지 않는다. 주거운（住居運）도 그다지 좋지 않으며, 자기（自己） 주택（住宅）을 가졌지 만은 언젠가는 놓치는 경우（境遇）가 많으며 대체로 일생（一生）을 셋집에서 살기 마련이다.

＊주거운（住居運）을 지배（支配）하는 사마귀와 상적（傷跡 ） 의 악（顎）

턱에 사마귀가 있는 사람은 주거운（住居運）이 좋은 사람과 나쁜 사람과의 두가지가 있다. 조그마하고 검은 것은 후자（後者）에 많아 자주 주거（住居）를 옮겨 나쁘게 되면, 토지（土地） 가옥（家屋）으로 인（因）해 소송（訴訟）에 까저 미치는 수도 있다.

악（顎）의 상적（傷跡）은 부하（部下）와의 사이에 분쟁（紛爭）이 많으며, 또 새로 상처（傷處）가 생기는 것은 가까운 장래（獎來）에 주택（住宅）을 수리（修理）하지 않으면 안될 상（相 ）이다. 턱에 여드름이나 기타 치출물（吹出物）이 생겼을 때는 우선（于先） 화재（火災）에 주의（注意）를 요（要）할 필요（必要）가 있다.

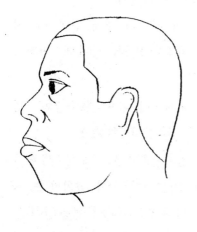 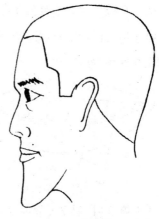

비스듬한 악(顎)   엷은 악(顎)

치(齒)의 관법(觀法)

치(齒)가 튼튼한 사람은 위장(胃腸)도 강(强)해 건강(健康)한 사람이 많다. 치(齒)가 나빠지면 위장(胃腸)에 부담(負担)을 주어 건강(健康)을 해(害)치게 마련이다.

남자(男子)는 三十二세(歲)를 고비로 치쇠(齒衰)가 시작(始作)하며, 이 시기(時期)부터 섹스도 약(弱)하게 되는 것이다.

여자(女子)의 해산(解產)과 치(齒)와는 매우 밀접(密接)한 관계(關係)가 있어서, 한번 출산(出產)하면 제법 치(齒)가 나빠지는 것이지만 튼튼한 사람은 어린이 二·三인을 낳아도 영향(影響)이 없다.

인상학(人相學)에서 치(齒)는 「옥석여색」(玉石如色)이 좋다고 하여 그 사람의 인품(人品)을 나타낸다.

또 지나친 황색(黃色)인 치(齒)가 검스레 하게 진이 낀 치(齒)는 그 사람의 운세(運勢)를 약(弱)하게 한다고 판단(判斷)하고 있다.

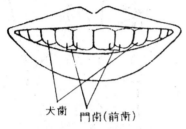

大齒　門齒(前齒)

치(齒)의 각부(各部)의 명칭(名稱)

*섹스에 관계(關係)가 깊은 문치(門齒)

전치(前齒), 문치(門齒)가 빠졌거나 굽어 있거나,또 두개의 치열(齒列)이 병풍(屏風)처럼 굴절(屈折)된 모양인 사람은 양친(兩親)이나 편친(片親)과의 일적 이별(離別) 또는 사별(死別)할 상(相)이다. 치(齒)와 섹스는 의외(意外)로 깊은 관계(關係)가 있다. 문치(門齒)가 빠지거나 의치(義齒)로 바꾸면 즉각적(卽刻的)으로 섹스 능력(能力)에 영향(影響)되어 쇠약(衰弱) 해진다.

*튼튼하고 후대(厚大)한 문치(門齒)

문치(門齒)가 크고 두터운 것이 상하(上下) 두개씩 있는 사람은 매우 튼튼하다. 아침 일찍부터 저녁 늦게까지 계속 노동(勞動)을 하여도 아무렇지도 않는 사람으로서 섹스도 왕성(旺盛)하다.

이런 사람을 부군(夫君)으로 삼는 여성(女性)은 간혹(間或) 주인(主人)이 출장(出張)이라도 가주었으면 좋겠다고 하면서도, 실제(實際)로 출장(出張)가면 출장지(出張地)에서 외도를 하지 않나 하고 걱정이 되는 정도(程度)이다.

이와 반대(反對)로 문치(門齒)를 포함(包含)하여 치(齒)가 적은 사람은 애정(愛情)이 세세(細細)하여 세세(細細)한 가운데도 기(氣)가 잘 드는 사람으로 모든 사람에게 호감(好感)을 갖는다.

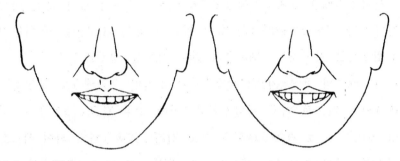

후대(厚大)한 문치(門齒)   높아 흉한 문치(門齒)

*빈상(貧相)인 지나치게 높아 흉(凶)하게 보이는 문치 입이나 다른 치(齒)에 비(比)해 높은 문치(門齒)는 반대(反對)로 빈상(貧相)을 나타내고 있어, 보통(普通)사람 보다 배(倍)를 먹으며 음주량(飮酒量)도 대단(大端)한 사람이다.

음식(飮食) 먹는 것이나 언어(言語), 동작(動作) 어느 한 가지도 저속(低俗)하기 쉬우니, 자연(自然) 사람으로 부터 미움을 받아 큰 발전(發展)은 기대(期待)하기 어렵디.

* 이 사이에서 금화(金貨)가 새는 틈이 있는 문치(門齒) 문치(門齒) 사이가 틈이 있는 사람은 금화(金貨)가 모이지 않는다. 금화(金貨)뿐이 아니라 좋은 운세(運勢)도 틈으로

새어 나가는것 처럼 도망(逃亡)쳐 버린다. 수상(手上)이나 상
사(上司)의 인도운(引道運)까지도 나빠진다.

또 틈이 있는 문치(門齒)인 사람은 회사(會社)에서는 승진
이 늦으며 동료(同僚)나 동기(同期)에 선두(先頭)를 빼앗기
는 상(相)이다.

문치(門齒) 견치(犬齒)를 포함(包含)하여 틈이 많은 사람
이나 三·四개소(個所)의 틈이 있는 사람은 거짓말을 잘 하는상
(相)으로 사기사(詐期師)에 많이 보이는 상(相)이다.

치(齒)의 틈은 치료(治療)하여 고치면 운(運)도 호전(好
轉)되는 것으로 빠른 시일(時日)안에 고칠 필요(必要)가 있
을 것이다. 그 결과(結果) 몸도 건강(健康)하게 되어 섹스도
강(强)하여 지므로 부부생활(夫婦生活)도 원만(円滿)하여 진
다.

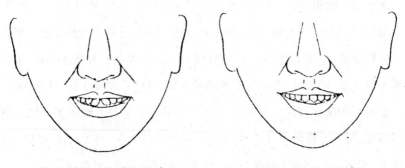

틈이 있는 문치(門齒)   뽀족한 문치(門齒)

*동물적(動物的)인 면(面)이 있는 뽀족한 문치(門齒)

문치(門齒)가 견치(犬齒)처럼 날카롭고 뽀족하게 된 사람은
동물적(動物的)인 성격(性格)이 조폭(粗暴)하며, 과격(過激

-244-

)한 곳이 있어 어딘가 늑대를 느끼게 까지 한다.

이와 같은 사람은 부모형제간(夫母兄弟間)에도 분쟁(紛爭)이 그치지 않으며, 친척간(親戚間)에도 의(誼)가 좋지 못한 상(相)이다. 또 반항적(反抗的)이여서 조그마한 일에도 의견(意見)이 틀리며, 곧 싸움을 걸고 덤비게 된다.

*손운(損運)인 난항치(亂抗齒)

난항치(亂抗齒)란 문자(文子) 그대로 이리저리 흩어져 있는 치(齒)를 말한다.

이런 치(齒)를 가진 사람은 사고(事故)를 당(當)하거나 범죄(犯罪)에 관계(關係)하거나, 또는 양친(兩親)과의 인연(因緣)이 없거나 가족(家族), 자녀운(子女運)도 좋지 못하다고 하니 모든 것이 손운(損運)인 사람이다.

또 상태(狀能)가 좋은곳도 있으나, 실행(實行)이 도모(圖謀)되지 않아 이기주의(利己主義)여서 욕심(慾心)이 많은 타입이 많은것 같으나, 예외적(例外的)으로 시원스러운 성격(性格)인 사람도 있다. 난항치(亂抗齒)의 소지자(所持者)는 외골인 점(點)이 있고, 비굴(卑屈)한 성질(性質)이 있어 정직(正直)하지 못한 것이 최대(最大)의 결점(缺點)이다.

검스레한 난항치(亂抗齒)인 사람은 운(運)은 한층 좋지 못하다. 낭비벽(浪費癖)에다, 하는 일에 사(邪)가 들기 쉬우며 섹스도 음란(婬亂)하기 쉬우며, 생활(生活)도 불규칙(不規則)하므로 건강(健康)도 해친다.

여성 (女性) 의 난항치 (亂抗齒) 인 사람은 성질 (性質) 이 외골으로서 결혼운 (結婚運) 도 좋지 못하여 결혼 (結婚) 과 이혼 (離婚) 을 반복 (反覆) 하게 되는 것이다.

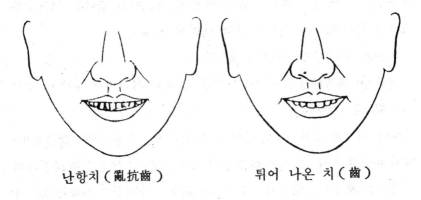

난항치 (亂抗齒)　　　　　튀어 나온 치 (齒)

＊원시적 (原始的) 인 튀어나온 치 (齒)

튀어나온 치 (齒) 를 가진 사람은 원시적 (原始的) 인 생활 (生活) 을 하는 사람들이　　　　보인다.

문화 (文化) 가 진보 (進步) 함에 따라 치 (齒) 는 수직 (垂直) 으로 되어 온 것이다.　　치 (齒) 가 튀어 나온 사람은 입과 손발이 함께 잘 듣는 사람으로서 기밀 (機密) 을　지켜지지 못한다.　쾌활 (快活) 하고 명랑 (明朗) 한 기질 (氣質) 의 미점 (美點) 도 있으나 의외 (意外) 로 완강 (頑强) 한 점 (點) 도 있어 미움을 사는 수도 있다.　그러나 본인 (本人) 으로서는 악기 (惡氣) 가 없으므로 미워 하지 못하는 사람이다.

이런 상 (相) 은 안상 (眼相) 과도 관계 (關係) 가 있어서 한마디 말로는 어렵지만 타인 (他人) 의 실각 (失脚) 을　겨냥하거나 음모(陰謀)를 기도(企圖)할 위험인물(危險人物)도 있으니 주의(注意)해야 한다.

여성(女性)인 경우(境遇)는 결혼운(結婚運)은 좋지 못하지만 치열(齒列)을 고치면, 본래(本來) 쾌할(快活)한 성격(性格)이므로 사람들의 호감(好感)을 사 좋은 남성(男性)과도 인연(姻緣)을 맺게 될 것이다.

*중년이후(中年以後) 운(運)이 나쁜 팔중치(八重齒)

어린이의 팔중치(八重齒)나 젊은 여성(女性)의 팔중치(八重齒)는 귀엽지만 인상학(人相學)에서는 문제(問題)가 있는 상(相)이라 한다. 유년시대(幼年時代)까지는 비교적(比較的) 좋은 생활(生活)을 보내지만 三十세(歲)를 넘으면 그야말로 나빠져 좋아지지 않는 운(運)을 가진 사람이다.

이런 상(相)인 사람은 인간적(人間的)으로 좋은 점(點)이 특징(特徵)이지만 그만큼 주위(周圍)의 의견(意見)에 헤매는 타입이다. 또 조숙(早熟)한 상(相)으로 애교(愛嬌)가 있으므로 이성(異性)에 호감(好感)을 갖게 된다.

*음양(陰陽)을 함께 지닌 이중치(二重齒)

표면상(表面上)으로 명랑(明朗)하게 보이지만 본래(本來)는 음성(陰性)인 타입으로 근성(根性)을 지닌 사람이다.

명예(名譽)가 손상(損傷)되거나 짖궂은 놀림을 당(當)하면 집념(執念)이 깊어 언제 까지도 잊지 않는다. 또 이런 타입의 사람에 돈을 빌리면 끈질기게 최촉(催促)을 받는다.

여성(女性)인 경우(境遇)에는 시중(侍中)을 아주 잘 들며 너무 지나치게 시중(侍中)을 잘하여 귀찮게 생각하는 사람도 있으나, 그렇게 잘 하였는데도 배신(背信)을 당(當)하면 언제까지도 앙심을 품고 있다.

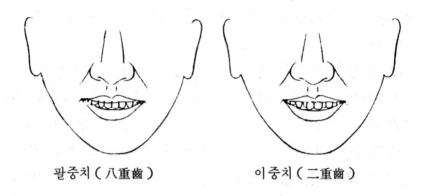

팔중치(八重齒)   이중치(二重齒)

교우(交友)의 관법(觀法)

*성실미(誠實味)를 나타내는 살붙임이 좋은 교우(交友)

미두(眉頭) 위를 인상학(人相學)에서는 교우(交友)라 하며 우인(友人)이나 동료(同僚)에게 혜택(惠澤)이 있나 없나의 운(運)을 판단(判斷)한다.

교우(交友)의 살붙임이 좋은 사람은 마음씨 좋은 우인(友人)에 농혜(寵惠)를 받으며, 본인(本人)도 교제(交際)가 능(能)한 사람이다. 그렇다고 해서 마음에 없는 겉치레 말을 하여 사람의 환심(歡心)을 산다는 일이 없는 진심(眞心)으로 성실미(誠實味)가 있는 사람이다.

* 노력(努力) 따라 운(運)이 트이는 살붙임이 엷은 교우(交友)

교우(交友)의 살붙임이 엷은 사람은 우인(友人)도 적어 고독(孤獨)하지만 이런사람은 자신의 인상(人相)을 극복(克服)하도록 용기(勇氣)를 가지고 적극적(積極的)으로 교제(交際)를 넓힐 것이다.

처음에는 뜻대로 되지 않더라도 결국(結局)은 잘 되어 가므로 살붙임도 자연(自然)히 좋아지는 것이다.

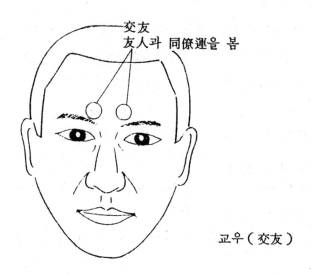

交友
友人과 同僚運을 봄

교우(交友)

*친(親)한 사람으로 부터 피해(被害)를 받는 교우(交友)의 상처(傷處)

교우(交友)의 상적(傷跡)이나, 얼룩이 있는 사람은 우인(友人)이나 동료(同僚)로 부터 금전적(金錢的), 물질적(物質的)인 손해(損害)를 받는 사람의 상(相)이다. 이런 상(相)의 소지자(所持者)는 타인으로 부터 돈을 빌릴때 그 사람에게 빠져 버릴 정도(程度)의 기분(氣分)으로 빌려야 한다.

법령（法令）의 관법（觀法）

동양（東洋）의 인상학（人相學）에서는 코의 양쪽으로 내려간 근（筋）을 법령（法令）이라 한다. 서양（西洋）에도 법령（法令）이 없는 것은 아니지만 왠지 인상학（人相學）에는 그다지 관여（關與）하지 않고 있었다.

법령（法令）은 일반적（一般的）으로, 직업（職業）이나 사회적（社會的）인 지위에 대（對）해서의 판단（判斷）을 한다. 또 수명（壽命）을 보거나, 건강등（健康等）도 판단（判斷）의 대상（對象）이 된다.

법령（法令）은 깊고 길다란 하며, 분명（分明）한것이 좋다고한다. 어린이가 법령（法令）이 분명（分明）하게 나타나 있는 것은 양친（兩親）의 유무（有無）를 불구（不拘）하고 자활능력（自活能力）을 가지고 있어 빨리 독립（獨立）한다.

＊위장（胃腸）이 약（弱）한 선단（先端）이 입 양단（兩端）에 닿은 법령（法令）

이런 형（型）인 사람은 아사상（餓死相）이라 하여 음식물（飲食物）을 먹지 못하는 사람이다. 예（例）를 들면 위암등（胃癌等）과 같은 병（病） 때문에 식사（食事）를 취（取）하지 못해 죽음에 이르게 된다는 상（相）이라고 해석（解釋）되고 있다.

이런 법령（法令）을 가지고 있는 사람은 위장병（胃腸病）에 충분（充分）한 유의（留意）를 하지 않으면 안된다.

특（特）히 폭음폭식（暴飲暴食）은 자신（自身）이 자신（自身）

의 생명(生命)을 단축(短縮)시키고 있다.

또 스트레스도 되기 쉬우며, 지나치게 세세(細細)한 일에 구애(拘碍)받지 않아야 한다.

법령(法令)

*좌우(左右)의 조화(調和)가 잡히지 않는 법령(法令)은 이중인격(二重人格)의 상(相)

좌우(左右)의 법령(法令)이 조화(調和)되지 않는 사람은 성격적(性格的)으로도 조화(調和)되지 않은 곳이 있어 이중인격(二重人格)인 사람에 많은 형(型)이다.

직업적(職業的)으로도 한가지 직업(職業)에 오래 정착(定着)할수 없어 변동(變動)하기 쉬운 사람이다.

좌우법령(左右法令)이 극단적(極端的)으로 갖추어 있지 못한 사람은 편친(片親)과 일찍 사별(死別)하는 상(相)이다.

*정치가(政治家)에 적합(適合)한 엷고 분명(分明)한 법령(法令)

이런 법령(法令)을 가진 사람은 정치가(政治家)나 경영자(經營者)에 많이 보인다. 극소(極少)하였지만 법령(法令)이 없는 사람도 있지만 이것은 二대(代)째의 사장(社長)이거나, 유산(遺産)과 동시(同時)에 선거(選擧)의 지반(地盤)이 굴러들어 와서 정치가가 된 사람에게 많은것 같다.

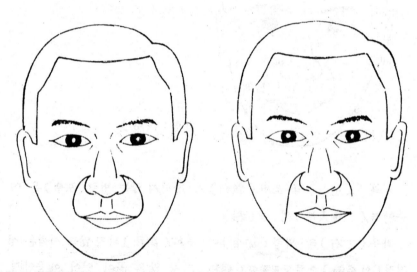

　　아사(餓死)의 상(相)　　짝이 맞지 않는 법령(法令)

부인(夫人)에게 일을 시키고 자신(自身)은 무위도식(無爲徒食)하는 남성(男性)에는 법령(法令)이 깊고 분명(分明)하게 새겨져 있는 사람은 없다.

　여성(女性)으로서 二十대(代) 후반(後半), 또는 三十세(歲) 경(頃)부터 법령(法令)의 형(型)이 잘 새겨져 있는 사람은 책임(責任)있는 일이나, PTA의 임원(任員)등 사회적(社會的)인 책임(責任)을 갖게 된다.

그러나 十七세(歲)부터 二十세(歲) 경(頃)의 여성(女性)으로 법령(法令)이 지나치게 분명(分明)한것은 도리어 좋지 못하다. 결혼(結婚)하더라도 실가(實家)의 영향(影響)이 강(强)해 남편(男便)과의 분쟁(紛爭)이 일어나거나, 금전적(金錢的)으로 어려우면 바로 실가(實家)로 달려가 모친(母親)을 괴롭히는 사람이다. 따라서 이런 형(型)인 사람은 결혼(結婚)하더라도 十년이 지나지 않으면 원만(円滿)한 가정(家庭)을꾸려 나가지 못할 사람이 많다.

법령(法令)이 분명(分明)하게 되어있는 것과 반대(反對)로 불규칙(不規則)하게 들어져 있는 형(型)은 좋지 못하다. 모처럼 좋은 성격(性格) 가졌으면서도 회사(會社)에서 부하(部下)들에게 미움을 받게된다.

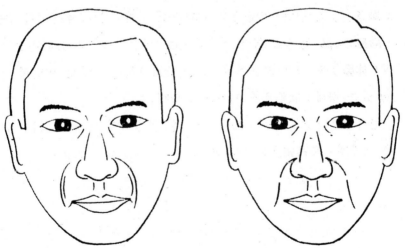

〈주름살이 있는 법령(法令)〉〈중단(中斷)된 법령(法令)〉

*여성(女性)의 법령(法令)의 주름살은 과부상(寡婦相)

　여성(女性)에게 많지 만은 가느다란 것이 주름살 모양으로
되어 두개이상(以上) 있는 사람은 과부상(寡婦相)이다.

　한마디로 과부상(寡婦相)이라 하지만 남편(男便)과 사별(死
別)하여 미망인(未亡人)이 되는 타입과 이혼(離婚)하여 버린
타입과 노처녀(老處女) 타입이 있으나, 이들 경우(境遇)는
전자에 많다고 한다.

*짧은 법령(法令)은 노력부족(努力不足), 긴 법령(法令)은
　장수상(長壽相)

　법령(法令)이 극단적(極端的)으로 짧은 사람은 언제나 의식
(衣食)이 어려운 형(型)으로 모든 일에 노력(努力)이 부족(
不足)하다.

　법령(法令)이 도중(途中)에서 뚝 끊어져 있는 것은 직업상
(職業上)의 중단(中斷)을 나타내고 있다. 회사(會社)에서 근무
(勤務)하고 있어도 어떤 이유(理由)이든 장기간(長期間) 휴
직(休職)을 하거나, 싫어져 퇴사(退社)하며 어슬렁 어슬렁 놀
고 있는 상태(狀態)를 나타내고 있다.

　반대(反對)로 법령(法令)이 턱(顎)까지 내려져 있는 사람
은 장수상(長壽相)을 나타낸다.

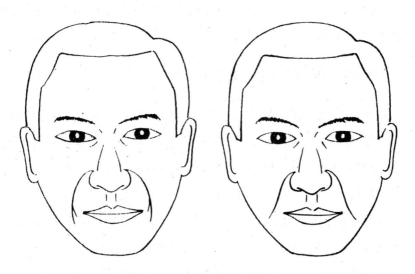

〈두갈래로 갈라진 법령（法令）〉〈팔자（八字）모양의 법령（法令）〉

　＊기타법령（其他法令）

　법령（法令）이 팔자（八字）로 열려져 있는 것은 출세운（出世運）을 나타내며, 독립（獨立）하여 사업을 시작（始作）하면 성공（成功）할 타입이다. 반대로 타인（他人）의 밑에서 일을 하면 상사（上司）와의 충돌（衝突）이 많아 결국（結局）은 회사（會社）를 그만 두고 독립（獨立）하게 된다.

　젊은 사람으로 법령（法令）이 입 둘레를 둘러싸고 있는 것은 성격적（性格的）으로 내향성（內向性）이기 쉬우며, 일을 하는데도 대인관게（對人關係）를 싫어하기 때문에 선행（先行）이 지연（遲延）되는 것을 고민（苦憫）하는 수가 많다. 법령선상（法令線上）에 검은 사마귀가 있는 사람은 흉상（凶相）이라 하니, 주（主）로 주（主）된 일을 하는데 큰 애로（隘路）가 부딛히

-255-

는 수가 많은것 같다. 또 그 일이 원인(原因)이 되어 이후(以後) 쇠운(衰運)이 된다.

인중(人中)의 관법(觀法)

코 밑에서 상진(上唇)에 이르는 세로 흠을 인중(人中)이라하며, 일반적(一般的)으로 깊을수록 좋다 한다. 어린 시절(時節) 인중(人中)이 깊어도 성장(成長)함에 따라 얕아 지는 사람도 있다.

여성(女性)인 경우(境遇) 인중은 자궁(子宮)과 비유하는 것으로서 여성(女性)에게는 소중(所重)한 곳이다.

*여성(女性)의 인중(人中)의 상적(傷跡)은 자녀(子女)의 혜택(惠澤)이 없는 상(相)

여성(女性)이 이곳에 상적(傷跡)이 있을 경우(境遇)는 유산(遺産)이나 인공중절(人工中絶)의 상(相) 이다.

인중(人中)에 횡근(橫筋)이 있는 여성(女性)은 자궁(子宮)에 난점(難點)이 있어 임신(姙娠)이 어려우며, 아무리 출산(出産)을 하였더라도 노년(老年)에 자녀(子女) 이별(離別)할 상(相)이다.

남성(男性)이 인중(人中)에 검은 사마귀나 반점(斑點)이 있거나 윤기(潤氣)가 좋지 못한 사람은 후약(喉弱)한 사람이다.

또한 성인(成人)이 되어도 인중(人中)에 수염이 나지 않는 사람은 일생(一生)을 고생(苦生)으로 보낸다.

*인중(人中)의 넓이로 자녀운(子女運)을 본다.

밑이 넓어진 인중(人中)은 금전적(金錢的)으로도 혜운(惠運)이 있으며 남아(男兒)를 많이 낳을 상(相)이다.

또한 이 인중(人中)이 깊은 것은 자손(子孫)이 많은 사람이다.

밑이 좁아진 인중(人中)은 생활(生活)에 고생(苦生)할 타입으로 음기(陰氣)인 사람이 많으며, 남아(男兒)의 혜운(惠運)이 없이 여자(女子)가 많을 상(相)이다.

평행(平行)된 인중(人中)은 자녀(子女)가 남녀(男女)고루고루 있을 운상(運相)으로 자녀운(子女運)이 있다.

굽어진 인중(人中)은 마음도 굽었다는 것을 표시(表示)하며, 거짓말을 잘 하는 사람으로 어디에서 근무(勤務)하여도 장기적(長期的)으로 지속(持續)못하는 상(相)이다. 여성(女性)의 경우(境遇)는 자궁후굴(子宮後屈), 자궁전굴(子宮前屈)의 상(相)이다.

준형(樽型)의 인중(人中)은 사물(事物)의 결실(結實)이 제대로 안된다.

병(病)이 생기면 만성(慢性)으로 변(變)한다.

〈밑이 넓어진 인중(人中)〉 〈밑이 좁아진 인중(人中)〉

〈횡근(橫筋)이 있는 인중(人中)〉 〈평행(平行)한 인중(人中)〉

〈준형(樽型)인 인중(人中)〉 〈굽어진 인중(人中)〉

설(舌)의 관법(觀法)

설(舌)은 평소(平素)에는 숨겨져 있으나 일반적(一般的)으로 건강(健康)과 미각(味覺)을 판단(判斷)하는 곳이다.

「설(舌)은 길고 준두(準頭)까지 닿는 것이 좋다.」고 고서(古書)에 있다. 그러나 긴 설(舌)은 고독(孤獨)한 상(相)의 소지자(所持者)이다. 또 길어서 끝이 뾰족한·설(舌)과 심독(心毒)이 뾰족한 설(舌)은 사설(蛇舌)이라 하여 심독(心毒)이 있어 거짓말을 할 상(相)이다.

설색(舌色)은 홍색(紅色)으로 속립(粟粒)처럼 다닥다닥 있는 것은 대길(大吉)하여 색(色)이 백(白), 흑(黑), 청(靑)은 어느 것이나 금전운(金錢運)이 없고 비천(卑賤)한 품격

-258-

（品格）의 소유주（所有主）이며, 병（病）에 걸리기 쉬운 상（相）이다. 그 중（中）에도 청색（靑色）은 섹스가 과잉기미（過剩氣味）이며, 고독（孤獨）한 상（相）이기도 하다. 설（舌）에 사마귀가 있는 사람은 길상（吉相）이지만은 그 중（中）에는 거짓말을 하는 사람도 있다.

설（舌）이 짧고 엷은 것은 운세（運勢）가 약（弱）한 사람이다. 또 설（舌）이 모가 나고 두터운 것은 단명（短命）을 나타낸다.

도적（盜賊）과 승장（承漿）의 관법（觀法）

＊도적（盜賊）의 청색（靑色）은 도난（盜難）을 당（當）할 상（相）

비（鼻）의 연상（年上）, 수상（壽上）의 양측（兩側）을 （鼻頃의 圖參照）도적（盜賊）이라 한다. 인상학（人相學）에서는 도난（盜難）을 당（當）한 금품（金品）이 되돌아 올것인가 어떤가를 이곳의 색깔을 보고 판단（判斷）한다.

도적（盜賊）이 검푸르면 도난운（盜難運）에 달（達）했다는 표식（標識）이다.

만약（萬若） 불행（不幸）하게도 도난（盜難）을 당（當）했을 때에 이 청흑색（靑黑色）이 지워지고 엷은 황색（黃色）이나 분홍색（色）으로 변（變）했을 경우（境遇）에는, 잃어버린 금품（金品）이 되돌아 오게 된다. 도적（盜賊）으로 부터 소비（小鼻）에 걸쳐 색광（色光）이 좋을 때는 경제적（經濟的）인 혜운（惠運）이 있는 상（相）이다.

*승장(承漿)으로 병(病)의 증상(症狀)을 본다.

입 밑을 인상학(人相學)에서는 승장(承漿)이라 하여 그 색광(色光)에 따라 병(病)의 증상(症狀)이나 약(藥)의 효과(效果)등(等)을 본다. 그러나 좀처럼 익숙하지 않으면 색광(色光)을 분별(分別)하기는 어려운 것이다. 식중독(食中毒)에 걸렸을 때는 승장(承漿)이 자색(紫色)이나 흑색(黑色)으로 변(變)해 버린다.

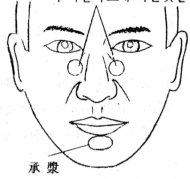

도적(盜賊)
도난을 당한것을 이 양쪽코
옆의 색으로 잃어버린 금품
이 되돌아오게 되는것을 알게됨

〈 도적(盜賊)과 승장(承漿) 〉

承漿
病氣의 증상으로 藥의 效果를 본다

모(毛)의 관법(觀法)

두발모(頭髮毛)는 극한상태(極限狀態)에 놓인 인간(人間)의 심리(心理)를 그대로 표명(表明)할 때가 있다. 예(例)를 들면 「발모(髮毛)가 총모립(總毛立)」이라 하여 공포(恐怖)에 쫓긴 상태(狀態)이지만, 따로 「노발천충(怒髮天衝)」이라 하여 격노(激怒)하여 발모(髮毛)가 쭈빗하게 된 상태(狀態)를 나타내고 있다.

또 모근(毛根)은 인간(人間)이 죽어도 모근(毛根)만은 살아 있는 것이다. 옛날 토장(土葬)이 많았던 것이니 묘(墓)가 풍우(風雨)에 허물어져 유해(遺骸)가 나타난 것을 보면 발모(髮毛)가 길어져 있었다는 등(等)의 예(例)가 흔히 있었던 것이다.

발모(髮毛)는 영양(榮養)이 불량(不良)하거나 몸의 상태(狀態)에 이상(異常)이 있던가 하면 갑자기 염색(艶色)이 없어져 지모(枝毛)가 부풀기도 한다. 또 극도(極度)의 걱정거리가 있든가 하면 하루 밤 사이에 탈모(脫毛)하여 벗겨지거나 혹(或)은 백발(白髮)로 변(變)하는 수도 있다.

발모(髮毛)는 흑흑(黑黑)하여 색광(色光)이 있는 것이 좋은 상(相)이며 아무리 적(赤)이나 금발(金髮)로 염색(染色)한 경우(境遇)라도 색광(色光)이 좋으면, 혜운상(惠運相)임에는 변(變)함이 없음

색광(色光)이 없는 머리털을 가진 사람은 다병(多病)인 상(相)이다. 또 갑자기 색광(色光)이 지기 시작(始作)할때는 난병(難病)에 걸리거나 재난(災難)을 당(當)할 전조(前兆)이다.

강(剛)한 머리털은 강(强)한 의지(意志)의 소지자(所持者)이며, 반대(反對)로 세모(細毛)인 사람은 몸이 유약(柔弱)하여 성격(性格)도 여성적(女性的)이여서 소극적(小極的)인 상(相)이다.

꼿꼿한 모발(毛髮)을 가진 사람은 실직(實直)하며, 오그라진 모

발(毛髮)을 가진 사람은 낙천가(樂天家)로서 음감(音感)에 예민(銳敏)하며 섹스도 상당(相當)히 강(强)하다.

모발(毛髮)의 밀도(密度)가 짙은 사람은 온후(溫厚)하고, 엷은 사람은 조잡(粗雜)한 타입이다.

가마가 두개 또는 세개 있는 사람은 지적(知的)인 면(面)이 우수(優秀)하여 독창적(獨創的) 발상력(發想力)을 가진 사람이다. .

자(髭)의 관법(觀法)

지금(只今)까지 구자(口髭) 악자(顎髭), 협자(頰髭)등(等)이라고 하여 왔으나, 옛날에는 발(髮)에도 어려운 명칭(名稱)이 붙어 있었다. (圖參照)

남성(男性)으로 자(髭)가 없는 것은 좋은 운명(運命)을 지녔다고는 할수 없다. 자(髭)가 짙은것은 남성적(男性的)인 성격(性格)으로 재운(財運)에도 혜택(惠澤)이 있는 상(相)이다. 그러나 지나치게 짙은 자(髭)인 경우(境遇)는 무슨 일에도 거칠은 성격(性格)을 지니고 있다. 자(髭)가 엷은것은 여성적(女性的)인 성격(性格)으로 운명적(運命的)으로 그다지 좋다고는 할수 없다.

인중의 자(髭)는 재운(財運)을 나타내고 있으며, 이곳에 자(髭)가 나지 않는 사람은 금전(金錢)으로 고생(苦生)하는 상(相)이다.

자색(髭色)은 사람에 따라 각각(各各) 다르다. 흑자(黑髭)는 용기(勇氣) 있는 상(相), 갈색(褐色)은 상식가(常識家

)인 동시(同時)에 정열가(情熱家)이기도 한 상(相), 청광(青光)인 자(髭)는 잔인(殘忍)하여 냉혹(冷酷)한 상(相), 다색(茶色)은 궁핍상(窮乏相)이다.

자(髭)가 경(硬)한 사람은 격렬(激烈)한 성격(性格)의 소유주(所有主)이며, 그와는 반대(反對)로 유자(柔髭)인 사람은 친절(親切)한 성격(性格)이다. 꼬부라진 자(髭)는 생각이 깊어 지혜(智慧)를 잘 살리는 상(相)이라 한다.

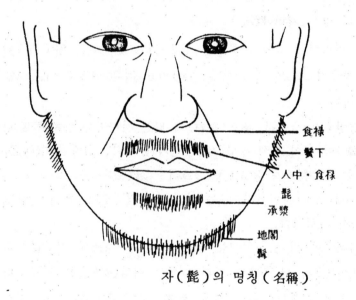

食祿
鬢下
人中・食祿
髭
承漿
地閣
髯

자(髭)의 명칭(名稱)

검은 사마귀(黑子)

안면(顏面)은 그 사람의 생활(生活)과 운명(運命)을 적어내는 거울(面鏡)이다. 따라서 얼굴에 나타나는 모든 것을 인상학(人相學)으로 말하며 의미(意味)가 없는것이 없다

검은 사마귀는 생리학적(生理學的)으로는 피부(皮膚)의 색소

(色素)가 침전(沈澱)하면 된 것이라고 하고 있지   그러나 왜 그렇게 되는지는 아직 해명(解明)되지 않고 있다.

그만큼 사마귀는 신비(神秘) 스럽기도 하여 사람의 용모(容貌)에도 영향(影響)을 미치는 것 처럼 인상학(人相學)에도 그 운명(運命)에 크게 좌우(左右)되는 것이 있다. 이마 한가운데 있는 사마귀는 남성(男性)은 길상(吉相), 영달운(榮達運)이 있는 사람이다. 여성(女性)은 기성(氣性)이 과격(過激)하여 부운(夫運)이 없는 사람이다.

이마의 머리카락 짬에 가로로 나란히 있는 사마귀는 길(吉)하며, 특(特)히 그것이 일곱개(七箇)있는 것은 대길(大吉)한 상(相)이다.

이마 중앙(中央)에서 좌우(左右)에 있는 사마귀는 양친(兩親)의 인연(姻緣)이 엷어 일찍 사별(死別)하거나, 아니면 함께 동거(同居)할 수 없는 상(相)으로 불효(不孝)스러운 상(相)이다.

양미(兩眉)에 사마귀가 있는 사람은 총명(總明)하여 현명(賢名)한 사람이다.

하검(下瞼)에 있는 사마귀는 남성(男性)은 섹스에 강(强)하여 색정(色情)의 난(難)이 있다고 하며, 여성(女性)인 경우(境遇)에는 부운(夫運)이 없이 결혼(結婚)과 이혼(離婚)을 반복(反復)하는 상(相)이다. 안두(眼頭)에 사마귀가 있는 있는 사람은 남녀(男女) 모두 결혼운(結婚運)이 좋지 못하다. 또 안미(眼眉)에 있는 사마귀는 금운(金運), 재운(財運)이 좋으며, 그 중(中)에도 호색가(好色家)도 있다.

권골(顴骨)에 사마귀가 있는 사람은 권력(權力)을 타인(他

人)에 빼앗기는 상(相)이다.

귀의 사마귀는 일반적(一般的)으로 길상(吉相)이지만은 귀 앞에 있는 것은 화난(火難)의 상(相)이라 한다.

하협(下頰)의 사마귀는 남성(男性)은 사교적(社交的)이여서 명랑(明朗)한 성격(性格)의 소유주(所有主)이고, 여성(女性)은 부군(夫君)을 잘 섬겨 가정(家庭)의 행복(幸福)을 얻을 상(相)이다.

코에 붙어 있는 사마귀는 일반적(一般的)으로 구멍이 뚫린 지갑(紙甲)을 가진 사람이라 하여 돈이 들어 오는대로 지출(支出)되어 버릴 상(相)으로, 오히려 출비(出費)가 많아 평생(平生) 금전적(金錢的)인 고생(苦生)이 그치지 않는다. 또 여난(女難)을 당(當)할 소유주(所有主)이다.

비근(鼻筋)에 있는 사마귀는 여성(女性)인 경우(境遇) 병약(病弱)한 상(相)으로, 특(特)히 호흡기(呼吸器)와 생식기(生殖器)에 주의(注意)를 요(要)한다.

비두(鼻頭)에 있는 것은 남성(男性)은 뜻밖의 대금(大金)이 들어 오지만은 호색(好色)인 상(相)이기도 하다. 여성(女性)은 금운(金運)이 있지 만은 부운(夫運)이 엷은 사람이다.

소비(小鼻)의 사마귀는 빈핍상(貧乏相)이다.

상진(上唇)의 사마귀는 수난상(水難相)이며, 하진(下唇)에 사마귀가 있는 사람은 남녀(男女) 모두 고생(苦生)이 그치지 않으며, 또 섹스로 인(因)한 분쟁(紛爭)에 말려 들기 쉬운 상(相)이다.

악(顎)의 중앙부(中央部)에 사마귀가 있는 사람은 술에 빠지기 쉬우며, 성격(性格)도 의지(意志)가 약(弱)한 상(相)이다.

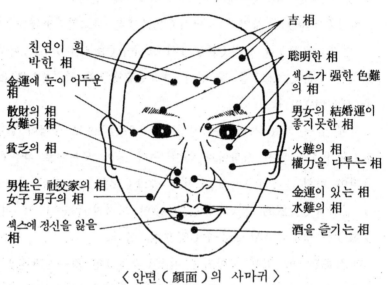

친연이 희박한 相
金運에 눈이 어두운 相
散財의 相
女難의 相
貧乏의 相
男性은 社交家의 相
女子 男子의 相
섹스에 정신을 잃을 相

吉相
聰明한 相
섹스가 强한 色難의 相
男女의 結婚運이 좋지못한 相
火難의 相
權力을 다투는 相
金運이 있는 相
水難의 相
酒을 즐기는 相

〈 안면(顔面)의 사마귀 〉

보조개

보조개는 보통(普通) 여성(女性)에 많으며 권골(顴骨)의 밑부분(部分)에 나타나는 것이지 만은 사람에 따라서는 장소(場所)와 형(形)은 많이 틀린다.

보조개가 예쁜 사람은 "백만불(百萬弗)의 보조개"라고도 말하지만은 인상상(人相上)으로는 그다지 좋지 않다. 일반적(一般的)으로 만년운(晚年運)이 좋지 못한 상(相)이라 하고 있다.

보조개는 어린 시기(時期)부터 생기는 것으로서 보조개가 생기는 사람은 조숙(早熟)한 타입이다. 성인(成人)이 되어도 보

조개가 나타난 사람은 세상사(世上事)를 가볍게 생각하는 경향
(傾向)이 있으므로 주의(主意)를 요(要)하게 한다. 간혹(
間或) 남성(男性)이 보조개가 있는 사람이 있으나, 이런 타입
인 사람은 성격(性格)이 여성적(女性的)이며 외관상(外觀上)
으로도 동작(動作)이 유(柔)하여, 엄(嚴)한 남성세계(男性世
界)에서의 경쟁(競爭)에 이겨 나갈수 없는 사람이다.

인상상 (人相上) 특징적 (特徵的)인 것은 눈밑의 남녀궁 (男女宮)의 부풀음이 후대 (厚大)해야 한다는 것이다.

이 남녀궁 (男女宮)이 크게 부풀은 상 (相)은 결혼 (結婚) 상대 (相對)의 남성운 (男性運)에 혜택 (惠澤)을 받는 것을 나타내고 있으며, 그런 여자 (女子)인 경우 (境遇) 반드시 사람들이 미망 (美望)할 남성 (男性)과 결혼 (結婚)하게 될 것이다.

자녀 (子女)는 현재 나타나고 있는 상 (相)으로는 남아쪽으로 기울게 될것으로 생각 된다.

다만 약간 (若干) 걱정이 되는 것은 그 여자 (女子)의 안미 (眼眉)의 처첩궁 (妻妾宮)에 가로주름살이 있다는 것이다. 이것은 많은 남성 (男性)들에 연담 (緣談)을 많이 받을 상 (相)으로, 결과적 (結果的)으로 좋은 상대 (相對)를 찾게 되는 것이다.

그 때 까지는 비교적 (比較的) 마음이 안정성 (安定性)을 잃어 본심 (本心)으로는 「이 사람을」, 생각하고 있는 사람으로 부터 오해 (誤解)받기 쉬운면 (面)이 있다.

죽은깨와 인상(人相)

혼히 "죽은깨 미인(美人)"이라고 하여 죽은깨는 특(特)히 여성(女性)의 경우(境遇), 미인(美人)의 요소중(要素中)의 하나로 거론(擧論)되고 있다.

그러나 인상학상(人相學上)으로는 죽은깨는 길상(吉相)보다 오히려 흉상(凶相)인 편이 많다.

협골(頰骨)과 권골(顴骨)에 있는 죽은깨는 그다지 운명(運命)에 영향(影響)이 미치지 않지만, 비상(鼻上)에 있는 것은 틀림없는 흉상(凶相)이다.

특(特)히 여성(女性)은 부운(夫運), 가정운(家庭運)에 혜운(惠運)이 없다. 의외(意外)로 이 타입의 여성(女性)이 옥여(玉輿)를 타는 일이 많겠지 만은, 경제적(經濟的)으로는 혜운(惠運) 있어 일견(一見) 행복(幸福)한것 같으면서도 부군(夫君)은 딴 여성(女性)을 두어 외박(外泊)이 많아 진다.

따라서 부부(夫婦)의 애정(愛情)도 언젠가는 완전(完全)히 냉각(冷却)하여 버릴 시기(時期)가 와서 금전(金錢)만에 의지(依持)하는 일생(一生)을 보내게 되는 것이다. 남성(男性)의 죽은깨는 다른 모든 길상(吉相)을 약화(弱化) 시킨다.

제 3 장 (第三章)

인상 (人相)의 여러가지 관법 (觀法)

상 (相)은 노력 (努力)에 따라 변하게 할수 있다.

어떤 사람이라도 자신의 얼굴을 좋아 하는 사람은 없는것 같다. 전부 (全部)가 전부 (全部)싫다는 것이 아니더라도 어딘가 한두 곳이 있다.

눈이 싫다거나 입이 싫다거나, 여러가지 불평불만 (不平不滿)은 있다. 그러면 어떻게 할까? 이 질문 (質問)에 대 (對)해 두가지의 대답 (對答)이 있다.

하나는 어찌 되었든 부모 (父母)로부터 받은 것으로서 함부로 바꾸어서는 안된다는 사람과, 또 하나는 잘 될수만 있다면 그런것에 구애 (拘礙)받지 않고 바꾸어 버리면 좋을것이 아닌가라는 사고방식 (思考方式)이다. 나는 어느 쪽이냐 하면 전자편 (前者便)을 지대 (支待)한다.

도대체 (都大體) 인상 (人相)이라는 것은 대뇌작용 (大腦作用)의 그림자 같아서 아무리 그림자 쪽을 좋도록 하여도 대뇌 (大腦)라는 본질 (本質), 즉 (卽), 인간자체 (人間自體)가 변화 (變化)되는 까닭이 없다. 거기서 그사람의 운명 (運命), 성격 (性格)도 당연 (當然) 변화 (變化)되는 일은 없다.

중신 (中身)을 개혁 (改革)하면, 자연 (自然), 인상 (人相)도 개선 (改善)되어지는 것이 도리 (道理)이다. 독서 (讀書)를 많이 하고 있는 사람의 얼굴은 일견 (一見)만으로 라도 알수 있다 그 사람의 총명도(聰明度)가 나타나 있으며, 더구나 자신(自身)이 있는 것이다.

정형(整形)을 하기 보다는 한권(一卷)의 책(册)이라도 읽어서 교양(教養)을 쌓는 편이 효과적(効果的)일 것이다. 피부상(皮膚相)이나 정형(整形)은 본래(本來)의 것은 아니다. 밑에 플라스틱등(等)을 넣을 경우(境遇) 위의 피부(皮膚)는 대체(大體) 어떻게 되겠는가 도리어 생기(生氣)를 잃어버려 상(相)이 나쁘게 되기 마련이다.

웃지 않는 코, 표정(表情)이 없는 협(頰)이 결(決)코 길상(吉相)이라고는 생각(生覺)하기 어렵다. 그런것으로 운세(運勢)가 변(變)하는 일은 없다.

반대(反對)로 부정직(不正直)하게 사람의 눈을 속일려고 하는 심산(心算)의 비천(卑賤)함은, 결(決)코 그사람을 행복(幸福)하게 하지는 않는다고 생각 된다.

더구나 교통사고(交通事故)등(等)으로 부서진 얼굴을 고치는 것은 당연(當然)한 일이다. 본래(本來)처럼 고칠 필요(必要)가 있다.

인위적(人爲的)으로 가(加)해진 파괴(破壞)의 자리를 수복(修復)하여 타인(他人)에게 불쾌(不快)한 느낌을 주지 않는 것이 중요(重要)하다

그대로 방치(放置)해 두어서 안된다

그것은 본래(本來) 그사람의 얼굴이 아니기 때문이다.

중신(中身)과 외측(外側)이 일치(一致) 않으면 부당표시

(不當表示)가 된다.

여배우중(女排優中)에는 인기(人氣)가 하락(下落)되거나, 어느 나이가 되면 정형(整形)하는 사람이 있다

일시적(一時的)으로는 인기(人氣)가 회복(回復)되지 만은 그러한 가운데 다시 침체(沈滯)해 버리게 된다.

본래(本來) 매력(魅力)이 없으므로 사라지고 있는 것이다. 그것이 외측(外側)의 상자(箱子)만 아무리 바꾸어 등장(登場)하여도 제대로 잘 될 까닭이 없는 것이다. 그녀(女)들은 그 후(後) 타인(他人)의 얼굴을 붙여서 생활(生活)하지 않으면 안 된다.

「도연초(徒然草)」에 가(榎)의 승정(僧正)이라는 사람의 이야기가 있다.

큰 가(榎)가 있었으므로 사람들에게 그렇게 불리워 왔지만은 거기에 화가 치밀어 가(榎=싸리나무)를 케어 버렸다. 그렇게 하니 사람들은 이번에는 연(連)못의 승정(僧正)이라고 하였다 한다.

사마귀와 흉터도 역시(亦是) 이것과 비슷 하다고 생각할 것이다 오히려 나쁘게 되어 버릴 경우(境遇)가 있는것이다.

신경질(神經質)인 사람은 가급적(可及的) 설레이지 말고 마음을 너글 너글 하게 갖도록 하면 자연(自然)히 미(眉)도 열려지게 되어 미간(眉間)의 세로 주름살도 없어 질 것이다.

소문만복래(笑門萬福來)라 한다. 웃으면서 살며는 자연(自然)히 길상(吉相)이 되는 것이다. 우선 알속 부터 고치도록

하자.

이것이 역시(亦是) 인상(人相)이 좋아지는 한갖 골자(骨子)라고 생각(生覺)한다.

표정(表情)은 얼굴형(形)을 바꾼다.

감정(感情)이 풍부(豊富)한 사람일수록 표정(表情)이 바뀌어 진다. 마음속의 내용(內容)이 변화(變化)하는 모습이 바로 얼굴의 움직임으로 나타난다.

노(努), 희(喜), 비(悲), 악(樂), 모든 표정(表情)이 일과성(一過性)을 가지고 통과(通過)하고 있다. 그 뒤에는 아무것도 남지 않는 것이 보통(普通)이다. 큰 즐거움이나, 슬픔이라 든가는 얼굴 형(形)에 무언가를 남겨두고 가는 것이다.

혈동(血凍)하는것 같은 참격(慘劇)을 본 사람의 모발(毛髮)이 하루밤 사이에 백발(白髮)로 변(變)해 버렸다는 것은 이러한 예(例)이기도 하다.

이처럼 극단(極端)은 아니지 만은 우리들의 표정(表情)은 무언가의 형(形)으로 조금씩, 그사람의 얼굴 형(形)을 변(變)해 가고 있다.

그기서, 링컨은 「四十을 넘으면 자신(自身)의 얼굴에 책임(責任)을 가져라.

눈을 노(努)하게 하고, 어금니를 악문 노기(努氣)의 표정(表情)을 끊임없이 짓고 있는 사람은 결국(結局)

그 노기의 표정 (表情)이 고정 (固定)되어 눈에 험 (險)이 나오게 된다. 이것은 이미 때어 버릴려고 하여도 버리지 못하게 되어 버리는 것이다.

어린이 시절 (時節)에 불행 (不幸)하게 자란 사람에 때때로 이와같은 상 (相)을 보지만은 결 (決)코 사람에게 호감 (好感)을 받게 될 사람은 못되며 음기 (陰氣)인 사람, 변절적 (變節的)인 사람으로 경원 (敬遠) 당 (當)하게 된다.

이와 같이 고정 (固定) 되기 쉬운 표정 (表情)에 슬픔의 표정 (表情)이라는 것도 있다. 끊임 없이 슬퍼 하고 있는 사람은 명궁 (命宮)에는 서로 주름살을 지니고 그 수 (數)가 갈수록 늘어난다.

이렇게 되어 가면 표정 (表情)이 어둡게 되어 상대 (相對)에 좋은 인상 (印象)을 줄수 없게 된다.

표정자체 (表情自體)가 혼자 움직이기 시작 (始作)하여 그 사람의 운명 (運命)을 결정 (決定)지어 버리는것 처럼 되어버린다.

우는 얼굴은 가급적 (可及的)하지 않는 편이 좋다. 울상을 짓는 얼굴은 어떤 미인 (美人)으로는 보이지 않으며, 남자이면 최저 (最低)의 상 (相)이다.

놀란 표정 (表情)은 그만큼 안형 (顔形)에 영향 (影響)을 주는 일은 없다라고 하는 것은 놀라는것, 즉 (即) 새로운 것은 그다지 일어나지 않는다.

오히려 중요 (重要)한것은 반드시 얼굴의 어딘가에 남아 있게 마련이다. 웃을 때는 입가에 근육 (筋肉)이 움직여 주름살이 된다. 법령(法令) 같은 곳은 보다 깊게 새겨지게 된다.

미(眉)와 미(眉)의 사이도 맑고 깨끗하게 열리게 되는 형(形)으로 되는 것이다.

가급적(可及的) 즐거운 표정(表情)을 만들어 두는 것이 좋을 것이다. 조금씩이지 만은 그것이 당신(當身)의 상(相)을 좋은 상(相)으로 좋은상(相)으로 이끌어 가게 된다.

「싱글벙글 하고 있어요」관상가(觀象家)의 누군가가 그렇게 말 한다. 싱글벙글하여 기분(氣分)을 편안(便安)하게 가지는 것은 누구에게도 기분(氣分)이 좋은 일이다.

인간(人間).은 외골로 고집(固執)이 강(强)해도 살아 갈 수 있는 것은 아니다. 반드시 타인(他人)의 도움이 필요(必要)한 것이다.

그때 타인(他人)을 당신(當身)께로 끌어 들이는 것은 무엇일까요, 그것은 양기(陽氣)이며 쾌활(快活)하게 웃음이 있는 얼굴 표정(表情)일 것이다.

조금이라도 웃음이 있는 얼굴 표정(表情)일 것이다. 조금이라도 웃음이 담기도록 노력(努力)할 필요(必要)가 있을 것이다.

그런데 이러한 다음에 움직임을 일체(一切)밖으로 표명(表明)하지 않는 수가 있다. 무표정(無表情)한 얼굴이다.

아무것도 중심(中心)을 나타내지 않는 무표정성(無表情性)은 타인(他人)과의 교제(交際)를 단절(斷切)하고 있는 것이다.

이와 같은 표정(表情)은 곧 버릇이 되어 고정(固定)되어 버리지만 이 상(相)처럼 나쁜 상(相)은 없다. 표정(表情)이 움직이지 않는다는 것은 죽어 있다는 뜻이 된다. 사상(死相)과 통(通)하여 대흉(大凶)이다. 인간(人間)이면 인간답게 감정(感情)의 움직임에 몸을 맡겨서 살아가는 것이 진실(眞實)일 것이다. 무표정(無表情)의 냉도(冷度)는 그대로 마음의 냉도(冷度)를 보이고 있는 것이다. 만약(萬若) 이와같은 사람과 만나면 깊은 접촉(接觸)을 하지 않으면 안된다. 자신(自身)을 위(爲)하지 않는것은, 예사로 끊어버릴 사람의 상(相)이기 때문이다.

버릇을 보고 인심(人心)을 안다.

버릇은 자신(自身)으로서는 분명(分明)하게 느끼지 않는 것으로서, 그만큼 자신(自身)의 심중(心中)을 솔직(率直)하게 들어내고 있다. 없어도 칠벽(七癖), 누구에게도 버릇은 있다.

이것을 인상(人相)과 합(合)쳐서 생각해 보면 매우 정확도(正確度)가 높은 관상(觀相)을 할수 있게 된다.

명궁(命宮)의 색(色)이 좋고 이마도 믿음직스러운 상(相)을 가지고 있는 사람이 살짝 비두(鼻頭)를 쓰다듬는 것은 금전적(金錢的)으로 잘 되어 가는 상태(狀態)를 나타내고 있다. 내심(內心)은 덕의양양(得意揚揚)한 표정(表情)이다.

「무어 이런것 쯤은 자주 있는 일이 아닌가」그런 느낌이다. 금후(今後)에도, 순풍만범(順風滿帆)으로 금전적(金錢的) 불안(不安)이 없는 상태(狀態)가 계속(繼續)된다고 봐도 좋을 것이다.

활동력(活動力)도 있는 명랑(明朗)한 사람이므로 이후(以後)부터 교제(交際)하여도 손해(損害)보지 않는 사람이다.

머리를 긁어적 거리는 버릇은 비교적(比較的) 많은 사람이 가지고 있는 버릇이다. 실패하였을때에 손이 자연(自然) 움직이는 것이다. 잘 까부는 사람이 많으며, 그다지 심각(深刻)한 실패(失敗)는 아니다.

큰 실수(失手)를 하였을 때는 명궁(命宮)에 좋지 않는 색(色)이 나타나며, 전택궁(田宅宮)도 좁혀져 있어 얼굴 전체(全體)에우색(優色)이 감돌고 있다.

머리에 손이 가는 실수(失手)는 안심(安心)하고 듣고만 있으면 된다.

대개(大槪)는 「오늘 만년필(萬年筆)을 잊어 버렸다」든가,친구들과 만날 시간(時間)을 잊고 걱정이 되어 허둥지둥 십분(十分)늦게 뛰어 왔다는 경우(境遇)이다. 그다지 실수(失手)라 할 수 없는 것이다.

이러한 실수(失手)를 하는 사람은 호인형(好人型)인 사람이 많은것 같다.

별로 해의(害意)가 없는 사람으로서, 가끔 실수(失手)를 하였더라도 접촉(接觸)하여도 좋은 사람이다.

흔히 이마에 땀을 비추는 사람이 있다. 비대(肥大)한 사람으로 내어 밀기는 당당(堂堂)하게 하고 있지 만은 겁(怯)이 많은 사람이다. 눈에 빛이 비치고 있으나, 불쑥 자신(自身)의 뒷

요량(料量)도 없이 맞부딪혀 무너져버려, 안면(顔面)이 쇼크를 받은 상태(狀態)를 끌어 일으킨다.

만일(萬一) 위급(危急)할 경우(境遇)에 의지(依持)할수 없으며, 불리(不利)한 입장(立場)에 놓였을 때 예사(例事)로 친구를 배신(背信)하는 상(相)이기도 하다.

얼굴이 빨개지는 사람은 순진(純眞)한 마음의 소지자(所持者)이다.

색(色)이 희고 눈도 건전(健全)한 느낌을 주는 사람은 정의(正義)로운 인사(人士)이지만, 소위(所謂) 비단 손수건으로서 실용성(實用性)은 없다.

A를 A이고 B를 B이다 라고 하는것 처럼, 하는 것은 잘 하지만 융통성(融通性)이 없는 사람이라 생각하고 있으면 된다.

남자(男子)로서는 적극적(積極的)으로 여자(女子)를 설득(說得)시킬 사람은 아니며, 반대(反對)로 여자(女子)로부터 설교(說教)를 받아 무릎을 꿇을 사람이다.

입이나 입술에 관(關)한 버릇은 어느 버릇도 좋지 않다. 일찍 이유(離乳)할 유아(幼兒)는 반드시 입술을 자신(自身)이 빨고 있는 것이다. 빼앗긴 모유(母乳)에 대한 불만(不滿)이 입술을 빠는 버릇으로 되어버린 것이다. 어른들 중(中)에는 입술을 무는 사람이 있다.

이 사람의 심중(心中)에는 노기(努氣) 또는 후회(後悔)스러운 감정(感情)이 숨겨져 있다.

미간(眉間)에 많은 세로 주름살이 있을 경우(境遇)에는 지금(至今) 당장(當場) 그 불만(不滿)이 폭발(暴發)할려는 흉상(凶相)이다. 팔힘(腕力) 쓰는 싸움을 하는 사람의 얼굴이다.

한데 쾅 하고 두들겨 맞기 전(前)에 달아나는 것이 상책(上策)이다.

입이 삐죽거리는 버릇도 그리 좋지 못하다. 자조(自潮)한다는 경우(境遇)에 나타난다. 검(劍)을 취(取)해서는 무적(無敵)인 관우(關羽)도 사람을 죽인 뒤에는 아마도 입을 삐죽거리고 있는 표정(表情)을 짓고 있을 것이다. 결코 밝은 표정(表情)을 짓고 있지는 않을 것이다.

이마에 어두움이 있어 이런 버릇이 나타 났을 때는 무언가 좋지 못한 짓을 하고 있다고 생각 해도 좋을 것이다.

손톱을 씹는 것도 좋지 못한 버릇이다. 이 사람은 심중(心中)에 불만(不滿)이 쌓여 있다. 부족(不足)한 것이 있어 손톱을 씹는 것이다. 이 버릇이 있는 사람으로 악(顎)이 가느다란 사람은 고독(孤獨)한 사람이다. 단지(單只) 한사람만 쓸쓸하게 남겨진 사람 같다. 음성(陰性)인 사람이지만 친구를 강(强)하게 구(求)하고 있는 사람이다. 힘이 되어 주면 당신(當身)을 위(爲)하여 마음 든든한 벗이 될 것이다.

우는얼굴(笑顔)과 우는얼굴(泣顔)

우리 주위(周圍)에서 친지(親知)나 희극(喜劇), 코메디안들의 대표자(代表者)들 중(中)에서 웃는 얼굴들은 사기(邪氣)

가 없는 웃음들이다.

이런 웃음을 하는 사람은 소박 (素朴) 한 사람들이다. 농촌등지 (農村等地) 에 많이 있는 형 (型) 으로 점점 줄어져 가고 있다.

웃음 소리가 높으며 껄껄하여 양기 (陽氣) 인 것으로서, 적어도 웃을 때 만큼은 이처럼 소리 내어 웃고 싶다.

그러나 여성 (女性) 은 너무 큰 입을 벌리고 웃었으는 안된 다. 모나리자 처럼 "무언가 있겠지" 그렇게 남성 (男性) 에게생 각 하겠금 웃는 것이 최고 (最高) 일 것이다. 그렇지 않으면 남자 (男子) 는 걸려 들지 않는다.

웃음은 인간의 감정 (感情) 중 (中) 에서 가장 사람과의 타협 성 (妥協性) 이 강 (强) 한 감정 (感情) 이다. 타결 (妥結) 이 되 었을 때 우리들은 웃는 것이다.

그것은 악용 (惡用) 하는 웃음이 있다는 것을 잊어서는 안된다. 무리 (無理) 하게 밀어부친것 같은 표정 (表情) 을 지어 가면서, 입 끝으로만 움직거리고 눈이 웃고 있지 않는것은 진정 (眞情) 한 웃 는 얼굴이 아니다. 무언가 심중 (心中) 에 사심 (邪心) 이 있는 사람은 입끝만 꾸며대는 것은 할수 있지 만은 늘 동자 (瞳子) 까지는 신경 (神經) 이 돌아가지 못한다.

상담 (常談) 을 할때 이와같이 웃지 않는 동자 (瞳子) 를 보 았거던 가급적 (可及的) 깊은 관계 (關係) 는 하지않는 것이 좋 을 것이다. 열심 (熱心) 히 웃는 얼굴을 지을려고 그 저의 (低意) 에 무언가 흉게 (兇計) 를 간직하고 있다고 보아도 좋다.

남자 (男子) 의 웃음에도 모나리자의 미소 (微笑) 와 비슷하여지면 무언가 요괴(妖怪)낀 것을 느끼게 된다.

부동산 거래(不動產 去來)에서 소안전술(笑顔戰術)에 걸려 타인(他人)의 토지(土地)를 매입(買入)하게 되어 자신(自身)의 재산(財產)을 털려버린 사람을 알고 있으나, 그는 「함소(含笑)하는 사나이에 용심(用心)하라」고 하고 있으나, 수억(數億)의 재산(財產)이 일시적(一時的)인 소안(笑顔)으로 말미암아 사라져 버린 수도 있다.

소안(笑顔)의 두려움에 비(比)하면 읍안(泣顔)은 그다지 두려운 것은 아니다.

읍안(泣顔)이 보이는 것은 대체(大體)로 좋지 못한 일이 일어 났을 때이다. 그러나 이제 그이상(以上) 슬픈 일이 계속(繼續) 일어나지 않는것이 세상(世上)인 것이다.

진정(眞情)한 눈물은 그 사람의 슬픔을 위로(慰勞)해 주는 진정제(鎭靜制)이다.

더우기 위장(僞裝)인 읍안(泣顔)도 있다.

「당신과 헤어질려니 정말 슬퍼요」

틀림 없이 그녀는 울고 있다. 눈물도 줄줄 흘리고 있다. 그러나 그녀가 진정(眞情)으로 슬프다면 입도 울고 있어야 할것이다. 흑흑 흐느껴 북받치는 그것이 없을것 같으면 진정(眞情)한 읍안(泣顔)은 아니다.

웃는 것은 입으로 웃으며, 눈으로 웃는다. 울 경우(境遇)에도 눈으로 울고 입으로도 우는 것이다. 단지 눈물을 흘리는 것

만으로 진정(眞情)한 슬픔이 심중(心重)에 있다고는 생각 되지 않는다.

또 그 정도로 슬픔을 억눌릴 수 있는 사람은 마음이 강(强)한 사람일 것이다. 그녀(女)는 위자료조(慰藉料條)의 돈 까지도 받았다. 마침 잘 되었다고 생각하고 있음은 틀림 없는 일이다.

그러나 읍안(泣顏)은 어떻게 잘 되었다고 생각하고 있음은 틀림 없는 일이다.

그리고 읍안(泣顏)이 어떻게 되었거나, 한갖 일은 종결(從結)되었다는 것을 부언(附言)한다.

인상(人相)에 의(依)한 상성판단(相性判斷)

별항(別項)에서 약간(若干) 설명(說明) 했던 중국(中國)의 오행(五行)에 의(依)한 인상술(人相術)은 이 상성(相性)을 보는 하나의 방법(方法)이기도 한 뜻이다.

오행(五行)은 목(木), 화(火), 토(土), 금(金), 수(水), 등(等) 오성(五性)에 사람의 안면(顏面)을 분류(分類)하여 목성(木性)인 사람과 화성(火性)인 사람은 상성(相性)으로 좋다든가, 목성(木性)인 사람과 토성(土性)인 사람은 상극(相剋)으로 상성(相性)이 좋지 않다는 관법(觀法)이다.

오행은 각각(各各) 추상화(抽象化)되어 만약(萬若), 그 사람의 인상(人相)이 그 중(中) 어느것에 알맞추어지면 그 상성(相性)이나 상극관계(相剋關係)는 상징적(象徵的)으로 혹(或)은 대별(大別)한 것에서 합치(合致)되는 것이다.

오행 (五行)이 맞추어지는 것이 이 원리(原理)에 의(依)한 것
이다. 그러면 더욱 현대적(現代的)으로 말해서, 구체적(具體
的)인 얼굴의 형(剋)에서 상성(相性)을 살펴 보기도 한다.

얼굴과 얼굴에 의(依)한 상성(相性)의 판단(判斷)이다. 여
성(女性)이 원형(圓型)인 사람은 온화(溫和)하며 원만(円
滿)한 인성(人性)이 많은것 같다.

이 형(型)은 거의 어떤 타입의 남성(男性)에도 맞는다. 순
응성(順應性)이 높음으로 자신(自身)이 자신(自身)을 콘토롤
—하여 가며 상대(相對)에 기분(氣分)을 잘 맞추어 주는 타입
이다.

따라서 원형(圓型)인 남자(男子)와 결혼(結婚)하면 상호존
중(相互尊重)하여 온화(溫和)하게 되므로 , 싸움 없는 가정(家
庭)을 이룩 하게 된다. 가장 훌륭한 주부안전형(主婦安全型)
이라 하겠다. TV의 홈 드라머—적(的)인 가정(家庭)이 된
다.

원형(圓型)인 여성 (女性)이 각형 (角型)인 남성 (男性)
과 함께 되면 여성 (女性)은 나긋나긋하게 매어 달리는것 처럼
여성 (女性)답게 되어, 주부 (主婦)라기 보다 언제 까지나 연녀
적 (戀女的)인 분위기 (雰圍氣)가 감돌게 된다.

한편 남성측 (男性側)은 그렇게 한결같이 의지(依持)되는 것
이 즐거워 의기왕성 (意氣旺盛)하게 활동 (活動)하게 되며, 훌
륭한 보호자(保護者)가 되려고 노력 (努力)하게 된다.

내조(內助)의 공(功)이 되지 않는 내조(內助)의 공(功),

-283-

처 (妻)는 아무것도 하지 않더라도 언제나 남편 (男便)을 격려 (激勵)하고 있는것 같다.

출세 (出世)한 사람 가운데에도 이외 (以外)로 이런 타입이 많은것 같다.

이러한 타입의 전형 (典型)은 씨름장사 (壯士)나, 프로 야구선수 (野球選手) 혹 (或)은 프로레스의 부부 (夫婦)에도 보인다.

여성 (女性)이 원형 (圓型)인 경우 (境遇)에 남성 (男性)이 역삼각형 (逆三角形) 형 (型)의 타입의 남성 (男性)은 어느 편이냐 하면, 기질 (氣質)이 신경질 (神經質)인 사람이 많은 것 같다.

이 타입은 자신 (自身)쪽에서 적극적 (積極的)으로 일을 하는 것이 아니고, 활동력 (活動力)도 약 (弱)한 것이다.

거기에서 어떻게 되였던 여성측 (女性側)에서 리—더하여 가게 되지만은 하나의 팀에는 리—더가 있으며 또 그것을 따라가는 사람이 있는 것이 그 팀을 강 (强)하게 하는 것이다.

강기 (强氣)끼리가 부딪치면 대화 (大花)가 흐터지며, 약기 (弱氣)끼리로서는 도저히 되지 않는다. 그 점 (點)에서 이 팀은 좋다는 뜻이 된다. 다만 세상사 (世上事)의 통상적 (通常的)인 상태 (狀態)와는 달라서 남성 (男性)의 입장 (立場)과 여성 (女性)의 입장 (立場)이 반대 (反對)로 되어 있다.

여성 (女性)이 사각형 (四角型)인 타입과 원형 (円型)인 남성 (男性)은 매우 잘 어울린다.

근간 (近間)에 사각형 (四角型)인 여성 (女性)이 증가 (增加)

되고 있다. 옛날에는 부사액 (富士額) 으로 형난 (卵型) 이 여성 (女性) 에 많았으나, 현재 (現在) 에는 10% ～ 20 % 정도 (程度) 의 여성 (女性) 이 이런 타입이다.

의지 (意地) 는 강 (强) 하게 자신 (自身) 의 주장 (主張) 을 분명 (分明) 하게 관통 (貫通) 한다. 좋든, 나쁘든, 직선 (直線) 코ー스로 강행 (强行) 하고 있다.

그것을 서슴없이 받아 넘기는 것이 원형 (円型) 인 남성 (男性) 이다.

융통성 (融通性) 있고 협조성 (協助性) 도 있으므로 다툼은 결 (決) 코 일어 나지 않는다. 적당 (適當) 하게 어루만져 원만 (円滿) 하게 수용 (受容) 하여 간다. 여성쪽은 여성 (女性) 으로 그러한 성격 (性格) 을 알고 있으므로 어느 정도 (程度) 아양도 부리는 것 같다.

여성 (女性) 이 사각형 (四角型) 이고 남성 (男性) 도 사각형 (四角型) 인 경우 (境遇) 는 절충 (折衝) 하기가 어렵다.

양쪽 모두가 자기주장 (自己主張) 이 강 (强) 하며 서로가 의지 (意地) 가 고집불통 (固執不通) 이 되어 제대로 되지 않는다.

양쪽이 모두 활동력 (活動力) 도 있고 개성 (個性) 도 강렬 (强烈) 함으로 자석 (磁石) 의 동극원리 (同極原理) 처럼 반발 (反撥) 하게 된다.

힘의 강도 (强度) 가 강 (强) 한 만큼 반발력 (反撥力) 도 강 (强) 하다. 이 점 (點) 에서 원형 (円型) 인 여성 (女性) 과 원형

(円型) 남성(男性)과 같은 해석(解釋)은 곤란(困難)하다.

개성(個性)이 강(强)한 동지(同志)끼리의 상성(相性)은 상리(相離)된 개성(個性)인 사람이 마땅하다. 극도(極度)로 강기(强氣)인 사람은 극단(極端)으로 약기(弱氣)인 사람이 좋다.

사각형(四角型)인 여성(女性)과 역삼각형형(逆三角形型)인 남성(男性)의 결합은 완전(完全)히 내주장(內主障)이여서 의외로 잘 조화(調和)가 된다.

여성(女性)쪽은 화끈화끈 적극적(積極的)이지만, 남성(男性)쪽도 그의 활동(活動)에 대(對)해 별(別) 간섭(干涉)을 하지 않는다.

여성(女性)이 역삼각형(逆三角形)인 세형(細型)일 경우(境遇)는 왕왕(往往) 히스테리ー기질(氣質)인 사람이 많은 것 같다.

남성(男性)이 원형(円型) 경우(境遇)는 약간(若干) 잔소리를 듣더라도 예사(例事)로 받아 넘겨 버리니 그런 대로 잘되어가게 된다. 어쨌던 남성측(男性側)은 낙천적(樂天的)이므로 처(妻)의 히스테리도 어느 정도(程度) 완화(緩和)된다. 「어허참, 그만그만해」든가 하여 받아 들인다.

세형(細型)인 여성(女性)과 사각형(四角型)인 남성(男性)과의 결합(結合)은 앞의 결합(結合)에 비(比)해 원만(円滿)하게 갈수 있다. 남자(男子)는 호탕(豪蕩)하고 여자(女子)는 세심(細心)하므로 잘 되어 갈 것이다. 세형(細型)과 세형(

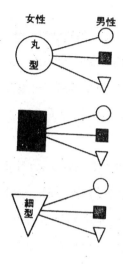

細型)과의 결합 (結合)은 어느 결합 (結合)에 비 (比)해서도 불리 (不利)하다.

대체 (大體)로 원만한 일이 아닌 한(限) 남자 (男子)도 여자 (女子)도 자신 (自身)의 상대 (相對)에 자신 (自身)과 동형 (同型)인 타입의 사람을 선택 (選擇)하는일은 없다 자연 (自然)히 호 (好), 불호 (不好)로 자신 (自身)의 최적 (最適)한 상대 (相對)를 골라내고 있는 것이다. 그러나 만일

➡ 상 (相)에 의 (依)한 상성 (相性)

(萬一) 세형 (細型) 대 (對) 세형 (細型)등 (等)의 결합 (結合)이 나왔을 경우 (境遇)는 결 (決)코 좋지는 않다. 닮은부부 (夫婦)라는 말이 있지만은,이것은 원형 (圓型)의 경우 (境遇)에 말할 수 있는 말이다.

그대는 결혼 (結婚) 할수 있는가 ?

여자 (女子)에 비 (比)해 남자 (男子)가 용모 (容貌)만을 탐내는 사람이 많다. 그러므로 여성 (女性)은 미인 (美人)으로 태어나면 평생 (平生)동안 비교적 (比較的) 덕 (得)을 보게 된다 그런데 어디가 여성 (女性)의 미 (美)의 상징 (象徵)인가 하면 귀여운 여성 (女性)은 일찍 결혼 (結婚)하는것 같다. 눈이 아름다운 사람은 결혼후 (結婚後)에도 혜운 (惠運)이 좋지만은 결혼상대 (結婚相對)도 좋은 상대 (相對)가 나타 난다.

또 눈과 눈의 간격(間隔)이 넓은 사람은 기질(氣質)의 상(相)으로 결혼생활(結婚生活)에 순응성(順應性)이 있으며, 상대(相對)의 남성(男性)과도 잘 해갈수 있는 타입이다. 이일을 남성(男性)도 선천적(先天的)으로 알고 있으므로 여성(女性)의 결혼(結婚)은 빠른것 같다.

눈이 큰사람은 사치성(奢侈性)이 있어 확 상기(上氣)될 직전(直前)에 한번 다시 보아주기 바란다. 그런 연후(然後)에도 늦지 않다. 이런 눈을 가진사람은 대체(大體)로 조숙(早熟)한 사람으로 연애(戀愛)나 섹스 체험(體驗)도 빠른 사람이 많은것 같다.

대체(大體)로 틈이 있어 보이는 여성(女性)인 쪽에 남성(男性)이 달려 붙기 쉬우며, 그 때문에 결혼(結婚)할 기회(機會)가 많아지는 것은 사실(事實)이다.

여성(女性)은 첫 체험(體驗)을 하면 목이 굵어 진다 한다. 그러므로 혼약시대(婚約時代)에 갑자기 여성(女性)이 굵은 느낌으로 목이 굵어 졌으면 첫 체험(體驗)이 있었다고 봐도 좋을 것이다.

이런 상(相)인 사람으로 인중(人中)에 세로주름살이 있는 사람은 비교적(比較的) 쉽사리 허락(許諾)하는 사람이 많다 한다.

미두(眉頭)가 소비(小鼻)의 양단(兩端)의 위치(位置)에서 시작(始作)하는 사람은 부정(不貞)한 사람이라고 하고 있다. 이 상(相)의 독신여성(獨身女性)은 상대남성(相對男性)

에 불용의 (不用意) 하게 승낙 (承諾) 하지 않도록 주의 (注意) 가 필요 (必要) 하다.

또 이런 상 (相) 의 소지자 (所持者) 로서 큰 눈과 큰 입과 **입술** 이 두터운 사람은 자신 (自身) 이 적극적 (積極的) 으로 남성 (男性) 을 구 (求) 하지만은 뒤에 후회 (後悔) 하는 수가 많은것 같다.

입술이 두터운 사람은 어떻게 되었던 애정 (愛情) 이 깊으므로 일단 (一段),깊은 사이가 되면 그것이 불륜 (不倫) 의 관계 (關係) 였더라도 좀처럼 빠져나기 어렵다.

조혼 (早婚) 도 좋지만 그러나 너무 서둘러도 좋지 않다. 가급적 (可及的) 결혼등 (結婚等) 이라는 것은 재 (再) 이혼등 (離婚等) 을 하지 않도록 신중 (愼重) 을 기 (期) 해야 한다.

혼기 (婚期) 가 늦어지는 타입에는 다음과 같은 것이다.

입이 크며 더우기 무언가 싫은 느낌을 주는 구각 (口角) 이 밑으로 **내려진** 사람은 기회 (機會) 를 놓치기 쉬운 타입이다.

여성 (女性) 으로 안미부분 (眼眉部分) 에 주름살이나 흉터가 있는 (妻妾宮) 사람은 불행 (不幸) 한 결혼 (結婚) 을 하는 수가 있다. 이마가 극단적 (極端的) 으로 넓은 사람은 혼기 (婚期) 가 늦어지는 사람이 많다. 「저렇게 미인 (美人) 이면서」라고 여러 사람들로부터 말을 듣게 되지만은 이상 (異常) 하게도 연 (緣) 은 먼것 같다.

잠시 (暫時) 교제 (交際) 를 하고 있는 사이에 남자 (男子) 쪽에서 도중하차 (途中下車) 하는 케ー스가 된다.

이마가 넓은 사람은 이성(理性)이 강(强)한 사람이 많으며, 그것이 남성(男性)에 대해서는 저항(低抗)이 되는 셈이다. 여자(女子)는 지나치게 현명(賢明)하면 쓸모 없다.

또 발제부위(發際部位)가 부사액(富士額)인 사람은 액(額)의 중앙(中央)이 밑으로 내려져 있어 마치 부사산(富士山)같은 이마로 되어 있다. 이런 상(相)인 사람은 자기주장(自己主張)을 분명(分明)히 하는 사람으로 자의(自意)를 굽히지 않는다.

상사(上師)나 수상(手上)에 대(對)해서도 반항(反抗)하는 상(相)이다.

요주의(要主意)의 상(相)으로서 남성(男性)도 그 감의(感意)가 좋지 못하다는 것을 육감(六感)으로 느끼게 된다.

어떤 사람은 앞 머리를 내루어 이 부사액(富士額)을 숨기면 좋다고 하지만은 그것은 한갖 수단(手段)이기는 하지만 근본적(根本的)으로는 기분(氣分) 가지기 나름일 것이다.

그다지 효과(効果)가 있다고는 생각되지 않는다.

팔중치(八重齒)인 여성(女性)은 결혼(結婚)하였으면 기회(機會)를 봐서 치(齒)를 고치는 것이 좋다고 생각 된다.

팔중치(八重齒)는 혼기(婚期)를 늦추게 하는것은 아니지만 과부상(寡婦相)의 한갖 타입이므로 고치는 편이 좋다.

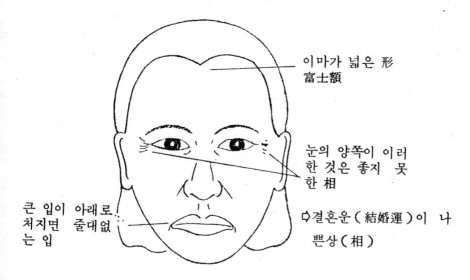

이마가 넓은 形
富士額

눈의 양쪽이 이러
한 것은 좋지 못
한 相

큰 입이 아래로
처지면 줄대없
는 입

↕결혼운(結婚運)이 나
쁜상(相)

또 인상(人相)은 아니지만 여성(女性)이면서 남성(男性)다운 음성(音聲)을 내는 사람은 우선 하이 미스가 될 타입이다. 나쁘면 결혼(結婚)을 못할 것이며, 결혼(結婚)하더라도 생(生), 사별(死別)할지 모른다.

남자(男子)가 남자(男子)같은 음성(音聲)을 들어도 매력(魅力)을 느끼지 않을 뿐 아니라 기분(氣分)이 나빠지기 때문 이겠지……

「남자(男子)한 사람 쯤이야 그까짓것」이런 거센 여자(女子)도 있다. 반대(反對)로 한사람의 남자(男子)도 잡지못하여 허둥지둥 하는 여자(女子)도 있다.

혼기(婚期)라는 것이 있어서 어느 시기(時期)가 지나면 연담(緣談)도 뚝 끊어져 버리는 것이지 만은 세상(世上)의 반

(牛)은 남성(男性)이라 생각(生覺)하고 기분(氣分)을 돌려 꾸준히 노력(努力)할 필요(必要)가 있다.

우울(憂鬱)하게 있으면, 기분(氣分)뿐이 아니라 자신(自身)의 얼굴 마져도 근심에 쌓여 쓸쓸하여 진다.

「소문만복래(笑門萬福來)」라 하였으니 우선(于先) 밝게 웃어 주기 바란다. 무엇보다도 우선(于先) 소안(笑顔)은 그대의 결혼운(結婚運)을 좋게 한다. 정신적(精神的)인 풍요성(豊饒性)은 나아가서는 그대의 개개(個個)의 바란스를 점점 좋은 방향(方向)으로 바꾸어야 한다. 성격(性格)이라는 것은 외부(外部)의 번질번질한 화장(化粧)이나 화려(華麗)하게 꾸민 것에서 부터 변(變)해 지는것은 아니다.

미녀(美女) 외 미남(美男)

미인대회(美人大會)의 미인(美人)은 요즈음에는 스타일도 크게 참고(參考)되지만은 역시(亦是)중요(重要)것은 얼굴 형(形)이다.

안면(顔面)은 대체(大體)로 팔개부분(八個部分)으로 분류(分類)할수 있다. 눈(目), 귀(耳), 코(鼻), 입(口), 눈썹(眉), 털(髮), 턱(顎), 이마(額)의 팔개부분(八個部分)이다.

미인(美人)이 되기 위(爲)해서는 바란스도 취(取)해져 있어야 겠지만,이 팔개(八個) 부분(部分)에서 미인(美人)의 조건(條件)을 그의 부분별(部分別)로 들어 보기로 한다.

눈(目)=크다란 것이 필요(必要)하다. 또렷한 눈이여야 한다.

귀(耳)=보통형(普通形)으로 크지도 적지도 않는 평범(平凡)한 것으로서 눈에 띄지 않는 것이 좋다.

코(鼻)=비근(鼻筋)이 섰고 커야만 하는 점(點)이 중요(重要)하다.

입(口)=큰 입이 좋다.

눈썹(眉)=여러가지 눈썹(眉)이 있으나 참다운 미인(美人)의 눈썹(眉)은 초생달미(眉)라고 한다.

머리털(髮)=오그라진 모발(毛髮)은 좋지 않다.

턱(顎)=난형(卵形)이 좋다.

이마(額)=넓은 편이 좋다. 짱구, 여우(女優)라고 하는 사람도 이 간격(間隔)의 사정(事情)을 암시하는 것이다.

이러한 모든 조건(條件)을 구비(具備)할수 있는 사람은 실(實)로 $2 \times 2 \times 2 \times 2 \times 2 \times 2 \times 2 \times 2 = 256$ 과 같은 가운데 한가지 방법(方法) 밖에는 없다. 256分의 1, 참다운 미인(美人)의 확률(確率)은 이만한 정도(程度)일 것이다.

미인(美人)이란 적은 것이다. 그러나 미인(美人)의 얼굴은 매우 닮아 있는 것이다. 얼굴의 각부(各部)가 규격화(規格化)되어 있으므로 전체(全體)가 닮아 지게 되어 있다.

「미인(美人)에는 한가지 얼굴밖에 없다. 」라고 말하는 사람도 있다. 표정(表情)에 등한(等閑)하다고 무너져 버린 흥미(興味)라든지, 맛이 있으면 편박(偏迫)한 것도 없는 법(法)

이다.

  인상(人相)인 편(便)에서 말 한다면 이런 상(相)인 사람은
상당(相當)히 활동력(活動力)도 있어 적극성(積極性)도 있는
사람이지만,너무나도 모두가 지나치게 갖추어진 것이 오히려 난점
(難點)이 되어 버리는 것이다.
또 자신(自身)의 미모(美貌)를 뽐내어 타인(他人)을 경멸(
輕蔑)하는 일도 나오게 된다.

  젊은 시절(時節)에는 그렇게 하여도 되었지 만은,그러나 나이
를 더 할수록 미모(美貌)가 쇠퇴(衰退)하여지면 어떻게 할 방
도(方途)가 없는 운명(運命)이 남아 있다.

  눈이 난형(卵型)인 것도 인생(人生)의 종말(終末)이 좋지
못하다는 것을 암시(暗示)하고 있다. 「미인박행(美人薄倖)」
이것은 단순(單純)한 이야기의 줄거리가 아닌 진실(眞實)이다.

  미인(美人)은 무척 용심(用心)하지 않으면 흉상(凶相)이
되어 버린다. 만점(滿點)인것은 그 이상(以上) 만족(滿足)
시켜 주지 못하는 이치(理致)이다.

  여우(女優) B양(孃)은 얼굴의 각부위(各部位)는 눈이나
코가, 대부분(大部分) 미인(美人)의 꾸격(規格)에는 맞
지 않지만 총체적(總體的)으로는 균형(均衡)이 잡혀 있는 것
이다. 그 이상(以上)으로 내장(內臟)되어 있는 미(美)도 얼
굴에 나타나 있다고도 말하며, 여성(女性)의 미(美)란 오히려
 그런 편(便)이 보다 아름다우며 길상(吉相)이다.

  미남(美男)도 역시(亦是) 남상으로서는 좋지 아니하다.

남자(男子)는 어느 편이냐 하면 무골(無骨)인 편이 좋다.

비(鼻)가 점잖게 앉았고 입도 큰것이 활동력(活動力)도 있다. 남자는 기량(器量)이 아니고 복력(腹力)과 담력(擔力)이다.

요즈음 여성(女性)은 남성(男性)에 대(對)한 미(美)의 요구(要求)에 강(强)한 것이 있다. 침대남성(寢台男性)이라는 것도 접대역(接待役), 그룹등(等)도 나타나고 있으나, 아직은 남성(男性)의 재산(財産) 담력(擔力)이다. 격심(激甚)한 경쟁(競爭)에 승리(勝利)할 거대(巨大)한 턱(顎)과 넓적한 이마(額), 커다란 코에 상징(象徵)하는 활력(活力)이 필요(必要) 하다는 것은 말할 필요(必要)도 없을 것이다. 「나는 미남(美男)이다」라고 생각하여 매일(每日) 남성용(男性用) 화장품(化臟品)을 사용(使用)하며 하루二, 三회(回) 거울을 보고 있는 자기도취형(自己陶醉

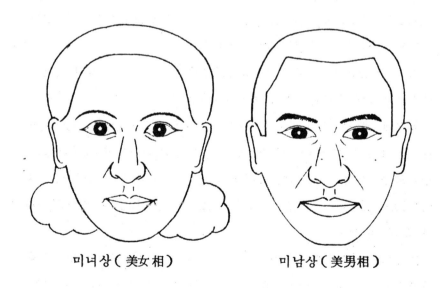

미녀상(美女相)   미남상(美男相)

-295-

型)이 되어서는 결(決)코 좋은 운세(運勢)를 가지고 있을 까 닭이 없다. 변칙적(變則的)인 표현(表現) 이겠으나, 미녀(美 女) 미남(美男)이 모두 문제(問題) 있는 상(相)이다.

금운(金運)을 얼굴에서 본다·

먼저 금운(金運)의 발상처(發詳處)라고 생각되는 이 코가 납 작 해서는 어떻게 할수가 없다. 단념(斷念)하는 것이 좋을 것이 다. 그렇다고 지나치게 높은 코도 좀 생각(生覺)할 여지(余地) 가 있다. 코가 지나치게 높은 사람은 코의 살붙임이 나쁘며, 엷고 포송포 송한 코의 소지자(所持者)가 많기 때문이다.

만사(萬事)가 알맞는 것이 좋은것 같으며, 금운(金運)이 강 (强)한 사람은 높지도 낮지도 않은것 같다. 코의 높이는 지성(至性)을 나타낸다. 높은 사람일 수록 지성(知性)이 더해 진다. 자기주장(自己主張)이 많아 진다.

지식인(知識人), 귀족풍(貴族風)이면 돈 벌이는 하기 힘들다 즉(卽) 교양(敎養)이 방해(妨害)한다.

한모에 백원(百円)하는 두부(豆腐)를 팔려면, 어떤 각도(角 度)로 예쁘게, 더구나 신나게 빨리 매도(賣度) 할수 있을까를 연 구(硏究)한다. 그런데, 그런것은 생각 하지도 않고 다만 소리 높 이 지르며 팔아버리면 되는 것이다. 그러나 코가 높은 사람은 그것 을 하지 못한다.

또 코가 지나치게 낮아도 좋지 못하다 코는 활동력(活動力)을 표시(表示) 하는 곳이므로 이곳에 자기주장(自己主張)이 없을 것 같으면 에넬루기─부족(不足)이라고 생각 되기 때문이다.

콧대가 강(强)할 정도(程度)가 아니면 금운(金運)은 굴러들 어 오지 않는다.

비공(鼻孔)의 상향(上向)도 좋지 못하다. 앞에서 보아서 비공 (鼻孔)이 둥그렇게 보이는 상(相)은 아무리 돈을 벌어도 어디 론지 물처럼 새어 버린다.

어린이의 코는 대체(大體)로 상향(上向)하고 있지만은 이와 같은 코를 쟈진 사람은 어린이 처럼 보인다. 좋게 말하면 무계획 성(無計劃性)이다. 사람에 따라서는 낭비성(浪費性)이며, 혹 은 물건 구입(購入)을 좋아 하는 사람이다.

비색(鼻色)이 청백(靑白)한 것도 좋지 못하다. 이것은 어 딘가 몸의 상태(狀態)가 나쁠때이니 금운(金運)이 따를 이유 (理由)가 없다. 코에 검은빛이 비치면 큰거래(去來)등(等) 의 차입(借入)은 타산(打算)을 맞추게 된다. 약간(若干) 홍 색(紅色)을 띈 사람도 있으나, 코끝에 빨간 좁쌀 낟이 되었을때 는 불의(不意)의 출비(出費)가 있으니 주의(注意)를 요(要)한다.

코가 아무리 좋더라도 입이 온전하지 못하면 금운(金運)은 좋 지 않다. 입을 벌리고 있다는것은 놀랐을 때이거나,정신(精神) 이 공백상태(空白狀態)로 되어 있다는 증거(證據)이다.

언제나 벌리고 있는 사람은 이점을 주의(注意)하기 바란다.

얼굴의 균형(均衡)으로 말 한다면 악(顎)이 빈약(貧弱)해 서는 안된다.

악(顎)이 빈약(貧弱)하여 가느다란 사람은 자신(自身)이 스스로 금운(金運)을 떨구는 경향(傾向)이 있다. 신경질(神經質)로서 포송포송한 사람에 복신(福神)은 가까이 하지 않는다. 또 귓밥이 크면 좋은 상(相)으로서 잡아 당겨 크게 할려는 버릇이 있는 사람이 있다.

이곳은 양쪽 균형(均衡)이 취해져 있으면, 문제(問題)되지 않지만 한쪽만 이상(異常)하게도 컸을 경우(境遇)는 일시적(一時的)으로 좋지만 대국적(大局的)으로는 좋지는 않다. 갖추어진 것은 로서 받아 들이는 커다란 곳이 없으면 도리어 금운(金運)으로부터 멀어지는 것은 당연(當然)한 일이다.

이상(以上)으로 금운(金運)이 없는 안형(顔形)을 여러가지 열거(列擧)해 보았으나, 이번에는 금운(金運)이 붙어 있는 안형(顔形)을 들어 보기로 한다.

코가 적당(適當)한 높이라야 된다는 것은 앞서도 명시(明示)하였으나, 금운(金運)이 좋은 코는 살붙임이 좋고 금갑(金甲)이라 하는 소비(小鼻)가 불룩하게 되어 있는 것이다.

이 소비(小鼻)는 당좌(當座)의 용돈, 호주머니 돈을 보기 때문에 잘 부풀어 있을 것이 필요(必要)하다. 튼튼해 보이는 소비(小鼻), 코 끝모양이 뚜렷하게 나타난 것이 최상(最上)이지만 중(中)에는 살이 불쑥하며, 지나치게 두터워 비형(鼻形)이 뚜렷이 들어나지 않는 것도 있다. 이럴 경우(境遇) 최상급(最上級)은 아니더라도 좋은것만은 틀림 없다.

어느것이던 옆으로 잘 퍼지고 살이 녁넉한것은 복상(福相)이다.

비공(鼻孔)이 큰 사람은 클수록 사업(事業)하거나, 큰 회사 (會社)에 근무(勤務)하게 된다.

들어 갈때는 크게 들어오지만은 일면(一面) 출비(出費)도 많 아질 상(相)이다.

작은 비공(鼻孔)인 사람은 출비(出費)도 대체적(大體的)으 로 적다. 큰 금운(金運)은 붙지 않지만은 소금(小金)에는 부 자유(不自由)스럽지는 않다.

여성(女性)은 대체로 작은 것으로서 평소(平素), 절약가(節 約家)임을 나타 낸다.

그러나 중(中)에는 대공(大孔)인 여성(女性)도 있다. 이 런 사람은 여사장(女社長)인 상(相)으로 다른 부분(部分)의 상(相)과도 관련(關聯)이 있지만은 경영능력(經營能力)을 가 진 사람이다.

금운(金運)이 있는 코는 흠이나 주름살 혹(或)은 사마귀 등 (等)이 없다.

흠이 있는 사람은 아무리 돈을 벌어 들이더라도 조금 모이면, 무언가 사용처(使用處)가 나타나게 되는 것이다.

그에 반(反)해서 흠이나, 주름살, 사마귀등(等)이 없는 사람 은 자연(自然) 돈이 모이게 된다.

비색(鼻色)이 담홍색(淡紅色)인 때두 금운(金運)이 성(盛)할때이다. 금운(金運)이 붙을까 어떠할가는 자신(自身)의 마 음 가짐이다. 입술이 다물어져 있으며, 수지(收支), 균형(均 衡)이 잡힌 얼굴이 되어 저축(貯蓄)도 되며, 재산도 불이 붙어난다.

일면 금운(金運)은 챤스이기도 하다.

좋은 기회(機會)를 놓치지 않도록 자신(自身)의 얼굴을 살펴 주기 바란다.

명궁(命宮 : 眉의眉間)이 빛이 비추고 있는것 같이 보이면 또는 색(色)이 지금(只今)까지 보다 변(變)해 있다고 생각할때 이럴 때가 기회(機會)이다. 어름어름하고 있으면 시간(時間)이 돈을 가지고 가버린다.

기회(機會)와 자신(自身)의 운기(運氣)의 일치(一致)를 명궁(命宮)의 색(色)에 보는 것이다.

귀가 묘(妙)하게 근질근질 할 때라든가,문득 손이 귀로 갈때는 돈이 들어 오거나 나갈까 하는 상(相)이다.
이런 상(相)은 돈의 이동(移動)을 나타 낸다.

수주(垂珠)인 곳에 쌀 낟알이 一, 二립(粒)이 얹힐 상(相)은 부자상(當子相)이라 한다. 수주(垂珠)는 몸의 위계(胃系)와 관계(關係)가 깊으며 이곳이 육후(肉厚)한 사람은 몸도 튼튼하며 마음도 느긋한 사람이다. 정신적(精神的)으로 풍요(豊饒)한 사람은 금운(金運)의 챤스를 놓치지 않는다.
그러므로 풍부(豊富)한 생활(生活)을 하게 된다.

부자(富者)인 사람이면서도 이 수주(垂珠)가 빈약(貧弱)한 사람이 있지만은 그런 사람은 돈이 있더라도 호색(好色), 도박(賭博) 등(等) 지적(知的)인 놀이에 결여(缺如)된 사람이다.

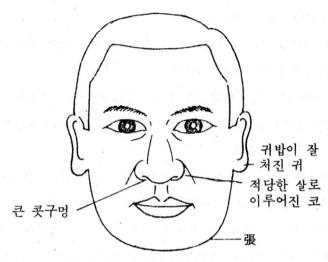

귀밥이 잘
처진 귀

적당한 살로
이루어진 코

큰 콧구멍

張

금운(金運)이 있는 상(相)

사역(使役)하는 얼굴과 사역(使役) 당(當)할 얼굴

사람을 사역(使役)하는데는 상당(相當)한 활동력을 가지고
있는 사람의 상(相)은 자연(自然)히 국한(局限) 되어 오는
것이다.

그러므로 외국(外國)의 좌익계(左翼系)의 신문(新聞)이 자
본가(資本家)를 쓸 때는 반드시 악장(顎張)한 비만형(肥滿型
)을 하나의 타입으로서 고르며, 반대(反對)로 노동자(勞動者
)쪽은 악세(顎細)한 역삼각형(逆三角形)의 안형(顔型)에 한
다.

일견(一見)한것 만으로 아! 이것이 사역자(使役者)이고 저
것이 사역(使役)을 당(當)하는 사람이라는 것을 알수 있다.

과장(誇張)된 점(點)이라 하더라도 이것은 하나의 진리(眞理)를 암시(暗示)하고 있는 것이다.

그러면 사람을 사역(使役)하는 측(側)의 얼굴의 특징(特徵)을 기술(記述)해 보기로 한다.

우선(于先) 안면(顔面)의 삼정(三停)의 균형(均衡)이 잡혀져 있는 경우(境遇)가 많으며 하정(下停)인 악(顎)이 펼쳐져 있고 살붙임이 좋다.

이마는 넓으며, 비스듬히 돋아 있어 관록궁(官綠宮)인 곳이 높아져 있는 사람은 사람을 사역(使役)하는 사람이다.

이런 상(相)에 세개(三個)의 가로 주름살이 있으면 귀금봉(鬼金棒)이다. 직장(職場)에서는 부장급(部長級) 이상(以上)이다.

일반적(一般的)으로 회사(會社)이면 취제역(取締役)이나 대표자(代表者)가 이런 이마의 소지자(所持者)이다.

미간(眉間)에 있는 한개(一個)의 세로 주름살은 현침문(懸針紋)이라고도 하여, 이 주름살의 소유자(所有者)도 역시(亦是) 사람을 사역(使役)하는 입장(立場)인 사람이다.

이러한 명궁(命宮)이나 이마의 주름살은 역시(亦是) 고생(苦生)하고 있다는 표식(標識)으로서, 관리직(管理職)이란 것이 결(決)코 평안(平安)한 입장(立場)이 아니더라는 것을 나타내고 있다.

다만 그 고생(苦生)을 고생(苦生)으로 보이지 않는 청청(晴晴)함이 그들에게는 있다. 명궁색(命宮色)이 좋은 사람은 사람을 채용(採用)해도 성공(成功)하게 된다.

그 색(色)의 양도(良度)가 사람 사역(使役)에 자신(自信)을 말하고 있기 때문이다. 실력(實力)이 있으므로 그 상(相)이 얼굴에 나타나 있다고 생각하여도 좋을 것이다. 눈이 큰사람, 큰 입으로 야무지게 다문 입인 사람도 역시(亦是) 사람을사역(使役)할 타입이다. 귀는 크고 더구나 야무지게 잡힌 사람은 역시(亦是) 길상(吉相)이다. 반대(反對)로 사람을 사역(使役)하는 입장(立場)에 섰더라도 귀가 적은 사람은 정신적(精神的)인 고통(苦痛)이 그치지 않는다.

귀의 위치(位置)가 눈보다 밑에 붙어 있으며,옆에서 보았을때 뒤쪽으로 붙은 사람은 대회사(大會社)에서 수만명(數萬名)을 사역(使役)할 입장(立場)에 서게 될 사람이다.

물론(勿論) 이런 사람의 악(顎)도 좋은 상(相)을 하고있음은 말할 나위도 없다.

한편 사람에 사역(使役) 당(當)할 사람의 타입은 악(顎)이 빈약(貧弱)하여 약(弱)하게 보이는 느낌을 준다.

이곳이 튼튼하지 않는 사람은 대성(大成)하지 못한다.

또 작은 눈의 소지자(所持者)도 그다지 좋지 못한것 같다.화려(華麗)한 것을 좋아 하지 않는 성격(性格)도 표면(表面)에 나아가 일 할수 있는 자격(資格)이 없다는 뜻이다.

섹스와 인상(人相)

섹스와 그 사람의 활동력(活動力)과는 커다란 관계(關係)가 있다.

활동력 (活動力)이 있는 사람은 일도 할수 있으며, 호운 (好運)
인 인생 (人生)을 보낼 확률 (確率)이 높은 사람이다.

인상 (人相)과 섹스는 명쾌 (明快)한 관계 (關係)에 있다.

인상 (人相)이 나빠지면 섹스도 좋지 못하게 된다. 주 (主)로
섹스는 눈밑의 남녀궁 (男女宮)에서 관점 (觀占)하지 만은 이곳
이 섹스의 상태 (狀態)를 가장 잘 나타내는 곳이다 .

이곳이 검스레 하고 탁 (濁)해져 있을것 같으면 이미 그 사람의
성적 (性的)인 스테미너는 남아 있지 않다고 생각해도 좋을 것
이다.

핑크색 (色)으로 빛나고 펼쳐져 있으면 二회 (回)나 三회 (回
)라도 OK라는 인표 (印標)이다. 남녀궁 (男女宮)은 직접적 (
直接的)인 섹스의 척도 (尺度)로 되어 있다.

그 밖의 부분 (部分)에서는 벗겨진 머리의 남성 (男性)은 모두
섹스를 좋아 하여 더우기 강 (强)한 사람이다.

주위 (周圍)를 살펴보면 한 두사람은 벗거진 머리를 지닌 사람
이 눈에 띨 것이다. 그러한 사람들은 의외 (意外)로 부인 (夫人
)이 젊거나 二호부인 (號夫人)에 둘러 쌓여 있거나 한다.

남성 (男性) 호르몬은 수염부분 (部分)을 지배 (支配)하며, 두
발 (頭髮)쪽은 여성 (女性) 호르몬 보다 남성 (男性)호르몬이 많
아지면 머리털 (毛髮)이 빠지게 된다.

남성 (男性)호르몬이 많을 수록 호색 (好色)이 되어 섹스가 강
(强)해 지므로 벗겨진 사람도 강 (强)하다고 할수 있다.

같은 이유(理由)로서 흉모(胸毛)가 짙은 남성(男性)은 생식기(生殖器)도 발달(發達)되어 있다. 중(中)에는 사이즈는 저열(低列)한것 같이 보이지만 경도(硬度)로는 빠지지 않는다는 사람도 있다.

소비(小鼻)가 펼쳐진 사람도, 코도 훌륭하지만은 남성(男性) 독특(獨特)의 것도 훌륭하다.

코는 남자(男子)의 성기(性器)를 의미(意味)하고 있으나, 입이 큰사람, 이마가 M자형(字型)인 사람, 수염이 짙은 사람등(等)은 모두 섹스에 강(强)한 사람이다.

남성(男性)이든 여성(女性)이든 치(齒)가 나빠졌다거나 의치(義齒)를 넣으면, 섹스는 약(弱)해진다. 모든 것은 자연(自然)의 섭리(攝理)라고 할수 있다.

여성(女性)의 섹스의 부분(部分)에 대(對)해서도 얼굴로서 유추(類推)할 수 있다. 입이 큰 것은 그 부분(部分)이 느슨하다는 속설(俗說)이 있지 만은 그것은 거짓말이다. 입은 클수록 좋다고도 한다.

역시(亦是) 섹스의 현상(現狀)을 사실(事實) 그대로 나타내고 있는 곳은 남녀궁(男女宮)일 것이다. 멘스일 때등(等)은 이곳이 기미가 생길 것으로 보인다.

이 밖에 고장(故障)이 있을 때는 이곳에 좋지 못한 색(色)이 떠어 있나.

젊고 피부(皮膚)가 고운 사람이라도 이런 상(相)이 나타 날 때가 있다.

약간 (若干) 지나친 것이 아닌가 하고 필요 (必要) 없는 추리 (推理) 도 한다는 뜻이다.

흔히 여성 (女性) 을 가리켜 소지 (小指) 를 세워서 표현 (表現) 하지 만은 소지 (小指) 가 굽어 있거나, 손상 (損傷) 을 입었을 때는 여성 (女性) 의 성기 (性器) 에 이상 (異常) 이 생긴다. 굽은모양에 따라 자궁후굴 (子宮後屈) 이나 자궁전굴 (子宮前屈) 이 되는 상 (相) 이다.

귀의 홈 부분 (部分) 은 여성 (女性) 의 홈에 해당 (該當) 된다 하여 이 형 (形) 으로 그 곳의 모양도 판단 (判斷) 한다. 귀는 여성 (女性) 에 있어서 성감대 (性感帶) 의 하나로서 귀를 희롱하면 여성 (女性) 의 성감 (性感) 은 높아 진다.

귀의 위치 (位置) 에 따라 여성 (女性) 의 섹스가 상부 (上付) 인가 하부 (下部) 인가를 판단 (判斷) 하기도 한다.

귀가 안선 (眼線) 보다 밑에 있는 사람은 상부 (上部) 라고 하고 있다.

눈이 큰 여성 (女性) 은 정열적 (情熱的) 이여서 설득 (說得) 시키기 쉬우며, 또 화끈하게 타 오를 사람이다. 백안 (白眼) 이 파랗게 맑은 여성 (女性) 은 불감증 (不感症) 이거나, 신경질적 (神經質的) 인 여성 (女性) 이다.

인중 (人中) 의 가로주름살은 섹스에 약 (弱) 한 여성 (女性) 으로 혼전 (婚前) 교섭형 (交涉型) 이다.

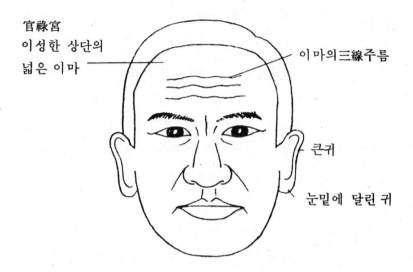

官祿宮
이성한 상단의
넓은 이마

이마의 三線주름

큰귀

눈밑에 달린 귀

처(妻)만으로는 부족(不足)한 벗겨진 머리(頭)

눈썹과 눈썹사이가 좁은 여성(女性)은 성감(性感)을 표정(表情)으로 표면화(表面化)한다고 한다. 또 입술이 두터운 여성(女性)은 특(特)히 감도(感度)가 뛰어 났으며, 하진(下唇)이 나온 것은 섹스를 즐기는 여성(女性)이다.다만 도수(度數)가 지나치면 몸을 상(傷)하게 된다.

또 입술 색(色)은 섹스와 통(通)해 핑크 빛깔이 길상(吉相)이다.

염(艶)이 없는 희끄무레한 입술인 사람은 냉성(冷性)이거나 불감증(不感症)으로 그다지 좋지 않다.

태아(胎兒)가 남자(男子)나 여자(女子)나?

인상상(人相上)으로는 실체(實體)가 있으며, 그것이 상(相)에 나타나 있는 것을 관점(觀占)하는 것이다. 그러므로 아기의 성별(性別)을 맞추는 것은 관상상(觀相上)의 문제(問題)이기도 하다는 뜻이다.

신혼직후(新婚直後)인 사람이 임신(妊娠)하면 태아(胎兒)가 남자(男子)인지 여자(女子)인지 즐거운 기대(期待)를 하게 되지 만은, 낳는 본인(本人)의 입장(立場)이 되면 여러가지 불안과 기대(期待)가 뒤섞여 큰일이다.

이 관점(觀占)은 50%의 확률(確率)을 맞추지 만은, 어느쪽이 태어 나든 좋으니까 눈을 지그시 감고 기대(期待)하면서 마음 편안 하게 가지고 관점(觀占)해 보기로 한다.

맞추면 축하(祝賀), 벗어나면 실례(失禮), 그러니 애교(愛嬌)로 받아 달라는 뜻이다.

보는 곳은 임신부(妊娠婦)의 남녀궁(男女宮)을 본다.

어두운 곳에서는 잘못 보는 수가 있으니 밝은 곳에서 봐야만 한다.

남녀궁(男女宮)의 우(右)가 좌(左)에 비(比)해 육(肉)의 부풀은 정도(程度)가 강(强)하며, 색(色)은 엷은 홍색(紅色)으로 되었을때는 남아(男兒)이다. 이와 반대(反對)로 좌(左)의 남녀궁(男女宮)이 부풀어 있으며, 이곳의 색이 엷은 홍색(紅色)으로 되었을때는 여아(女兒)이다. 감정(鑑定)이 매우 어렵지 만은 임신(妊娠) 삼개월(三箇月)에서 오개월(五箇月)사이가 가장 판별(判別)이 쉬운것 같다.

또 안미(眼眉)의 오르내림으로도 판단(判斷)하는 방법(方法)이 있다.

임부(妊婦)의 우안미(右眼尾)가 올라 갔으면 여아(女兒)라고 한다.

이것은 마음이 냉정(冷靜)하지 않으면 안된다. 떠들썩 할때나 기분(氣分)이 당기지 않을 때는 중지(中止)해야 한다. 또 순산(順產)이냐 난산(難產)이냐를 인중(人中)을 보고 판단(判斷)한다.

속(俗)으로 임부(妊婦)의 눈이 과격(過激)하게 보이면 남자(男子)이고, 여성(女性) 그대로 눈으로 유순(柔順)하게 보이면 여아(女兒)라 한다.

그 근거(根據)로는 남자(男子)의 고환(睪丸)에서 나오는 남성(男性) 호르몬에 의(依)해 눈초리가 올라가므로 이렇게 판단(判斷)한다.

일면(一面) 진리(眞理)는 있는것 같으나, 어느것이 온순(溫順)한 얼굴이며, 과격(過激)한 얼굴임을 간파(看破) 하는 것은 용이(容易)한 것이 아니다.

어린이 안면(顏面)으로 장래(將來)를 판단(判斷)한다.

남아(男兒)는 장래(獎來), 훌륭하게 성공(成功)할 두가지 형(型)이 있다. 소위(所謂) 눈, 코, 입, 의 균형(均衡)이 취(取)해진 아안(兒顏), 이런 상(相)인 어린이로 골상적(骨上的)으로 봐서 이마보다 후두부(後頭部)가 튀어나온 아안(兒顏)은 이과계(理料系)에 적합(適合)하다.

회사근무(會社勤務)의 월급생활직(月給生活職)이 되어도 영업 분야(營業分野)에서 연구소(研究所)나 현장(現場)인 편(便) 이 적합(適合)하다.

반대(反對)로 앞 이마가 짱구인 어린이는 대인관계(對人關係)를 잘 이루어 감으로 영업분야(營業分野)가 적합(適合)하다. 사람에 따라서는 외무활동(外務活動)에 천재적(天才的)인 능력(能力)을 가진 사람도 있다. 어쨌던 균형(均衡)이 잡힌 것이 장래(將來) 대물(大物)이 될 제일(第一)의 조건(條件)이타는 것은 재언(再言)을 불요(不要)한다.

부모(父母)로 부터 받은 골격(骨格)으로 악골(顎骨)이 큰 어린이는 인상상(人相上)에서 말하더라도 부동산(不動産) 관계(關係)가 적합(適合)하다.

보통회사(普通會社)이면 총무관계(總務關係)에 적합(適合)하다.

악(顎)이나 새골(鰓骨)이 펼쳐진 어린이로서 앞으로 향(向)한 상(相)인 어린이는 음악관계(音樂關係)로 향(向) 하는것이 좋을 것이다.

눈의 위치(位置)가 비교적(比較的) 아래에 붙어 있는 어린이는 신장(伸長)할 충분(充分)한 여지(余地)가 있다.

전체적(全體的)으로 바깥으로 향(向)한 느낌의 눈, 코, 입의 소유주(所有主)는 외향적(外向的)인 일에 대성(大成)하며, 반대(反對)로 작은 어린이는 내향적(內向的)이므로 기술적(技術的)인 기량(技兩)을 주체(主體)로 한 직(職)을 택(擇)하는 것이 적합(適合)하다. 석구(石球)의 어느곳을 찾아 석유발굴

(石油發掘)같은 일이 적합(適合)하다. 태어나면서 입술이 두터운 어린이는 요리집의 조리사(調理士) 등(等)이 적성(適性)일지 모른다.

입술이 발달(發達)하여 크다는 것은 그만큼 미각(味覺)이 발달(發達)하여 있다는 상(相)이다. 그런 사람중에는 요리학교(料理學校) 선생(先生)일 수도 있다.

눈과 눈과의 사이가 좋고 턱(顎)이 반반하게 생긴 어린이가 몸집이 크며, 운동신경(運動神經)이 발달(發達)한 어린이는 장래(將來) 스포츠로 입신(立身)할 가능성(可能性)이 있다.

손끝의 기량도(器量度)는 대뇌(大腦)의 발달(發達)과 관계(關係)가 매우 깊은 것이다. 이 두가지는 상(相)도 작용(作用)하면서 손끝쪽으로는 기량도(器量度)를 대뇌(大腦)쪽에 치밀도(緻密度)가 생긴다고 한다.

그기서 어린 시절(時節)에 손끝에 기량(器量)이 있으면 물론(勿論) 물건을 만드는 일에 적합(適合)하지 만은 인내성(忍耐性)과 근면성(勤勉性)이 좋으면 기술직(技術職)뿐이 아닌 어떤 직업(職業)에도 능력(能力)을 발휘(發揮)할수 있다.

어린이가 왼손잡이로 걱정하는 사람이 있으나 결코 비관(悲觀)하거나, 열등감(劣等感)을 갖게 해서는 안된다. 억제(抑制)로 교정(矯正)하면 반드시 대뇌(大腦)쪽의 발달(發達)에도 영향(影響)되어 좋은 결과(結果)는 얻기 어렵다 한다.

왼손잡이 어린이는 어른이 되면, 기술계(技術系)의 제조(製造) 제작부문(製作部門)으로 진출(進出)하여 성공(成功) 하고 있는것 같다. 약간 외고집을 부리기 쉬운 것이 결점(缺點)이다.

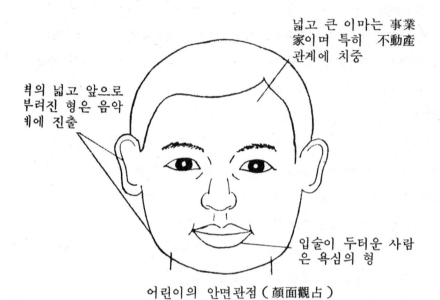

넓고 큰 이마는 事業
家이며 특히　不動産
관계에 치중

벽의 넓고 앞으로
부러진 형은 음악
훼에 진출

입술이 두터운 사람
은 욕심의 형

어린이의 안면관점 (顔面觀占)

눈이 좋다는 것은 시력 (視力)이 좋다는 뜻이다.　미 (眉)인 곳
이 돋아 있는 어린이는 비행기 (飛行機)의 조종사 (繰縱士)등 (
等) 교통기관 (交通機關)의 일이 적합 (適合)하다.

　여아 (女兒)가 눈이 크고 입, 코가 잘 갖추어진 어린이는 T V
탈렌트 또는 배우 (俳優)등 (等)에 적합 (適合)한 상 (相)이지
만 웬만큼 경쟁 (競爭)이 심 (甚)하므로 그런 각오 (覺悟)로 진
행 (進行)하기 바란다.

　몸도 튼튼하며, 더구나 근기 (根氣)가 좋아야 배겨낼수 있다.일
약 (一躍) 스타ー의 배후 (背後)에는 거의 몇백배 (百倍) 몇천배
(千倍)의 사람이 있으므로,사람을 꺼꾸러 뜨리고서도 쟁취 (爭取
)해야 할 격심 (激甚)한 경쟁 (競爭)에서 싸울 투지 (鬪志)가
필요 (必要)하며, 아름답다는 것은 그 최저 (最低)의 조건 (條件

)이다.

눈이 가늘고 코, 입이 작은 여아(女兒)는 수예(手藝),미용원(美容院)등(等)의 직(職)에 적합(適合)한 타입이지 만은보통(普通)의 OL이 희망(希望)이면 중소기업(中小企業)쪽이 도리어 능력(能力)을 발휘(發揮)할수 있을지 모른다.

여성(女性)의 태반(殆半)은 직장생활(職場生活)을 하더라도 용전(用錢)의 염출(捻出)을 위(爲)해서나, 여행(旅行)을위(爲)한 것으로 일을 배워 이렇쿵 저렇쿵 할수는 없다. 오히려 장래(獎來) 부군(夫君) 후보자(候補者)를 골루기 위(爲)해 근무(勤務)한다는 케一스가 강(强)하므로,후장(後章)의 그대는 결혼(結婚)할수 있는가?의 항(項)에 기술(記術) 하기로 한다.

그러나 현대(現代) 여성(女性)은 변(變)해 가고 있다. 결혼(結婚)하지 않고 동거(同居)하고 있는 사람이나, 결혼(結婚)하고도 서로 직장(職場)을 가지고 어린이를 낳지 않겠다는 부부(夫婦)도 있다. 그러기 위(爲)해서도 여성(女性)의 직업(職業)에 대(對)한 감각(感覺)을 개조(改造)할 시기(時期라고 생각한다.

콤퓨一트 의 한창 시대(時代)이지만은 직업병(職業病)을 운운 云云)한 시대(時代)이므로 큰일이지만,모발(毛髮)이 짧은 사람보다 장발(長髮)인 사람이 좋을것 같다. 단발(短髮)인 사람은 기발(氣髮)이 깨끗하고 더구나 간섭(干涉) 쟁이기는 하지만, 장발(長髮)인 편(便)이 듬쑥하고 신중미(愼重味)가 있다.

이와 같이 세장(細長)한 안면(顔面)보다 원형(円型)이나, 난형(卵型)인 편(便)이 적성(適性)이 있다.

여성(女性)의 동경(憧憬)의 대상(對象)인 스튜디오스에는 눈이 큰 사람이 많이 보이지 만은, 일견(一見) 즐거워보이는 직업인것 같으나, 실(實)은 고(苦)되는 중노동(重勞動)이다.

더구나 밀실(密室)속에 들어박혀서 하는 일이므로 체력(體力)을 감당(堪當)하지 못하는 사람은 결단(決斷)코 수행(遂行)하지 못한다.

스튜디오스가 될만한 사람은 눈이 가는 사람이나 눈과 눈사이가 지나치게 넓은 사람은 피(避)하는 것이 좋을 것이다.

안면(顔面)의 균형(均衡)이 잡혀 있는 상(相)인 사람은 역시(亦是) 내면적(內面的)인 균형(均衡)이 잡혀 있어 언제나 기분(氣分)을 고르게 지녀 조그마한 일에 동요(動搖)되는 일은 없다.

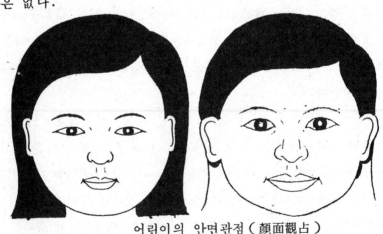

어린이의 안면관점(顔面觀占)

그러나 그 위에 상식(常識)도 발달(發達)되어 있어 남성측(男性側)에서 많이 바라고 있는 신부상(新婦像)이다. 이 상(相)이야 말로 여성최고(女性最高)의 상(相)일지 모른다

부군(夫君)을 신장(伸長)시킬 여안(女顔)

산수(算數)처럼 1＋1＝2로서는 세상사(世上事)은 재미가 없다. 부부(夫婦)처럼 한사람의 남성(男性)과 한사람의 여성(女性)이 모여 만들어진 팀은 결(決)코 산수(算數) 대로 되지 않는다. 1＋1＝0이 되기도 하고 혹(或)은 1＋1＝9가 되기도 한다. 이것이 부부(夫婦)의 묘(妙)가 있는 곳이다.

그런데 남자(男子)는 그 사람의 처(妻)에 의(依)해 웬지 변(變)한다고 한다. 지금 듣는 이야기로, 이제까지는 우애(友愛) 있었던 형제(兄弟)가 각각(各各)의 처(妻)가 생기면 전연(全然) 달라진 험악(險惡)한 형제(兄弟)가 되어버려 상호왕래(相互往來)도 뚝 끊어져 버릴수가 있다. 타인(他人)이 들어오게 됨으로 어려워진다.

그 형제(兄弟)는 각각(各各)자기 처(妻)쪽으로 이끌려 본래(本來)의 의(誼)좋던 형제(兄弟)로 되돌아 가지 못한다.

이런 경우 등(等) 그러한 사태(事態)에 이르러서도 저희들은 잘한 것으로 믿고 있기 때문에 구(救)하기 어렵다.

선택(選擇)해야 할 것은 처(妻)이다.

자신(自身)의 지위나 입장(立場) 마저도 경우(境遇)에 따라서는 무너져 버리는 수도 있다.

어떻게 하면 이러한 사태 (事態) 를 피 (避) 할수 있을까, 그것은 역시 (亦是) 그 여성 (女性) 의 상 (相) 가운데 양처 (良妻) 가 될수 있는 요소나, 악처 (惡妻) 가 될수 있는 요소 (要素) 가 나타나고 있다.

눈은 큰편이 좋다. 특 (特) 히 극단적 (極端的) 인 불균형 (不均衡) 은 좋지 않다. 조금 크기가 좌우 (左右) 틀린 자웅안 (雌雄眼) 이 좋다. 활발 (活潑) 하여 양성 (陽性) 이면서 더구나 부군 (夫君) 을 섬기는 순종성 (順從性) 도 있다.

큰 눈은 주위 (周圍) 사람을 꽉 끌어당길 작용 (作用) 을 하여 그대가 그 중심으로 떠받게 되는 느낌이 들것이다.

입술은 약간 두터운 것이 좋다. 입술은 성생활 (性生活) 을 표시 (表示) 하고 있는 것으로서, 풍요 (豊饒) 로운 입술은 풍요 (豊饒) 로운 섹스가 붙어 있는 것이다. 세상 (世上) 에서 섹스를 싫어 하는 남편 (男便) 은 없으므로 어떤 나쁜 결합 (結合) 의 한쌍이라 하더라도 제대로 평균적 (平均的) 인 부부 (夫婦) 가 되어 꾸려나갈수 있게 된다.

반대 (反對) 로 제법 결합 (結合) 이 좋은 부부 (夫婦) 면, 처 (妻) 는 부군 (夫君) 을 세우고, 부군 (夫君) 은 처 (妻) 를 감싸주는 세상 (世上) 에도 드문 의 (誼) 좋은 부부 (夫婦) 가 되는 것이다. 부부 (夫婦) 가 사이 좋은데 간섭 (干涉) 하는 사람은 없다. 그런 부부 (夫婦) 는 점점 주위 (周圍) 로 부터 떠받들리게 된다.

그것은 부군 (夫君) 의 출세 (出世) 라는 구체적 (具體的) 인예 (例) 가 된다. 이와 같이 부군 (夫君) 을 끌어 일으키는 상 (相

)의 여성(女性)은 또 인중(人中)도 발달(發達)하고 있어서 형(形)도 좋으며, 색(色)도 좋은 것이다.

인중(人中)은 자녀운(子女運)을 나타냄으로 이것이 좋은 사람은 자녀운도 좋다는 의미(意味)가 된다. 좋은 자녀(子女)는 부부(夫婦)에 대(對)해 꺽씩 이상(以上)의 역활(役割)을 한다.

인생(人生)이라는 것은 때에 따라서는 자식(子息)에 의(依)해 교육(敎育)을 받는 수도 있는 것이다.

사람이 어버이가 되지 않으면 제구실을 한다고 할수 없다. 좋은 자녀(子女)를 낳는 여자(女子)는 부군(夫君)을 신장(伸長)시킨 여성(女性)이라 하여도 과언(過言)은 아니다.

또 둥근얼굴(圓顔)인 여상(女相)도 복상(福相)이다. 대체(大體)로 여성(女性)은 난형(卵型)이거나, 원형(圓型)인 얼굴이 많이 있으나 중(中)에는 각형(角型)인 턱(顎)을 가지고 있는 여성(女性)도 있다.

이런 상(相)인 여성(女性)은 부군(夫君)을 일으켜 세우기 보다는 자신(自身)이 나가서 일 하고 싶은 의욕(意欲)을 가지고 있다. 부군(夫君)의 운세(運勢)를 소멸(消滅)시키는 것은 아니지 만은 부군(夫君)의 운세(運勢)가 박(薄)해질 염려(念慮)가 있다.

난형(卵型)인 턱(顎)으로는 약간(若干) 평범(平凡)하여 부군(夫君)을 신장(伸長) 시킬 턱(顎)의 상(相)이다.

어느 정도(程度) 적극성(積極性)이 있으며 더구나 부군(夫

君)을 신장 (伸張) 시킬 턱의 상 (相)이며 또한 부군 (夫君)의 운세 (運勢)를 끌어 세우므로 좋다.

이상 (以上)을 총괄 (總括) 하면, 양기 (陽氣)이며 온화 (溫和)한 가운데 어느 정도 (程度) 강 (强)한 의지 (意志)가 있는 현명 (賢明)한 여성 (女性)이라 할수 있을 것이다.

이러한 여성 (女性)을 처 (妻)로 맞는 부군 (夫君)은 아무리 사람의 자질이 (資質)이 그 만큼 못되더라도 어느 정도 (程度)의 지위 (地位)에 오르게 되는 것이다.

앞으로 가까운 장래 (將來)에는 미국형 (美國型)의 사회 (社會)가 실시 (實施) 될것 같다. 그렇게 되면 실업면 (實業面)까지 처 (妻)의 힘이 요구 (要救)되기에 이르러 가고 있다고 본다.

부군 (夫君)의 발을 잡아 당기는 여안 (女顏)

처 (妻)이면서도 자신 (自身)의 출세 (出世)고 뭐고 못쓰게 만들어 버린 여성 (女性)이 있다. 부군 (夫君)의 할일과 처 (妻)가 할일이 모두 같을 경우 (境遇)에는 결코 좋지 않다.

가령 (眼今) 이제 막 방안에 들어가 푹 쉴 생각을 하면 선수 (先手)를 빼았겨, 상대 (相對)가 먼저 들어 가버렸다면 결코 좋은 기분 (氣分)이 될수 없다. 너무나도 비근 (比近)한 예 (例)를 들었지만 그런 일도 흔히 있다.

자신 (自身)은 이렇게 생각 하고 있다고 생각 하면, 처 (妻)는 같은 생각을 부군 (夫君)보다 먼저 말해 버릴 경우 (境遇) 역시

(亦是) 머리가 쾅하여 진다. 강기 (强氣)끼리의 충돌 (衝突)
이 서로 맞붙는 상태 (狀態)이면은 더욱 좋지 못한 결합 (結合)이
다. 남성 (男性)은 본래 (本來) 강기 (强氣)인 것으로 능동적 (
能動的)이다, 그와 비슷한 남성적 (男性的)인 상 (相)의 여성
(女性)은 대체로 부군 (夫君)을 상극 (相剋)하는 상 (相)인
것이다. 그 상 (相)을 더욱 구체적 (具體的)으로 설명 (說明)
하기로 한다.

눈썹 (眉)이 일자 (一字) 형 (型)으로 된 상 (相)은 좋지못
하다. 일직선 (一直線)인 미 (眉)는 의지 (意志)의 강 (强)함
을 나타내고 있는 것으로 부군 (夫君)과 자주 부딪치게 된다. 부
군 (夫君)을 무언가에 바보 취급 (取扱)을 하는 상 (相)이다.

바보 취급 (取扱)을 당 (當)한 부군 (夫君)이 처 (妻)에 대해
좋은 감정 (感情)을 갖지 않는다.

본래 (本來) 눈썹 (眉)은 형제운 (兄第運)을 보는 곳으로서
긴 눈썹은 형제운 (兄第運)이 강 (强)하다는 것을 나타내고 있
다.

거기서 언제 까지도 친가 (親家)를 잊지 못해 부군 (夫君)과
타합 (打合)이 해결 (解決) 되지 않는다. 자신 (自身)의 부군
(夫君)보다 친가 (親家)의 부모 (父母)나 형제 (兄第)쪽을 신
뢰 (信賴)하는 기미 (氣味)가 있다.

이러한 사람은 바로 「우리 친정 (親庭)에는……」라 하면서 부
군 (夫君)을 억눌리려 한다.

부군의 자신 (自身)을 쳐부셔 버린다.

부군(夫君)이 처(妻)의 신뢰(信賴)를 받으므로 자신(自身)의 존재(存在)를 확인(確認)하는 것이다. 그것이 반목(反目)되어서는 돋아난 싹이 자라지 못하게 된다. 처첩궁(妻妾宮)에 상처(傷跡)나 주름살이 있는 여성(女性)도 길상(吉相)은 아니다. 대체(大體)로 어느 부분(部分)에 있다손 치더라도 주름살이나, 얼룩이나, 상적(傷跡)이 있는 것은 좋지 않다.

이곳에 결점(缺點)이 있는 여성(女性)은 어떻게 하여도 부부생활(夫婦生活)은 제대로 안된다. 자녀운(子女運)에 혜택(惠澤)이 없다.

눈초리(目尾)에 있는 주름살을 어미(魚尾)라 하지만은 수많은 주름살이 있으면 다음(多淫)의 상(相)이다.

부기(浮氣)되고 간남(間男) 당(當) 하여는, 부군(夫君)으로서의 지위(地位)도 면목(面目)도 온통 박살(撲殺)이 된다.

이것이야 말로 부군(夫君)의 다리를 잡아 당기는 악상(惡相)이라 할것이다.

튀어 나온 입도 좋지 않다. 있는것 없는것 지껄이면 설화사건(舌禍事件)이 일어나게 마련이다. 부군(夫君)이 슬쩍한 회사(會社) 이야기를 다른 곳에서 줄줄 지껄여 되었으니 무신경성(無神經性)이 있다.

또 비하(鼻下)의 인중(人中)에 더러움이 있는 것도 좋지 않다. 이곳은 생식기(生植器)를 의미(意味)하는 곳이다. 얼룩 사마귀등 더러움이 있는것은 부군(夫君)에 즐거움을 주지 못하는 상(相)이다.

비하(鼻下)를 주의(注意) 하는것은 냉감증(冷感症)이 있음을
나타낸다. 부군(夫君)에 즐거움을 주지 못하는 상(相)이다.
비하(鼻下)를 주의(注意) 하는것은 여자(女子)가 주의(注意)하는 것이 아니고 남자(男子)가 주의(注意)하는 곳이다.

1 + 1 = 0이 되지 않도록 처(妻)를 선택(選擇)할때 충분(充分)히 주의(注意)하지 않으면 안된다.

서로 상극(相剋)하는 상(相)은 서로의 불행(不幸)을 초래(招來)할 뿐이다.

일자미 (一字眉)

양자상 (養子相)

가계관념 (家系觀念) 이 없어져 감에 따라 양자 (養子) 를 얻는 이야기는 점점 없어져 가고 있다 . 양로원 (養老院) 에라도 들어 가는 편이 마음 편하다고 생각 (生覺) 하는 모양 (模樣) 이다 . 특 (特) 히 부부양자 (夫婦養子) 의 수 (數) 는 적은것 같다 .

양자 (養子) 로 가는 사람은 더우기 노부부 (老夫婦) 가 있다면 더욱 주저 (躊躇) 하게 된다 . 받는 쪽이나 가는쪽도 적어 졌으나 , 전연 (全然) 양자 (養子) 가 없어진 것은 아니다 .

태어 나면서 부터 양자 (養子) 로 갈 운명 (運命) 으로 낙인 (洛印) 이 찍힌 사람이 있다 . 이러한 사람은 일견 (一見) 해서 알 아 차린다 . 눈썹 (眉) 이 엷은 사람이다 .

눈썹 (眉) 의 지피 (地皮) 가 보이는 사람은 형제운 (兄弟運) 이 좋지 못하다 .

인격 (人格) 은 원만 (圓滿) 하고 아무 결함 (缺陷) 은 없는 사 람이 단지 (單只) 한점만이 쓸쓸하다 . 이런 타입이 양자 (養子) 로 갈 상 (相) 이다 . 나의 지인 (知人) 의 자식 (子息) 으로 어느 국 립대학 (國立大學) 의 의학부 (醫學部) 에 입학 (入學) 한 사람이 있었으나 , 역시 (亦是) 미 (眉) 가 엷어 조금 쓸쓸한 상 (相) 인 사람이다 .

「 아 ! 이사람은 양자 (養子) 로 가겠구나 」 그렇게 생각하고 있었으나 , 본가 (本家) 는 병원 (病院) 을 경영 (經營) 하는 의사 (醫師) 인데 양자 (養子) 로 가는 것은 불가사 의 (不可思議) 하다. 이치(理致)에 맞지 않는다고 생각하고 있었으나, 졸업년도(卒業年度)에 부친(父親)이 사망(死亡)하고 여러가지 이유(理由)로 그 의원(醫院)을 닫아버리게 되었다.

그는 하는 수 없어 어느 병원장(病院長)의 딸에게 데릴 사위로 들어가 친가(親家)에 있는 모친(母親)이나 여동생에게는 그곳에서 송금(送金)하여 생활(生活)을 지원(支援)하고 있는것 같았다. 너무나도 관상(觀相)이 딱 들어 맞아 깜짝 놀라 버렸다.

그 뒤 양가(養家)와의 관계(關係)도 좋았으며, 친가(親家)와의 관계(關係)도 좋아 모든 것이 잘 되어 가고 있으므로 아무런 할말은 없으나, 그사람의 호(好), 불호(不好)에 불구(不拘)하고 운명(運命)의 힘에는 거역 못 하는 것이라고 노껴졌다.

← 엷은 눈썹(眉)은 양자(養子)의 상(相)

상대(相對)를 알고 나를 안다.

손자병법(孫子兵法)에 「지기지적이 불위백전(知己知敵而 不危百戰)」이라는 말이 있다. 상대(相對)를 알지 못하면 승부(勝負)가 되지 않으며, 자기(自己)의 힘도 충분(充分)히 알고 있지 않으면 싸울 수 없다.

현재(現在)도 이 원리(原理)는 손자(孫子)의 시대(時代)와 조금도 다른 점(點)이 없다. 상대(相對)를 알고 자신(自身)을 알기 위(爲)해 인상(人相)은 객관적(客觀的)인 자료(資料)를 제공(提供)하여 주고 있다.

일례(一例)를 들어보기로 한다. 서울의 어느 고급 부인복점(高級婦人福店) 여주인(女主人)은 손님을 한번 보고 그 손님이 무슨 물건을 살려고 하는가.

또 전연(全然) 살 의향(意向)이 없다는 등을 알아 차린다는 것이다.

어떻게? 즉(卽) 고급(高級)의 점포(店舖)이므로 쭈빗쭈빗하면서 들어오는 사람은 그다지 돈이 없는 사람으로 봐도 좋다. 눈이 번쩍번쩍하는 사람은 그다지 환영(歡迎)할 수 없는 상(相)인것 같다.

반대(反對)로 돈이 있는 사람은 미모상(眉毛上)의 복덕궁(福德宮)이 핑크색(色)으로 빛나며, 명궁(命宮)에 반질반질한 홍미(紅味)가 띄어 있으므로 단번에 구분(區分)할 수 있는것 같다.

상대(相對)의 호주머니 사정(事精)을 읽을 수 있으므로 이 사람에게는 이만(二萬)원 상당(相當)을 저 사람에게는 십만(十萬) 원 상당(相當)의 것을 권(勸)한다는 것이다.

중요(重要)한 것은 어느 정도(程度)의 가치품(價値品)부터 권(勸)할 것으로서 고급품(高級品)을 사려온 사람에게 일만(一萬)원 상당(相當)의 것을 권(勸)해서는 안될 것이며, 겨우 용기(勇氣)를 내어 들어온 손님에게 십만(十萬)원이나 하는 원피스를 권(勸)해서는 안된다.

「말 소리가 빠진 사람, 똑 바로 걸을 수 있는 사람은 고가(高價)인것 부터 권(勸)하고 있다. 」

여주인(女主人)은 그렇게 말하고 있다. 말소리가 빠져 있는것 은 좋은 양복(洋報)을 사려는 즐거움에서 일 것이다. 손님은 가격(價格) 같은것은 조금도 염두(念頭)에 없는 것이다.

손님의 호주머니 전재산(全財産)이 직접(直接) 매상액(買上額)이 된다는 예(例)이다.

더우기 그것 뿐이 아니고 말을 걸을 타이밍-을 언제 할 것인가? 십수년(十數年)을 점포(店舖)를 경영(經營)하여 왔지만은 좀처럼 자신(自信) 있게 "여기다"라고 할만한 포인트는 나타나지 않는것 같다.

여주인(女主人)은 그날 또는 그날 아침에 자신(自身)의 얼굴을 보고 남녀궁(男女宮)에 별다른 색(色)이 없는 명궁(命宮)에도 훤하게 밝은 얼굴 일 때는 손님이 들어서면 바로 소리를 질러 손님을 대(對)하고 있다고 한다.

그것이 가장 좋은것 같아서 여주인(女主人)의 명쾌(明快)한 기분(氣分)이 손님에게도 전(傳)해져 가는 것이다.

그러나 간혹(間或) 멘스등(等) 일때는 남녀궁(男女宮)의 색(色)도 좋지 않으며, 또 명궁(命宮)도 묘(妙)하게 회꾸무레 해서 얼굴에 화장(化粧)이 제대로 되지않을 때는 가급적(可及的) 있나 없나의 태도(態度)를 취(取)한다. 이곳이 역시 백전불위(百戰不危)의 전법(戰法) 일 것이다. 또 정치가(政治家)의 초대면(初對面) 일 때도 상대(相對)를 어떻게 평가(評家)할 것인가? 눈과 눈사이에 불꽃이 터진다.

일순간(一瞬間)에 상대(相對)의 기량(器量)을 계측(計測)하고 다음 순간(瞬間)에는 이쪽에서 제안(提案)하는 것을 결정(決定)하지 않으면 안된다. 그럴 경우(境遇)에도 잘보는 곳은 눈이라 한다. 다음은 코, 그리고 악(顎)의 선(線)으로 걸쳐서이다.

정치가(政治家)에는 턱(顎)이 사각(四角)인 사람이 많으며 간혹(間或) 턱(顎)이 작은 사람도 있기는 하지만은, 대체(大體)로 그의 만년(晚年)의 정치운(政治運)은 좋지 않는 것이다. 역시(亦是) 정치가(政治家)는 사람 위에 서는 사람이므로 노복궁(奴僕宮)이 훌륭하게 야무친 사람이 아니면 않된다

그 부근(附近)을 정치가(政治家)들은 간파(看破)하고 있다.

인상(印象)을 정리(整理)하여 머리 속에 차곡차곡 집어 넣는 것이다.

회의(會議)에 앞서 전쟁(戰爭)은 시작(始作)하고 있다고 보아도 좋을 것이다. 혹(或)은 이미 승부(勝負)는 결정(決定)되어 있을지도 모를 일이다.

붙어 있는 얼굴과 붙어있지 않는 얼굴

요즈음 대부분(大部分)의 사람들은 마작(麻雀)을 하고 있으나, 인상상(人相上)에서 하고있는 사람을 보는 것도 재미 있는 일일 것이다.

그 얼굴을 본것 만으로 점봉(點棒)을 조사(調査)할 필요(必要)는 없다. 붙어 있는 사람은 빙글빙글 하고 있으며, 붙지 않는사람은 째째한 얼굴을 하고 있는 것이다.

포―카―도 이와 같으며, 마작(麻雀)도 능수(能手)가 되면 표정(表精)에 그다지 희비(喜悲)를 나타내지 않지만 그렇게 참고 있는 표정(表精)속에서도 붙은 얼굴과 붙지 않은 얼굴은 구분(區分)할수 있는 것이다.

일반적(一般的)으로 붙은 얼굴은 웃는 얼굴이다. 붙지 않은 사람이 웃을 턱은 없는 것이다. 만일(萬一) 붙지 않은 사람이 웃고 있으면 고소(苦笑)라 하겠다.

붙어 있을 때는 일에 피로(疲勞)를 느끼지 않는다. 즐거운 기분(氣分)으로 하며 그것이 또 좋은 결과(結果)를 낳게 한다 일도 점점 진척(進陟)된다. 이럴때는 눈이 웃으며 드디어 휫바람을 부는것 처럼 얼굴이 부풀어 오른다.

누구든지 목욕탕(沐浴湯)에서 나왔을 때는 혈색(血色)

도 좋으며, 기분(氣分)도 좋은 것이다. 이와 같이 맑고 훤한 기분(氣分)으로 여유(餘裕)가 있을 때가 붙어 있을 때이다. 붙어 있을 때는 다음을 떨구지 않는 것이 긴요(緊要)하다. 그러면 어떻게 하여 다음을 떨구지 않게 할 것인가?

한마디로 말하면 실패(失敗)하지 않는 다는 것이다. 조그마한 일이라도 좋은 일을 계속(繼續)해 가면 다음은 떨어지지 않는다.

헛발 딛지 않은 것이 다음을 떨구지 않는 비결(秘訣)이다. 긴장(緊張)을 풀고 쉬면서도 주의 깊게 주위(周圍)에도 신경(神經)을 안배(按配)하는 것도 필요(必要)하다.

운(運)에 맡긴 눈으로 기회(機會)를 제것이라 생각(生覺)하고 적극적(積極的)으로 효과(効果)를 쌓아 간다.

일의 챤스, 돈벌이의 챤스 모두가 당신 눈앞에 꾸물거리고 있다. 그것을 잡느냐 어떠냐 에 따라 붙어 있는 얼굴이 되느냐 붙지 않는 얼굴이 되는가 한다. 명경(明鏡)을 보고 광택(光澤)이 좋고 담홍색(談紅色)이 한 두곳에 있으면 그것을 기회(機會)가 완숙(完熟)한 것이라고 보아도 좋을 것이다.

마음껏 나래를 펴서 힘차게 쳐 볼 필요(必要)가 있다.

하늘 높이 올라감에 따라 당신(當身)의 운세(運勢)는 점점 열리게 되는 동시(同時)에 인상(人相) 쪽도 자신(自身)이 만만(滿滿)한 얼굴이 되어 간다.

붙어 있는 얼굴이란 일면(一面) 자신(自信)에 찬 얼굴이다. 붙지 않은 얼굴은 자신(自信)이 없는 얼굴이다.

상(相)에 나타날 정도(程度)이면, 이미 붙고 붙지 않음은 결정（決定）되어 있다고 생각 하여도 좋다.

붙어 있을 때에 눌린다. 이것이 인생의 요령（要領）일 것
이다. 기회（機會）에 강（强）한   사
람이다.

건강 （健康）과 병（病）을 얼굴로 진단（診斷）한다.

명의（名醫）는 얼굴을 본것 만으로 경험적（經驗的）으로 어디
가 나쁜지를 알아 차린다고 한다. 어떻게 그런 일을 할수 있는
지？ 결국（結局） 얼굴에 건강（建康） 이라든가 질병상태（疾病狀態）
가 분명（分明）하게 나타 나기 때문이다.

동양식（東洋式）의 인상（人相）으로는 얼굴에 전신（全身）을
투영（投影）하여 비친 위치（位置）의 안색（顏色）이나 얼룩에
의（依）해 병（病）의 장소（場所）를 찾아 내는 방법（方法）을
취（取） 하고 있다.

남성（男性）은 명궁（命宮） 심장（心臟）, 비（鼻）는 척수
（脊髓）와 복부（腹部）, 흉부（胸部）, 미（眉）는 양쪽 팔, 입
（口）은 생식기（生食器）가 된다.

여성（女性）은 남성（男性）의 반대（反對）가 되며 도립（倒
立）시켜서 투영（投影）한다. 명궁（命宮）이 생식기（生殖器）가
되며 소비（小鼻）가 유방（乳房）이 된다.

감기（感氣）등에 걸려, 목이 이상（異常）할때는 명궁（命宮）
근처（近處）에 적（赤） 또는 핑크 또는 적색（赤色）이 나타난다.
감기（感氣）가 장기간（長期間）으로 끝때는 질액궁（疾厄宮）에

박흑(薄黑)하게 탁(濁)한 색(色)이나 붉은 속립(粟粒
)이 나타난다. 간장(肝臟)의 피로(疲勞)는 눈의 흰자인
곳이 빨갛게 탁(濁)해 진다.

콧대가 비뚤어진 사람은 배골(背骨)이 비뚤어진 경우(境遇)
가 있으며, 허리를 까무러뜨린 사람은 코에 불규칙적(不規則的)
인 종근(縱筋)이나 비근(鼻筋)이 비뚤어져 붉은 점(點)같은
것이 나타난다. 한번 허리를 비틀리면 습관성(習慣性)이 될 염
려(念慮)가 있다.

미간(眉間)의 세로 주름살이 여러개 되면 초조성(焦操性)이
진전(進展)한 노이로제 이다.

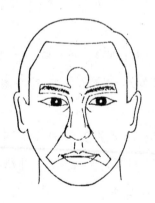 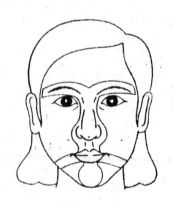

〈남성의 (男性)의 투영도   〈여성(女性)의 투영도
 (投影圖)〉   (投影圖)〉

사고(事故)나 부상(負傷)이 많은 얼굴

현재처럼 자동차(自動車) 사고(事故)가 많으면, 사고(事故)라고 하면 사고(事故)라고 밖에 생각하지 않을 정도(程度)이지만 실제(實際)로는 여러가지가 있다. 보도(步道)를 걷고 있으면 위에서 철재(鐵材)가 떨어졌다든지, 위를 향(向)하여 걷고 있으면 맨홀─의 뚜껑이 벗겨져 있어 발을 헛디딛거나, 뜻하지 않았을 때에 사고(事故)에 말려 들게 되는것이다.

이런 유형(類型)의 사고(事故)를 조사(調査)해 보면 무언가 생각에 잠겼다가 뜻하지 않은 사고(事故)를 초래(招來)하는 수가 있다. 열심(熱心)히 생각에 잠겨 있으면, 보았으면서도 보이지 않고 틀리면서도 틀리지않아 주의력(注意力)이 닿지 않는다. 열심히 생각에 잠긴 사람은 그러므로 주의(注意)하지 않으면 안된다. 인상상(人相上)게서 이런 사람은 이마가 튀어난 짱구 머리인 사람에 많은것 같다. 미간(眉間)이 넓어 에리(銳利)해 보이는 사람 만큼 발끝은 좋지 않다.

다시 사고(事故)나 부상(負傷)이 많은 사람은 조사(調査)해 보면 먼저와 다른형(型)인 사람도 있다.

먼저 얼굴이 불균형(不均衡)으로 생겼다. 눈의 크기가 좌우(左右) 다르거나 목이 약간(若干) 좌(左)나 우(右)로 기울어져 있는것 같은 느낌인 사람이다.

또 미간(眉間)을 찡그려 물건을 보는 사람도 좋지 않다.

사람에 따라서는 얼굴과 전신(全身)의 균형(均衡)이 잡히지 않는 경우도 있다. 머리가 큼직한 사람, 다리가 적극적(積

極的)으로 짧은 사람, 목이 언제나 앞쪽으로 굽어 있는 사람도 좋지 못하다.

사고(事故)를 일으키는것은 언제나 정(定)해져 있는 사람이다. 한번 당(當)한 사람이 그 뒤에 두번, 세번 당한다. 재一의 타입은 운동신경(運動神經)이 둔(鈍)한 사람이다. 이런 타입은 비만(肥滿)한 얼굴을 가진 사람에 많은 것이다. 운동(運動)에도 자신(自信)이 없으므로 어슬렁어슬렁 하다가 사고(事故)를 일으킨다.

그러나 그다지 큰 사고(事故)는 일으키지 않는 것이 특징(特徵)이다.

반대로 큰 사고(事故)를 일으키는 사람은 눈이 가늘고 작은 사람이 많다. 안경(眼鏡)을 끼지 않는 사람의 편이 많은 것 같으나 확실(確實)한 통계(統計)는 아니다.

미모(眉毛)가 도중(途中)에서 끊어졌거나, 모파(毛波)의 방향(方向)이 바꿔져 있는 사람, 미모(眉毛)가 엷은 사람의 상(相)은 좋지 않다.

명궁(命宮)의 간격(間隔)이 지나치게 넓은 사람과 지나치게 좁은 사람은 누구 보다도 주의(注意)하여야 한다.

이와 같은 사람은 바보처럼 정신(精神)을 잃고 있거나, 언제나 성급(性急)하여 침착(沈着)하지 못한 사람이다.

타인(他人)보다 일척(一尺)이라도 앞서 갈려는 심리(心理)에 모르는듯 끌려가 버린다. 명궁색(命宮色) 주름살, 상(傷)은 병(病)의 판단(判斷)도 하지만은 사고(事故)나 부상(負

傷)인 경우(境遇)에도 잘 나타나기도 하고 사라지기도 한다.

협골(頰骨)이 펼쳐진 사람도 부상(負傷)에 주의(注意)해야 한다. 기성(氣性)이 급(急)한 사람이 많으므로 사고(事故) 등(等)에는 연계(連繫)된다.

이마가 극단적(極端的)으로 좁은 사람이다. 이마의 상적(傷跡), 여드름이 있는 사람, 귀가 작은 사람은 최초(最初)에 설명(說明)한 불균형(不均衡)의 부수(部數)에 속(屬)하므로 주의(注意)가 필요(必要)하다.

특(特)히 한번 사고(事故)를 일으킨 사람은 두번, 세번 있다고 생각(生覺)해 둘 필요(必要)가 있다.

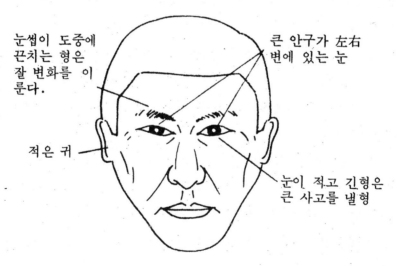

눈썹이 도중에 끈치는 형은 잘 변화를 이룬다.

큰 안구가 左右변에 있는 눈

적은 귀

눈이 적고 긴형은 큰 사고를 낼형

사고(事故)나 부상(負傷)이 많은 상(相)

장수(長壽)의 큰귀(大耳)

　귀는 인상상(人相上)으로 말하면　시작(始作)과 끝맺음의 두 가지 의미(意味)를 가지고 있다.　유년(流年)의 상법(相法)에서 말하면 이 장소(場所)는 유아시절(幼兒時節)의 상(相)을 나타내고 있다.

　이 곳이 풍요(豊饒)한 사람은　유년시절(幼年時節)에 행복(幸福)한 생활(生活)을 보낸 것을 의미(意味)한다.　유유(悠悠)한 기질(氣質)을 가진 사람이 많으며 양친(兩親)으로 부터의 애정(愛精)도 많이 받았던 사람의 상(相)이다.

　그러나 그것뿐이 아니라 귀는 만년(晩年)의 일도 나타낸다. 그것은 상(相)의 끝맺음 장소(場所)에 귀가 있는 것 처럼 인간(人間)의 최후(最後)의 시기(時期)를 나타내고 있다.
그러므로 이곳이 큰 사람은 장수(長壽)한다.

　가끔 백세(百歲)를 넘기도 한다. 백발(百髮)의 노파(老婆)의 귀가 그 백발(百髮) 틈에서 삐죽 나온 큰 귀는 인상적(印象的)인 것이다.

　귀가 유유(悠悠)하게 생긴 사람은 기질(氣質)도 유유(悠悠)하게 긴장(緊張)이 없으며 언제나, 태연(泰然)하게 인생(人生)을 보내고 있으므로 장수(長壽)하게 되는 것이다.

　장수(長壽)하는 사람중(中)에서 근심 스러워 끙끙 앓는 사람은 없다.

　언제나 명쾌(明快)하며 녹초가 된 사람은 없다.

특(特)히 귓속에 길다란 털이 난 것은 미모(眉毛)가 긴 것과 같이 장수(長壽)의 상(相)이라고 할수 있다.

흔히 「못난 큰 귀」라 든지 「당나귀 귀」라든지 하여 경멸(輕蔑)하는 사람이 있으나 이것은 잘못이다. 못난 큰 귀로 보일 만큼 큰 사람이 많으므로 이런 말을 듣게 되는 것이다.

귓속에 난 긴 털이 백발(白髮)인 사람은 더욱 장수(長壽)하며 따라서 자손운(子孫運)도 좋다.

도난(盜難)을 예측(豫測) 할수 있나?

얼굴에 열(熱)은 분홍 빛이 나타났을 때는 어느 곳에 나타나더라도 좋은 상(相)이지만은, 반대(反對)로 청흑(靑黑)하게 눈둘레에 검은 기미가 생길것 같으며는 운세(運勢)는 내리막 길이다. 특(特)히 코의 연상(年上)의 양협(兩協)에 있는 도적(盜賊)이라는 부위(部位)에 검푸른 기미가 생기면 도난(盜難)을 당(當)한다고 하고 있다.

과연(果然) 그것이 정확(正確)하게 맞추는지 어떤지는 모르겠지 만은 나쁜 징조(徵兆)임은 틀림 없다.

도난(盜難)에는 대체(大體)로 두가지 타입이 있다. 하나는 피해자(被害者)의 부주의(不注意)에 의(依)해서 일어나는 공소(空巢)와 같은 피해(被害), 다른 하나는 도직(盜賊)이 겨누고 겨눈 끝에 계획적(計劃的)으로 행동(行動)하는 은행강도(銀行强盜)와 같은 타입이다.

나는 앞의 타입의 도난(盜難)에 대(對)해서는 나쁜 상(相)이 나타난다고 보고 있다. 주의부족(注意不足)은 어딘가 몸의 실조 (失調)가 있어 그때문에 검푸른 기미가 끼게 되어 이것이 경고 (警告)의 신호(信號)이다. 경험상(經驗上), 그것이 도적 부위(盜賊部位)에 많이 나타난다고 한다.

적어도 자물쇠 채우는 일을 잊는 것 같은 몸의·상태(狀態)와 기분(氣分)이 좋을 때면 일어나지 않는다. 눈 깜박할 사이에 잃어 버린다.

그러나 일방(一方)의 타동적(他動的) 도난(盜難)은 그사람 의 얼굴에 나타나지 않는다. 내장(內臟)되어 있는 것이 밖에 나타 나는 것이 인상(人相)이다. 전연(全然) 관계(關係)없는 일이 인상(人相)에 나타나는 일은 없다. 다른 원인(原因)으로 일어나 는 것이 그 사람의 상(相)에 나타나는 일은 없을 것이다. 더우기 피해은행(被害銀行)의 지점장(支占長)이나 차장(次長)의 도적 부위(盜賊部位)에는 기미가 끼어 있을지 모른다.

도적부위(盜賊部位)에 검푸른(靑黑)기미가 끼어 있는것은 도 난(盜難)이냐 아니냐는 별도(別途)로 하고, 역시 (亦是) 나쁜 상(相)인것 만은 틀림 없다. 도난(盜難)뿐이 아니라 더욱 주의 (注意)깊게 다른 일에도 기(氣)를 써야할 필요(必要)가 있을 것이다.

은행강도(銀行强盜)와 같은 것은 타동적인 것으로서 어떤 집에 든지 도적(盜賊)이 침입(侵入)할려면 들어가게 되는 것이다.이 쪽의 대책(對策)으로는 물품(物品)에 보험(保險)을 붙이거나 경비원(警備員)을 고용(雇傭)하거나, 혹(或)은 경보기(警報

器)를 장치(裝置)할것이 급무(急務)이다. 그만한 대책(對策)을 생각한다는 것은 대금(大金)을 취급(取扱)하는 사람의 상식(常識)이다. 가령(假今), 도난(盜難)을 당(當)했더라도 그 재난(災難)을 모두 덮어 쓰는 일은 없을 것이다.

인상(人相)을 보고 도난(盜難)을 간파(看破)할수 있나?

악인(惡人)을 간파(看破) 할수있나?

갑자기 돌변(突變)이라도 일어나지 않으면 자녀(子女)는 부모(父母)의 형질(形質)을 수계(受繼)하고 있는 것이다. 그러면 부모(父母)와 닮은 자녀(子女)가 언제나 태어 나느냐 하면 그렇지는 않다.

유전자(遺傳子) 속에는 부모대(父母代)에는 깊이 잠겨서 전연

（全然） 나타나지 않는것도 있다. 그러므로 그것이 나타날 경우
（境遇）, 양친（兩親）과 전연（全然）다른 양상（樣相）을
나타내는 수가 있다.

그러나, 이것은 이제까지 나타나지 않던것이 나타나는 것으로
서 결（決）코, 부모（父母）의 형질（形質）이 나타나는 것은
아니다.

어느것이 든지 부모형질（父母形質）의 대부분（大部分）은
자녀（子女）에 유전（遺傳）하고 있음은 틀림 없다.

부친사（父親似）, 모친사（母親似）의 차（差）는 있어도 평균
（平均）해서 그 비율（比率）은 二분의一 꼴로 유전（遺傳）하는 것
으로 생각된다.

따라서, 부모（父母）가 악상（惡相）이면 자녀（子女）도 악상
（惡相）일 가능성（可能性）은 매우 높으다.

인권사상（人權思相）이 없었던 옛날 사람이 한사람의 범죄자
（犯罪者）의 형벌（刑罰）을 친（親）, 자（子）, 혹（或）은 친족
（親族）까지 더한것은 봉건제（封建制）라는 인간（人間）의 연계
（連繫）를 중시（重視）한것도 있었겠지 만은 나쁜 인자（因子）를
뿌리째 없앨 사상（思相）까지도 있었던 뜻이다.

그러나 이 방법（方法）이 성공（成功）하지 못한 것은 말할 필요
（必要）도 없다.

케―잘·론프로즈（ 1836 ― 1909）는 이 악상（惡相）에 대（對）
해 깊은 연구（研究）를 처음 시작（始作）한 사람이다.

훨씬 이전（以前）에도 그 연구（研究）를 한 사람이 없었던 것은

아니다. 아리스토텔레스는 두골(頭骨)과 범죄인(犯罪人)의 관계(關係)에 깊은 상관(相關)이 있다는 것을 인정(認定)한 최초(最初)의 사람이라 하겠다.

롱프론—즈의 연구(研究)에는 범죄자(犯罪者)의 인상(人相)에 대(對)하여 깊이 조사(調査)하여 봤으나 그 결과(結果) 범죄자(犯罪者)의 상(相)은 하나의 특징(特徵)이였다는 것을 알게 되었다는 것이다.

그는 一八七六년(年) 「범죄 인론(犯罪人論)」을 썼지만은 이 가운데 범죄자(犯罪者)는 본래(本來) 범죄(犯罪)를 일으킬 생각을 가지고 있는 것으로 생래적(生來的)인 것이 있다고 한다.

다시 타—빈의 진화론(進化論)을 믿고 있었던 그는 범죄인(犯罪人)은 일종(一種)의 조상(祖上)으로 돌아 간다. 즉(卽) 원시인(原始人)으로 되돌아 간다고 결론(結論)지었다.

따라서, 그 악상(惡相)의 특징(特徵)은 턱(顎)이 강대(强大)하여 사각(四角)으로 펼쳐 있으며 코는 크고 낮으며, 더우기 비공(鼻孔)이 열려져 있다.

미골(眉骨)은 튀어나와 있으며, 이마는 극단적(極端的)으로 후퇴하고 있는 것은 범죄인(犯罪人)의 상(相)이다.

모든 범죄인(犯罪人)이 그렇지는 않지 만은 조잡(粗雜)한 살인(殺人)이니 깅도(强度)를 보면 역시(亦是) 그의 논설(論說)이 바르다는 것을 인정(認定)하지 않을 수 없을 것이다.

범죄(犯罪)에도 여러 가지 경우(境遇)가 있다. 살인범(殺人犯), 정치범(政治犯)이라면 차연(自然)한 일로 생각된다.

모든 범죄인(犯罪人)이 원시적(原始的)이라고는 할수 없지만 은 고릴라적(的) 풍모(風貌)를 가진 사람이 범죄인(犯罪人)이 될 가능성(可能性)이 높다는 것은 지적(指摘)할수 있다.

일보후퇴(一步後退)하더라도 고릴라적(的) 풍모(風貌)의 사람이 고상(高尙)한 심정(心精)의 소유자(所有者)라는 것은 결(決)코 없을 것이다.

이 타입에는 동정심(同精心)이라 든가 정서(精緖)가 결여(缺如)되어 있을 경우(境遇)가 많으며, 또 본능(本能)을 억제(抑制)하든가 타인(他人)과 타협(妥協)할 수 없기 때문에 사회적(社會的)으로는 벗어나게 되어 마찰(摩擦)을 일으킨다.

더우기, E. 푸엘리, R. 가로프알등(等)에 의(依)한 롱프론 -즈의 학설(學說)은 수계(受繼)되어 형사학(刑事學)으로서 발전(發展)되고 있다.

실제(實際)로 형무소(形務所)에 있는 수인(囚人)을 보면 대체(大體)로 눈매가 좋지 못한 상(相)이다. 삼백안(三百眼), 사백안(四百眼)이 많으며, 이러한 눈이 아니더라도 무언가 으쓱하게 좋지 못한 눈매로서 백안(百眼)부분이 많다.

사람에 따라서는 절상(切傷)의 한두군데는 얼굴에 가지고 있는 무리들로 입이 큰것이 많으며, 입술 빛깔도 묘(妙)하게 빨강거나 검게 탁(濁)해져 있다.

범죄(犯罪)의 종류(種類)에 따라서는 파란 수염이나 밉살스러운 눈썹의 남자(男子)도 있다.

눈의 대소(大小)가 극단적(極端的)인 경우(境遇) 이런 범죄자 (犯罪者) 가 많다. 일견 (一見) 하여 오싹한 느낌의 무서움, 살기 (殺氣) , 이것이 독특 (獨特) 한 것이다.

그는 점점 긴박 (緊迫) 하여지므로 상 (相) 은 나빠져 가는 것이다 전과 (前科) 일범 (一犯) 보다는, 二범 (二犯) , 범죄 (犯罪) **가** 쌓이매 따라서 상 (相) 도 악화일로 (惡化一路) 를 쫓고 있다.

그 눈에는 세상 (世上) 에서의 차별 (差別) 에의 반항 (反抗) 의 눈인 것이다.

그러나 세상 (世上) 기구 (機構) 는 단순 (單純) 한 것은 아니다.

선인안면 (善人顔面) 을 한 악인 (惡人) 이 있는것도 당연 (當然) 생각할 수 있다·오히려 롱프론―즈가 지적 (指摘) 한 것과 같은 폭악범 (暴惡犯) 은 발견 (發見) 이 용이 (容易) 하며 그에 대 (對) 한 대책 (對策) 도 수립 (樹立) 하기 쉬울 것이다.

법망 (法網) 을 실설 뚫거나 합법적 (合法的) 이기만 하면, 아니 어떤 상사 (商事) 등에는 비합법적 (非合法的) 이라도 벌리기만 하면 법률위반 (法律違反) 은 예사 (例事) 로 하고 있기도 하다.

이와같은 악인 (惡人) 까지도 간파 (看破) 할 수 있느냐 하면 상당 (相當) 히 곤란 (困難) 한 일 임에는 틀림 없다.

사기사 (詐欺師) 와 같은 지능범 (知能犯) 은 이런 느낌이 깊은 것이다.

「공언영색, 선인 (巧言令色 鮮仁) 」논어 (論語) 의 말이다. 감언이설 (甘言利說) 로 유인 (誘引) 하려 하는 것은 사기사 (詐欺 師) 의 능사 (能事) 로 생각해도 좋을 것이다.

색 (色) 이 희며 조악 (粗惡) 한 느낌이 없어 일견 (一見) 신사복

풍(紳士服風)으로 더구나 자체(髭剃)까지 하고 거기에 조발(調髮)까지 하고 있으면 외관상(外觀上)의 구별(區別)은 하기 어렵지만은 판단(判斷)할수 있는 방법(方法)은 있다.

마음의 사심(邪心)이 있기 때문에 태도(態度)와 눈매가 평정(平靜)한것 같이 위장(僞裝)하여도 안절부절하며, 침착성(沈着性)은 없다.

입에도 특징(特徵)이 있어 입을 닫으면 상하(上下)의 입술이 엇갈린 사람이라든지 한쪽이 극단(極端)으로 올랐거나, 내렸거나 한 사람은 일단(一端) 주의(注意)하는 것이 좋을 것이다.

마음에도 없는 일을 말 하고 있으므로 말을 틀리지 않게 **하기 위(爲)**해 말을 골라 하고 있기 때문에 가끔 입술이 비뚤어 진다

이와 같이 보통(普通) 사람과 그다지 다른점(點)이 없는데 치한(痴漢)이 있다. 이런 타입은 내향적(內向的)인 셀러리멘에 많은것 같다.

무기력형(無氣力型)으로 안색(顏色)은 청백(靑白)하고 얼굴이 길며 미안간(眉眼間 : 田宅宮)이 좁은 타입으로 모발(毛髮)의 손질이 좋지 못하다.

어떤 남성(男性)에도 일단(一端) 치한적(痴漢的)인 요소(要素)는 가지고 있으므로 그다지 범죄인(犯罪人)이라는 느낌이 들지 않을지도 모른다.

◈ 편 저 ◈

김 우 제
· 대한역학풍수연구학회 회장(전)

운세 판단	관 상 법 총 람	정가 18,000원

2014年 7月 10日 인쇄
2014年 7月 15日 발행

편 저 : 김 우 제
발행인 : 김 현 호
발행처 : 법문 북스
　　　　〈한림원 판〉
공급처 : 법률미디어

[1][5][2]-[0][5][0]
서울 구로구 경인로 54길 4
TEL : (대표) 2636-2911, FAX : 2636~3012
등록 : 1979년 8월 27일 제5-22호
Home : www.lawb.co.kr

❙ISBN 978-89-7535-290-4 (93180)
❙파본은 교환해 드립니다.
❙본서의 무단 전재·복제행위는 저작권법에 의거, 3년 이하의
　징역 또는 3,000만원 이하의 벌금에 처해집니다.